中国现象学文库
现象学原典译丛·扎哈维系列

自身觉知与他异性
一项现象学的研究
（修订版）

〔丹麦〕丹·扎哈维 著

赵猛 译

Dan Zahavi
SELF-AWARENESS AND ALTERITY
A Phenomenological Investigation
A New Edition
© 2020 Dan Zahavi
The copyright of the Chinese edition is granted by the Proprietor.

本书根据 Northwestern University Press 2020 年修订版译出

《中国现象学文库》编委会

（以姓氏笔画为序）

编　　委

丁　耘	王庆节	方向红	邓晓芒	朱　刚
刘国英	关子尹	孙周兴	杜小真	杨大春
李章印	吴增定	张　伟	张　旭	张再林
张廷国	张庆熊	张志扬	张志伟	张灿辉
张祥龙	陈小文	陈春文	陈嘉映	庞学铨
柯小刚	倪梁康	梁家荣	靳希平	熊　林

常　务　编　委

孙周兴　陈小文　倪梁康

《中国现象学文库》总序

自 20 世纪 80 年代以来,现象学在汉语学术界引发了广泛的兴趣,渐成一门显学。1994 年 10 月在南京成立中国现象学专业委员会,此后基本上保持着每年一会一刊的运作节奏。稍后香港的现象学学者们在香港独立成立学会,与设在大陆的中国现象学专业委员会常有友好合作,共同推进汉语现象学哲学事业的发展。

中国现象学学者这些年来对域外现象学著作的翻译、对现象学哲学的介绍和研究著述,无论在数量还是在质量上均值得称道,在我国当代西学研究中占据着重要地位。然而,我们也不能不看到,中国的现象学事业才刚刚起步,即便与东亚邻国日本和韩国相比,我们的译介和研究也还差了一大截。又由于缺乏统筹规划,此间出版的翻译和著述成果散见于多家出版社,选题杂乱,不成系统,致使我国现象学翻译和研究事业未显示整体推进的全部效应和影响。

有鉴于此,中国现象学专业委员会与香港中文大学现象学与当代哲学资料中心合作,编辑出版《中国现象学文库》丛书。《文库》分为"现象学原典译丛"与"现象学研究丛书"两个系列,前者收译作,包括现象学经典与国外现象学研究著作的汉译;后者收中国学者的现象学著述。《文库》初期以整理旧译和旧作为主,逐步过渡到出版首版作品，希望汉语学术界现象学方面的主要成果能以《文库》统一格式集中推出。

我们期待着学界同仁和广大读者的关心和支持，借《文库》这个园地，共同促进中国的现象学哲学事业的发展。

《中国现象学文库》编委会

2007 年 1 月 26 日

"扎哈维系列"总序

多年来，我欣喜地看到自己的多部著作被译为各国文字。但我从未有如此荣幸见到我的文集被翻译出版。我很高兴商务印书馆愿承担这一工作，也深深地感谢倪梁康教授牵头发起这一浩大工程，感谢所有译者的辛勤付出。

这些著作囊括了多达25年的工作，从我于1992年开始撰写的博士论文《胡塞尔与超越论交互主体性》(*Husserl und die transzendentale Intersubjektivität*)直至2019年的简短导论《现象学入门》(*Phenomenology: The Basics*)。作为一个整体，这些著作涵盖我一直以来所致力于探究的各类主题和论题。

在博士论文中我指出，胡塞尔如此关注于交互主体性的原因之一是他对于下述先验问题的兴趣：某样事物是真的，这意味着什么，我们如何才能如此这般地体验到它。对于胡塞尔而言，对这些问题的回答需要我们转向先验交互主体性。我也探讨了萨特、梅洛-庞蒂和海德格尔对交互主体性的现象学理论所做出的贡献，并且突出展示了它们所具有的共同特点和优点——相比于在哈贝马斯和阿佩尔的工作中展开的语言进路而言。对交互主体性的聚焦一直都是我的核心关切。我始终思考着社会性和社会认知的问题。我在这部论著中支持对于同感的现象学解读，赞同交互主体间理解的身体性和语境性特征，并且批评在所谓的"心灵理论"论争中占主导的立场，即模拟理论和理论-理论。

我的教授资格论文《自身觉知与他异性》(Self-Awareness and Alterity)聚焦于反思与前反思自身觉知的关系。常有学者批评胡塞尔把自身觉知看作一种反思性的主客关系。同时，胡塞尔也时而被解读为素朴在场形而上学的拥护者，即把主体性看作纯粹自足的自身呈现，毫无任何不在场、外在性和他异性。《自身觉知与他异性》一书试图表明，胡塞尔与萨特一样接受前反思自身意识的存在。通过对胡塞尔内时间意识的新颖解读，我指出，胡塞尔认为自身觉知刻画了体验维度本身——无论我们意识到或忙碌于怎样的世内存在物。此外，正如标题所示，这本书也试图表明，胡塞尔并不是在场形而上学家，而是他异性思想家，许多为后来的现象学家所发展的思想早已出现在胡塞尔的思考中。通过梅洛-庞蒂、萨特、亨利和德里达的著作，我进一步展示出自身觉知这一概念如何在现象学哲学中起到关键和奠基性的作用。现象学不仅关心意向性，关心意识如何关涉对象的显现，它也不得不面对意识的自身显现问题。自《自身觉知与他异性》这一著作起，我始终努力探究体验、自身和自身觉知三者间的关系。我指出了所有这些概念都相互依赖，并且体验的第一人称或主体特性使得我们可以把一种最小限度的自身性样式归于体验生命本身。

时至今日，我已在自身和他者问题上探索了几十载。2005年出版的《主体性与自身性》(Subjectivity and Selfhood)一书展示了我对于自身性问题的核心看法，2014年出版的《自我与他人》(Self and Other)则汇集与综合了我对主体性以及交互主体性的双重兴趣。我的研究背景在于经典现象学，但我一直都相信，现象学亟须参与到与其他哲学立场和经验学科之间的对话中去。恰是通过受到普遍关注的富有争议的论题，通过对峙、批判以及向其他进路取经，现象学才能够展示出它的生命力以及与当代的关联性。这一态度贯穿了这两部著作。它们一方面仍然坚定扎根于现象学，同时也广泛参与到与分析哲学和认知科学的讨论中。

使得现象学、心灵哲学与认知科学得以互通的志趣，以及希求对话能使各方受益并带来相互的启迪，这是我与肖·加拉格尔（Shaun Gallagher）一起撰写《现象学的心灵》（The Phenomenological Mind）一书的缘由。这本书现在已经出了第三版，它从90年代日益广泛传播的现象学自然化呼召中得到了部分的启发。这一自然化究竟可能意味着什么，这本身是一个富有争议的话题，但在《现象学的心灵》一书中，我们仅仅把它理解为下述提议，即让现象学参与到与经验科学的交互中。现象学已经提供了对感知、想象、身体觉知、社会认知、自身体验、时间性等问题的具体分析，并且它并不只给出对那些既定解释对象的精细描述。同时，它也提供了能够挑战现有模型的理论，后者甚而能够导向对相当不同的论题的探索。现象学研究那些同样能以经验方式被考察的现象，因此它应当对下述可能保持开放，即经验发现可以推进或挑战现象学的分析。经验研究者们可能不会过多关心深层的哲学问题，但他们常常比一般的扶手椅哲学家更关注现象的丰富性和复杂性。

在对自身和他者进行系统性研究并努力推动现象学、分析的心灵哲学以及诸如精神病学、发展心理学、认知科学和人类学等经验学科的对话的同时，我也一直持续撰写着哲学史相关的议题，尤其是胡塞尔的著作。我批评了那些在我看来过于简化胡塞尔思想的解读，它们把胡塞尔描绘为一位唯我论者和主观唯心论者。我则强调了胡塞尔现象学与其后现象学家的工作之间的连续性，尤其是与梅洛-庞蒂。除了广泛地分析胡塞尔关于交互主体性和自身意识及时间意识的研究，我尤其关心胡塞尔先验哲学的本质以及它的形而上学内涵。我的两部核心著作是 2003 年出版的《胡塞尔现象学》(*Husserl's Phenomenology*)以及 2017 年的《胡塞尔的遗产》(*Husserl's Legacy*)。前者是有关胡塞尔哲学的一般导论，后者则进行了更为技术性的处理——它与《胡塞尔现象学》一书中的观点一致，但通过对近二十年间胡塞尔研究的引述和探讨，该书进一步深化和拓展了我的解读。

我最初追随黑尔德（Klaus Held）和贝奈特（Rudolf Bernet）进行现象学训练。虽然我在现象学领域的大部分工作都是有关胡塞尔的，但我认为，现象学是一个有着共同论题和关切的传统，它统一起并且持续统一着它的支持者们。诚然，在现象学中有着诸多异质性。许多重要的人物在这一运动中持续修正和发展着他们的观点。此外，正如利科曾言，现象学的历史是异端的历史；每一代胡塞尔之后的现象学家都从奠基性的人物那里汲取了灵感，但也一直在变更着方法论、论域以及现象学事业的目标。尽管现象学以多种方式发展为一场具有多个分支的运动，尽管所有胡塞尔之后的现象学家都与胡塞尔原初计划的诸多方面保持着距离，我在这些年里的进路则是试图聚焦于相似性和共同点。如果现象学期许一个未来，那么，在我看来，紧要的是表达和发展现象学工作的共同之处，而不是陷入到不幸侵蚀其历史的那种宗派主义阵地战。太多的精力被耗费在对内在差异而非共同特征的强调上。许多有关现象学的介绍性著作都包含了对现象学主要思想家们的分章讨论，而我的简短导论《现象学入门》则与此不同。这本书并没有表达和突出譬如胡塞尔、海德格尔、梅洛-庞蒂之间的差异，这些差异在我看来往往由于对胡塞尔基本想法的误解而被过分夸大，我的重点在于他们的相通之处。

距离我最初到访中国已有二十多年之久了。此后我曾多次回到这里，每每总会被中国学者们对现象学的浓厚兴趣及深刻认知所触动。我希望我的中文版文集能够进一步支持、激发和鼓舞中国学界对现象学生意盎然的探讨。

丹·扎哈维
2021 年 4 月
（蔡文菁　译）

> 问题始终在于……规定了我、并作为所有他异呈现之条件的自身呈现（原初呈现）如何同时也是离场，从而把我从自己这里抛掷出去。
>
> ——莫里斯·梅洛-庞蒂

> 在感觉经验中，我总是同时经验到我自己与世界，并非直接经验到我自己，通过推论来经验他者，并非先于他者而经验到我自己，或只经验到我自己而无他者，亦非只经验到他者而无我自己。
>
> ——埃尔文·斯特劳斯

目　录

致谢 ··· 1
修订版序言 ··· 3
导论 ··· 10

第一部分　初步思考

第一章　"我" ·· 21
　　第一节　"我"的指称方式 ································ 22
　　第二节　"我"的指称对象 ································ 33
第二章　反思的自身觉知与前反思自身觉知 ············· 38
　　第一节　自身觉知的反思理论 ·························· 39
　　第二节　主体性与索引性 ································ 48
　　第三节　布伦塔诺论内意识 ····························· 59
　　第四节　海德堡学派的立场 ····························· 65
　　第五节　自身觉知现象的内在复杂性 ················· 71
第三章　本质性的问题 ·· 75
　　第一节　图根德哈特的批评 ····························· 81

第二部分　主体性的自身显示

第四章　初步区分·· 87
　第一节　存在论的一元主义·· 88
　第二节　萨特与胡塞尔哲学中的前反思自身觉知·············· 90
　第三节　边缘意识···102

第五章　自身觉知的时间性······································107
　第一节　时间对象的构成··107
　第二节　意识流的自身显示······································113
　第三节　时间性的不同形式······································125
　第四节　德里达论滞留··137
　第五节　亨利论感受性··144

第六章　身体··150
　第一节　知觉的身体··151
　第二节　身体的自身显示··159
　第三节　身体的自身对象化······································168

第七章　自身触发与他异触发···································178
　第一节　亨利论纯粹内在性······································178
　第二节　胡塞尔论自身觉知与触发·····························186
　第三节　萨特论意识的空虚性···································207
　第四节　德里达论折返之中的裂隙·····························215
　第五节　自身显示的分化架构···································218

第八章　自我中心性的不同层次································223
　第一节　萨特论非自我论的意识·································224

第二节　第一人称给予的自我中心性 ·························· 230
　　第三节　自我作为集中注意的原则 ···························· 237
　　第四节　自我对意识活动的超越性 ···························· 240
　　第五节　时间性与人格解体 ······································ 245
第九章　个人、身体与他人 ·· 251
　　第一节　俗世的自身觉知 ··· 252
　　第二节　他人的异化凝视 ··· 259
　　第三节　个体化与交互主体性 ··································· 263
　　第四节　身体的外在性 ·· 267
　　第五节　婴儿的自身觉知 ··· 279
第十章　自身显示与自身理解 ··· 289
　　第一节　纯粹的与不纯粹的反思 ······························· 289
　　第二节　反思与自身他异化 ····································· 295
　　第三节　主体性的不可见性 ····································· 301
第十一章　结论 ·· 311

附录　自身觉知与无意识 ··· 321
　　一、弗洛伊德 ·· 321
　　二、现象学与无意识 ·· 326
　　三、自身呈亮与自身透明 ··· 332
参考文献 ··· 341
索引 ··· 366

译后记 ·· 381

致　　谢

本书写于1995至1997年之间。当时,我很荣幸有机会与法国、比利时、德国、日本、美国和丹麦的许多学者讨论它。我对自己在哲学工作上受到的慷慨帮助与鼓励心存感激。

首先,我要感谢吉姆·哈特(Jim Hart),他在这项工作的各个阶段一直给予坚定的支持和宝贵的建议。我还要特别感谢娜塔莉·德普阿(Natalie Depraz)、吕克·科莱森(Luc Claesen),感谢他们与我的讨论和敏锐的批评。最后,我还要感谢菲利普·卡贝斯坦(Philippe Cabestan)、理查德·科布-斯特文斯(Richard Cobb-Stevens)、克劳斯·黑尔德(Klaus Held)、克莱门斯·卡贝尔(Klemens Kappel)、库尔特·科勒(Kurt Keller)、索伦·哈诺·克劳森(Søren Harnow Klausen)、C. H. 科赫(C. H. Koch)、永井晋(Shin Nagaï)、约瑟夫·帕纳斯(Josef Parnas)、西科·舒尔茨(Heiko Schulz)、弗雷克·斯简菲尔特(Frederik Stjernfelt)、谷徹(Toru Tani)、山形頼洋(Yorihiro Yamagata),感谢他们所有的建议与有益的评论。

我要感谢现象学与解释学研究中心主任让-弗朗索瓦·古尔蒂(Jean-François Courtine),感谢他为我在巴黎高师提供的各种便利。

我要感谢比利时鲁汶胡塞尔档案馆的前主任萨缪尔·艾瑟琳(Samuel IJsseling),允许我查阅胡塞尔的未刊手稿,以及现任主任鲁道夫·贝奈特(Rudolf Bernet)允许我引用它们。我非常感激档案馆的人员(鲁道夫·贝奈特、安娜·蒙塔冯[Anne Montavont]、乌尔里希·梅勒[Ullrich Melle]、罗兰德·布雷尔[Roland Breeur])与我的讨论,以及在手稿上对我的帮助。

我想感谢丹麦人文研究委员会对该项目的前两年研究的资助,感谢圣卡塔尔多研究所(Institutionen San Cataldo)支持我在意大利完成该书。

最后,我想感谢大卫·科柯汉姆(David Cockerham),他仔细审读全文,提供了大量语法和语言上的改进建议。

修订版序言

1997年11月初，就在我30岁生日前几天，我完成了《自身觉知与他异性》(*Self-Awareness and Alterity*)的结论部分。之后数月，我专注于校对文本，编写参考文献。1998年初，我把文稿作为教职论文提交给哥本哈根大学。翌年2月，文稿被接受了，我获允公开答辩。1999年5月27日，我做出成功答辩。四个月后，该书由美国西北大学出版社出版。

二十年后，重读这本书，我不免惊异于自那时以来哲学氛围所发生的诸多改变，更为我依然继续研究着书中的诸多主题而心生感触。

《自身觉知与他异性》的一个主要目的是系统地阐明胡塞尔的自身觉知理论，另一个是推进当前哲学对自身觉知的讨论。我带着这两个颇具雄心的目标，在与现有相关理论的竞争中冲锋陷阵。

在以往的讨论中，胡塞尔经常受到批评，说他默认意识总是意识到与其自身不同的东西。有人声称，胡塞尔因此把自身觉知理解为两个不同经验（反思经验与被反思经验）之间的主体-对象关系，于是对经典的反思理论范式所遭遇的所有困难了无所见。同时，胡塞尔有时候也被解释为朴素的在场形而上学（metaphysics of presence）的捍卫者，仿佛他把主体性理解为纯粹的自足的自身呈现（self-presence），清除了所有类型的不在场（absence）、外在性（exteriority）和他异性。*《自身觉知与他异性》力图表明，胡塞尔与萨特一样，承认前反思自身觉知的存在。胡塞尔并不认为，唯有我们反思自己的意识生活之时，才会产生自身觉知，而是认为，无论我们此外还意识到或关注世界中的什么事物，自身觉知都是体验维度本身的特征。此外，正如书名所示，本书还力图证明，胡塞尔不是一位在场形而上学家；事实上，他对他异性做出了思考，很多有预见性的观点在后来的现象学家那里得到了发扬光大。我想，可以这么说，与1999年的情况相比，时至今日，这两个论断被更为广泛地接受了。在今天看来，这两点反倒有点不言而喻了，这又恰恰说明，二十年以来的讨论发生了多么大的改变。

不过，在分析的心灵哲学中，发生了更富有戏剧性的变化。《自身觉知与他异性》志在呈现和辩护前反思自身觉知的概念，与当时盛行的关于意识的高阶理论相竞争；高阶理论认为，当心灵把意向目标朝向自己的状态和运作的时候，没有意识的心灵状态转变为有意识的心灵状态。高阶理论虽曾主导分析的心灵哲学的争论，盛行了数十年，但是从二十世纪九十年代后期开始，受到越来越多的批评，而在千年之交后，许多人开始到别处寻求可行的替代方案。于是，各种一阶的解释陆续登场。一些分析哲学家转向布伦塔诺和萨特寻找启发，他们对现象学所能够提供的资源越来越感兴趣。今天，即便还有高阶表征主义的捍卫者，然则与二十年前相比毫无疑问的是，前反思自身觉知的概念获得了更多的承认，已然位列于分

---

* 译者根据语境把 presence 译为"呈现"或"在场"，仅仅是根据汉语学界对不同哲学文本的汉译表述的习惯，并无意表示两个译名之间有显著的含义区别。——译者

析的心灵哲学的标准议题。当然，不出所料，它的日益盛行也招致了新的批评。例如，在过去的数年里，批评的矛头指向了所谓的"普遍性论断"（universality claim）——即使有前反思自身觉知这种东西，那么所有有意识的心灵状态真的都拥有它吗？或者说，它仅仅是非常有限类的经验才具有的特征，比如正常成人的经验，而婴儿、精神病人或沉浸式的经验却没有？

另一个重要的变化有关自身性（selfhood）的问题。不久前，心灵哲学对自身性的讨论常常集中于历时同一性（diachronic identity）的问题与所谓的持存性（persistence）的问题。如果我与过去的我或将来的我相同，那么应该满足什么充分且必要的条件呢？它是否就是一些心理关系（信念、回忆、偏好等）的持存，还是说，是单纯的物理连续性造就了我的跨时间的同一性呢？在《自身觉知与他异性》的第八章中，我讨论了前反思自身觉知、意识的第一人称特征以及基本的属我性（mineness）之间的关系；我辩护道，经验的第一人称特征或主体特征等于是自身性的一种根本形式。近年来，在分析的心灵哲学中，极简的（minimal）、体验的自身概念日益受到关注，引起了关于现象意识与自身性之间关系的激烈争论。现象状态的"像是什么"（what-it-is-likeness）所说的是否就是一种"对我像是什么"（what-it-is-like-*for-me*-ness）？我们的意识经验必然是关涉自身或展现自身的经验吗？或者说，利希滕贝格对笛卡尔的著名反驳是正确的吗？*正如前反思自身觉知的情况，对自身性的日益关

---

* 利希滕贝格（Georg Christoph Lichtenberg，1742—1799），德国自然科学家。他反对笛卡尔的我思（I think）概念所蕴含的思维主体，提出无人称的思考，即"在思考"（it thinks），类如"在打闪"（it lightnings）等。——译者

注也招致了一些新的批评。有些人从无自身（no-self）的立场提出批评，直接否认自身性的存在与真实性。还有一些批评者另执一词，认为自身性不能被简单地当作意识的固有特征，而是由我们的规范性的承诺与认可所构成的。最近，我们还可以看到，有人论证说，即使有像极简自身这样的东西，但经验之属我性的构成依赖于社会互动，因而，即便是极简自身，它也是在交互主体性中构成的。

在分析的心灵哲学中，还有一个值得一提的进步，即它对现象学的认可度与兴趣也在逐渐增长——从我所说的内容中已经相当明显了。这与二十年前的状况相比着实引人注目。在那时，鲜有哲学家会积极沟通分析哲学与现象学，而如今，这则相当平常了。这一变化有若干原因，其中一个原因无疑与对意识经验的兴趣的增长有关。当分析的心灵哲学家们开始认识到，对于意识的哲学研究而言，对第一人称视角的仔细研究是不可或缺的，当他们认识到，意识的一个重要的不容忽视的特征在于主体对意识进行体验的方式，他们也就越来越清楚地发现，现象学传统中有重要的洞见和资源。现象学一侧也有明显的动向。越来越多的现象学家们开始借鉴分析哲学，介入到分析哲学的讨论之中。我当然认为，我本人也对这一进展做出了贡献，《自身觉知与他异性》就是我真正介入分析哲学的第一本书。诚然，自二十世纪九十年代后期以来，情况确实发生了很多变化。在写作《自身觉知与他异性》的时候，我介入分析哲学的主要途径是讨论第一人称自身指涉的相关工作，即佩里（Perry）、卡斯塔涅达（Castañeda）、安斯康姆（Anscombe）、舒梅克（Shoemaker）与图根德哈特（Tugendhat）等哲学家的工作。选择这一途径不仅反映了我自己对分析哲学的（有限）了解的视野，在一定程度上也反映了当时争论的状况。自那时以来,在心灵哲学领域,哲学家们做了大量有趣的工作,如果我是在今天写作《自身觉知与他异性》的话,那么它自然也会纳入我与斯特劳森(Strawson)、克里格尔(Kriegel)、奈达-鲁梅林(Nida-Rümelin)以及丹顿(Dainton)等许多人的讨论。 xiv

重读《自身觉知与他异性》,我不仅惊异于过去二十年所发生的诸多变化,也对那些(至少是在我的思考中)保持不变的东西感到诧异。在过去的二十年里,我一直研究的许多主题正是我最初在《自身觉知与他异性》中所涉及的。确实,我后来出版的许多作品可以被看作对《自身觉知与他异性》中的相关观点的阐发与发展。在这个意义上,这本书无疑是我自己的著述中的关键。我简要提及其中一些观点。我已经提到了两个最核心的概念,即前反思自身觉知与极简自身性。对于这两个问题,特别是后者,我在那之后的许多著述中做了更为细致的讨论。我在《自身觉知与他异性》中非常详尽地讨论了胡塞尔、萨特、梅洛-庞蒂、亨利与德里达的贡献,而对海德格尔关于自身觉知的分析只是轻描淡写。数年之后,我关于那托普(Natorp)与海德格尔关系的研究填补了这一空白。胡塞尔的工作无疑在《自身觉知与他异性》中处于核心位置,我虽然也偶尔引用他的《贝尔瑙手稿》(*Bernau Manuscripts*),但是我当时确实没有特别对待。在该手稿于 2001 年作为《胡塞尔全集》(*Husserliana*)第 33 卷出版之后,我也随之做了相关工作。关于印度哲学对自身觉知的丰富讨论,我在《自身觉知与他异性》中也是仅仅涉及,而之后则做了大量的深入讨论。前反思自身觉知并不是西方世界的独有发现,我们可以在陈那(Dignāga, 约 480-约 540)、法称(Dharmakīrti, 约 600-约 660)、寂护(Śāntarakṣita,

725—788)等人的著作中找到相关的思考。他们的工作也招致了一些反对和批评,关于自身觉知的反身性的(reflexivist)或自身呈亮(self-illumination［svaprakāśa］)的理论与反思性的(reflectionist)或他者呈亮(other-illumination［paraprakāśa］)的理论之间的争论也延续至今。

《自身觉知与他异性》的第八章和第九章含有关于莱恩(Laing)、布兰肯伯格(Blankenburg)、萨斯(Sass)和斯特恩(Stern)的讨论,这是我尝试介入精神病理学和发展心理学领域的开始,当然也从此开始而继续下去。这两个学科,尤其是它们对精神分裂的自身障碍、婴儿的自身经验,以及社会互动的早期形式的关注,对我后来的研究与跨学科合作产生了重要的影响。《自身觉知与他异性》还简要讨论了镜像自识(mirror self-recognition)、羞耻(shame),以及同感(empathy)与自身异化(self-alienation)的关联等。所有这些都是我随后继续详加讨论的话题,而我最近关于集体意向性与群体身份认同的工作也重点讨论了同感与自身异化的关系。

回顾以往,我过去二十年的工作显然具有很强的连续性。我最初在《自身觉知与他异性》中讨论的话题一直主导着我的思考,这多么令人惊讶(或许也让人有点担忧)。

* * *

在准备《自身觉知与他异性》第二版的修订工作中,若是参考和讨论这二十年来出版的所有相关文献来更新这部书,显然是不现实的。若真要这么做,无异于写一本全新的著作。假如说我今天要从头写这本书，即使我可能也会以不同的方式进行论证，但是，我仍然坚持其中大部分的核心论断。

尽管我没有为了呈现我现在的一些观点而重写文本，我还是改正了一些现在看来明显错误的地方。这些修改主要在第一章、第八章和附录中。我还增加了对我最近一些著述的引用，读者借此可以发现一些观点的新发展。每一页，我都在措辞和行文风格上做了很多修改，以使字面表述更为严谨。大家看到，《自身觉知与他异性》是我用英文写的第一本著作。为了照顾到不懂德语和法语的读者，所有德文和法文的引文现在都翻译成了英文。在第一版中，所有参考文献都放在了尾注中，我现在把参考文献插入正文之中，尾注仅包含重要的评论。* 我希望所有这些修改有益于《自身觉知与他异性》的可读性。

* * *

感谢帕特里夏·门德尔（Patricia Meindl）与奥德修斯·斯通（Odysseus Stone）对将德文引文翻译成英文所提供的宝贵帮助。还要感谢盖伦·斯特劳森（Galen Strawson）催促我对德文和法文引文做出翻译。非常感谢麦兹·登索（Mads Dengsø）在注释与参考文献上的帮助，以及该书日文版译者中村拓也（Takuya Nakamura）指出了第一版的一些打字错误。最后，感谢保罗·门德尔森（Paul Mendelson）对稿件的编辑，以及西北大学出版社的特雷沃·佩瑞（Trevor Perri）对修订版工作的支持。

---

* 为便于阅读，中译本把原书尾注改为页下脚注。——译者

导　　论

对意向性的详细研究代表着二十世纪哲学的一项重要成就。该研究聚焦于主体性朝向和关涉不同于自身的对象的能力；但这不应该掩盖这样的事实，即主体性还有另一个重要的、看似与之对立的特征，即自身觉知。显然，我能觉知到鲜花怒放的树木、烟雨迷蒙的清晨和孩子玩耍时的呼叫，但是，我也能觉知到这些是被看见的、被嗅到的和被听到的，觉知到不同的知觉正在发生，并且还觉知到，正是我在体验着它们，正如我可以觉知到我饿了、累了或高兴。

然而，说意识觉知到（或能够觉知到）自身，这本身并不是个重要的哲学洞见；这毋宁说是以此名称概括了一系列难解的问题。这点很快就会变得很清楚。不过，我先指出迫在眉睫的问题：如果意向性与自身觉知都是意识的本质特征，那么，它们之间有什么关系？自身觉知是一种特殊的高阶意向活动吗，如当我反思我的知觉活动，朝向它，以之作为我的意向对象？还是说，它是意识的一种完全特异的样态？如果是后一种情况，那么，自身觉知要比意向性更为根本吗？两者可否相互分离而存在，就是说，有无意识的意向活动吗，或者，有非意向性的自身觉知经验吗？两者是否相互依赖，抑或相反，互不相容？或有人言，如果意识真的是由意向性来界定的话,即由意识超越自身而对异于自身的东西进行指涉和关涉来界定,那么,意识就不能是完全通透的自身呈现,反之亦然。按照利科的说法:"我们经常把反思设想为,起初出离自身的意识做出了转向,它中止朝向外部,而返回它自身。这迫使我们认为,意识在朝向他者的时候对自身是无意识的,而自身意识侵害了意识朝向异于自身的东西。反-思(re-flection)成为返-省(retro-spection),对于意识的投-向(pro-ject)成为灾难性的"(Ricoeur 1950,59 [1966, 60-61])。①

如书名所示,本书的目的是研究自身觉知,最终澄清自身觉知与他异性的关系。然而,仔细考察会发现,自身觉知却是一个相当含混的概念。它被用于许多不同的语境之中,指代很多不同的东西。我先对照着一些相关但却不同的问题来确定我所关心的主题。基本上来说,我所关心的是自身觉知的现象(phenomenon)。我希望澄清,意识如何觉知到自身,即它如何经验自身,它如何给予自身。这一特定问题处理的是自身显示(self-manifestation)的现象学结构,因而应该区别于有关人格同一性、心灵与身体的关系、自身觉知的经验性生成以及自身觉知的认知意义和先验意义等问题。

1. 显而易见,心理学是研究自身觉知问题的一条进路。例如,发展心理学通常要回答这类问题:婴儿何时能够区分自己与世界?

---

① 莫汉蒂表明,在印度思想中,我们可以发现一些否认意向性与自身觉知相互兼容的立场。商羯罗(Samkara)认为,意识在本质上是自身展现和自足的,它不能对异于自身的东西进行意向性的指涉;而正理派(Naiyayika)的立场则截然相反:意识依其本质而朝向异己之物,不能同时执着于自身(Mohanty 1972,37,165-167)。有关最近对佛教思想中的自身觉知的讨论,见 Siderits, Thompson, and Zahavi 2011。

他们何时认识到自己保有私人的心灵状态？他们何时能够对自己持有某种超然视角？他们何时辨识出自己在镜中的影像？以及，他们何时掌握第一人称代词的用法呢？所有这些问题都没有切中我希望研究的独特问题，即主体性的自身显示，尽管它们都与之高度相关。这些问题全都预设了对自身觉知之是什么的一种特定理解，它们通常关注自身觉知的各种更为复杂的和高级的形式。于是，它们试图通过经验性研究来确定，在儿童发育中，自身觉知最早是何时（以及如何）发生的。显然，这项工作不同于传统哲学处理自身觉知问题的进路。事实上，这两者如此之不同，以至于人们会怀疑，我们是否在讨论相同的主题。尽管要保持谨慎，然而我确实认为，哲学分析如果事先就排除了从经验性研究中获益的可能性，那么恐怕会适得其反，而稍后读者将看到，我自己的研究方向也理所当然地利用了发展心理学的一些最新研究成果。②

2. 在自身觉知的传统哲学讨论中，笛卡尔-康德范式（Cartesian-Kantian paradigm）曾经占据重要的位置。自身觉知并未被单独拿出来加以分析，而是与阿基米德式起点的确立相联系起来，这个起点的形式或者是不可怀疑的认知基础，或者作为可能性之先天条件。因而，这之中的核心问题不是"自身觉知是什么？"而是"它有多么确定与/或多么基础？"我希望调转这两个问题的优先性。本书接下来的分析并不专门沿着传统的知识论与先验方向进行探讨，因为这一研究取向与我所关注的对自身觉知现象的理解分道扬镳。

---

② 现象学对这一研究视角并不陌生。梅洛-庞蒂曾于1949—1952年在索邦讲授儿童心理学，他论证说，如果我们希望理解自身、世界与他人的关系，对婴儿的自身觉知的研究具有至关重要的意义（Merleau-Ponty 1945, 407）。

话又说回来，我需要承认，这些讨论事实上很难完全割裂，这不仅仅是因为我自己的研究导向了自身觉知与意向性的关系、自身显示与他异显示的关系等问题，而且还因为，有时候必须区分自身觉知的不同类型，包括纯粹的或先验的自身觉知与自然的或涉世的（worldly）自身觉知。这一考虑本身并不会造成问题，因为先验的考察确实有助于澄清相关的问题，我没有理由完全摒弃先验的考察。

3. 传统哲学认为，自身觉知构成了意识的一个核心的和根本的特征，因而常常倾向于将之与心身关系问题结合起来加以讨论。这在最近的分析的心灵哲学中尤为明显，一些哲学家把心灵状态的不可还原的第一人称给予性（first-person givenness）作为自然主义无法克服的难题。诚然，毋庸赘言，对自身显示之结构的分析和对心脑之关系的澄清这两项工作并不相同——研究我的经验（欲望、知觉、信念）如何给予我是一回事，而这迥异于追问它们（以及它们的给予）能否以及在多大程度上可以通过非心灵因素（例如神经生理过程）得到解释。换句话说，我感兴趣的是对自身觉知的现象学说明，而非神经科学的解释。当然，这并不意味着，两种研究之间毫无干系。正如内格尔所言，对于任何成功的还原主义来说，必不可少的前提是正确地理解要去还原什么。于是，只要无视意识的主体特征，自然主义的解释注定要失败（Nagel 1974, 439）。而我的目标正是分析意识的主体性。

4. 对自身觉知的讨论似乎理所当然地要引入人格同一性的话题。但我还是认为，这两个问题最好分别对待。一方面，我不想去研究德尔菲神谕"认识你自己"或者"我是谁"的问题所引发的那种类型的自身觉知问题，那类问题涉及具体主体的特定人格与叙事身份。我的主题则是在哲学传统中与我思（cogito）和经验的第一人称给予相关联的那种自身觉知，也就是近来得名的"直接认知的自身觉知"（immediate epistemic self-awareness）。③尽管，有人声言，只有这里提到的第一种类型的自身觉知才具有深刻的生存（existential）意义，我却认为，由此而认为只有它才真正值得哲学研究就大错特错了。④另一方面，我们显然能够单独研究经验的独特的第一人称给予性，而无需涉及历时的人格同一性的经典问题（特别是从第三人称视角来考察这个问题的时候，例如，此时的甲与彼时的乙作为同一个人需要满足何种因果关联的问题）。⑤谈到这里，我想说，唯有澄清自身觉知之本质，方能合理分析上述两种意义上的人格同一性。如果没有直接的自身觉知，何谈寻求更宏观更高级的自身知识，遑论与历时的物理同一性相异的历时人格同一性的独特问题；如果这类问题有什么意义的话，那么，作为一个人就要有像是什么的体验特征，人这种生物就要有自身觉知。

对于我要分析的主题是什么，我已略作说明。我再交代一下我要如何进行这项工作。如上所言，我关心的是自身觉知的现象，而我尤为重点关注的是现象学特别是胡塞尔现象学能够为自身觉知的澄清所做的贡献。尽管我随需要而参考借鉴最重要的现象学家

---

③ 有关这些不同类型的自身觉知的讨论，见 Tugendhat 1979, 27—33。

④ 泰勒最近提倡这样的观点（Taylor 1989, 49—50），亦见 Ricoeur 1990, 18。

⑤ 如果考虑到人格同一性的"大脑标准"，那么这里的差异就更为显著了。根据这种标准，某个在此时的人甲只需要与在彼时的人乙有相同的大脑，此时的甲与彼时的乙就是同一个人（Noonan 1991, 5）。不过，即便这一观点的辩护者也必须承认，某人对自己持续存在的第一人称体验的证据并不借助于他关于自己大脑持存的任何知识，或者由之推论而来。

们（芬克、古尔维奇、萨特、梅洛-庞蒂、利科、莱维纳斯、亨利和德里达等）的著作，但是我的分析仍专门集中于胡塞尔的自身觉知理论。我相信，在对自身觉知的理解上，与参与当代讨论的多数人（例如 Henrich 1966, 231；1970, 261；1982a, 131；Frank 1984, 300；1986, 44-45, 50；1991b, 530, 536, 557, 562；Cramer 1974, 584, 590, 592；Castañeda 1979, 10；1989a, 137）的看法相比，现象学传统可以提供更多的资源。并且，现象学传统集中关注自身觉知与他异性的关系的维度，这也正是我的兴趣所在，而现象学传统所追问的也是我希望探讨的那类问题，比如，在排除了他异显示、与另一个自身的关系、与自我作为他者的关系的情况下，自身显示还能否实现？对现象学而言，自身觉知的问题至关重要，这也不足为奇。现象学如此广泛地使用反思，这也迫使现象学考察反思的自身觉知的本质。再者，米歇尔·亨利（Michel Henry）论证道，如果现象学的独特任务是揭示显示之可能性的条件，而如果这一条件被确定为先验主体性，那么，现象学最终必须面对如下这些问题：显示之可能性的条件会显示它本身吗？所有现象的条件本身也能成为一种现象吗？有一种哲学传统对此给予否定的回答——如果先验条件成为一种现象本身，那么它就不能再作为条件，它本身也将成为有条件者。但是，否认先验主体性能够显示它本身也就断然否决了现象学对它进行考察的可能性。于是，现象学不得不去研究自身显示的维度。除非现象学能够说明，实际上在被构成的（constituted）对象之现象性与构成性的（constituting）主体性之现象性之间有关键的和根本的差异，即对象显示与自身显示之间有根本差异，否则，现象学的整个事业便会岌岌可危。

我志在把系统的讨论与对相关著作的细致解释结合起来；我认为，这两条进路并不相互排斥。相反，我相信，富有成效的解释必定为系统性的研究兴趣所引导，而系统性的讨论也会从对经典文本的细致研读所得的洞见那里获益良多。换句话说，我有三重目的：我希望对胡塞尔的自身觉知理论做出系统的和全面的说明；我希望讨论和澄清现象学的一些核心论题；最后，我希望为当前关于自身觉知的哲学讨论做出贡献。

这项三重任务体现于本书的结构上。尽管本书的第二部分致力于考察和讨论现象学关于自身觉知问题的一些洞见，但第一部分"初步思考"将另辟蹊径开启讨论。在第一部分，我将概述和梳理近来关于自身觉知之本质的诸多非现象学的反思。这一部分的阐述分为三章。在第一章中，我扼要论述安斯康姆、卡斯塔涅达与舒梅克等人已做出的经典贡献，他们以不同的方式论及了第一人称视角的不可还原性与不可替代性。这一章讨论的主题是人称代词"我"如何进行指称——或者更确切来说，"我"不以何种方式进行指称。[⑥] 第一章的介绍为第二章做了准备，第二章是我对可以说当

---

⑥ 我有选择地利用了分析的心灵哲学和语言哲学中的论证，这可能会招致某种批评，所以我需要一开始就做出预防措施。有人会反对说，我只考虑了那些支持、澄清或促进我的基本立场的论证，而没有面向包含大量更趋近怀疑论论证和还原论（自然主义）论证的整个论域。这确实有一定道理，我显然也不会否认，全面论战是值得做的和富有成效的。然而，介入这种全面的论争会使我所从事的工作误入他途。我的兴趣并不只在于辩护自身觉知的存在，而是重在致力于澄清它的非常独特的组成。我关注的这些问题是在现象学中充满争议的问题（参考我在 Zahavi 1998 中的文章），而我认为，专注于对这些问题的讨论不需要任何明确的理由。诚然，我的确认为，下文要给出足够的证据来证明自身觉知的存在与重要性，以避免受到乞题谬误（petitio principii）指责，说我预先设定了要去论证的东西。

前最重要的一种自身觉知理论的考察，即由亨利希、弗兰克、波塔斯特与克拉默等一些德国哲学家组成的学派所提供的理论。他们利用了第一章提到的一些洞见，借鉴了德国唯心主义的哲学资源，从而转换和拓宽了这一讨论的框架。这里的主要问题将是反思的自身觉知与前反思自身觉知之间的关系。在第一部分的最后一章，我会尝试阐明可靠的自身觉知理论需要（至少初步）回答的几个核心问题。

在此基础上，本书的第二部分"主体性的自身显示"转入现象学的讨论，来尝试回答这些问题。因而，我在第一部分所做的导论性说明为接下来第二部分的现象学探讨构建了框架和背景。我相信，关于自身觉知的现象学说明能够受益于现象学之外的哲学所进行的概念澄清，以及以问题为导向的分析。我也希望表明，现象学内的哲学资源能够让我们对自身觉知的本质有更为深入的理解。第一部分结尾所提出的问题也全都是现象学曾经处理过的问题。在这个意义上，本书也是要力图证明，现象学如何能够推进当前对自身觉知的讨论。

第一部分

初步思考

第一章 "我"

作为研究的开始，让我们简要看一下，自身觉知在语言之中以何种方式表达，比如在这些句子中，"我累了"或"我在看北斗七星"；这样做并不是由于我相信如此可以解释自身觉知的现象，也不是由于我把这作为一条尤为基础的进路（我并不认为成功掌握第一人称代词是自身觉知的必要前提），而是因为，对"我"的自身指称（self-reference）做语义性（semantic）和索引性（indexical）分析将会揭示出自身觉知的一些独有的特征，我随后会解释这些特征。所以，我的研究将开始于参考分析的语言哲学中的一些考察，以此表明自身觉知确实构成了一个问题。这个问题无法通过对象意向性（object-intentionality）和对象指称（object-reference）的标准模型得到解释。最终，我要论证，第一人称自身指称的独特性来自于这样的事实，即我们亲知（acquainted）自己的主体性的方式迥异于我们亲知对象的方式。

说话者用"我"来指称他/她自己。然而，"我"是如何指称的，它到底指称什么？如果有人试图以专名、限定性摹状词或指示代词来替换"我"，那么这一尝试将会暴露出"我"与这类表述之间有着无法抹消的差异，因而也算是间接地回答了这些问题。①

---

① 克劳沃恩曾写到，鉴于索引性分析的真正目的是把第一人称视角还原为第三

第一节 "我"的指称方式

相对而言比较明显,"我"与专名或限定性描述的指称方式或功能不同。后者的指称可能会失准,因为冠以某个名称的对象或符合某个限定性描述的对象可能不存在,或者有多个,于是会出现指称失准,而在"我"这里则不会出现这个问题。在正确使用的时候,"我"不会对其意图指称的对象指称失败,因而,我们可以说,相对于所有的名称和描述而言,它具有存在论上的和指称上的优越性(Castañeda 1966, 144)。而且,即使说话者对自己的经验性身份和生平处于完全无知或犯错的状态,也就是说,即使说话者完全不知道或弄错了从第三人称视角来看符合他并确认他的描述,这种指称也依然不会出错。处于完全的失忆状态并不意味着失去了自身觉知,或者,失去了无误地以"我"来指称自己的能力(Anscombe 1981, 33)。相反,如果我错误地相信自己是尼尔·阿姆斯特朗,我在说"我"的时候仍然指称我自己,而"第一个登上月球的人"这一描述当然指称另一个人。

鉴于此,更可取的做法看来是把"我"理解为像"这个"或"那个"的指示词,特别是考虑到,指示词经常被认为不仅独立于任何描述而直接指称其对象,而且也不会出错。然而,这两个假定都是

人称视角,任何通过对"我"的索引性分析而理解自身觉知的努力都是还原论的;所以,当我读到这样的说法的时候,不免会有些惊讶(Klawonn 1991, 26, 31)。我相信,在舒梅克、卡斯塔涅达与佩里等人对索引词所做的分析中,克劳沃恩本来是能够发现一些非还原论的论证来支持自己的立场的。

可疑的。首先，当正确地使用的时候，"这个"在特定语境中依然能够指称多个事物，因而，如果某人意图指向任何具体的事物，他必须知道怎么回答"这个是什么"（Anscombe 1981, 27）。因此，"我"（加之"这里"和"现在"）是纯粹的索引词，而通过指示代词进行的指称必须借助实指或描述才能具体地确定，这又使得它可能被听者所误解。其次，"这个"的指称对象不需要当场出现，甚至可以不存在。如下这个例子可以说明这一点。一个难民终于跑到了边境线上，他递给卫兵一个珠宝盒，他说："如果您放我逃走，这个珍贵的珠宝就是给您的回报。"在这里，说话者指称的不是可以看见的盒子，而是里面的珠宝。也就是说，指示代词并没有指称在经验上当场出现的东西。另外，这个珠宝可能在说话者不知情的情况下已经被偷走了，而这个盒子是空的。这种情形类似于幻觉的情况，虽然指示词的使用正确，但是指称对象实际上不存在。而"我"则与此不同。某人在说"我"的时候不仅保证了指称对象的存在，而且保证了指称对象在经验上的直接当场出现。这些特殊性确证了笛卡尔式的直觉，因而"我现在不存在"这样的断言是自相矛盾的和不自洽的（Shoemaker 1968, 559; Anscombe 1981, 28; Castañeda 1968, 261）。

除了具有这些基本的特征之外，"我"与"这个"的指称方式还有很多更为细微的区别。同一个人既可以说"这个"也可以说"我"，然而"这个"的指称对象随语境而改变，但是"我"的指称对象则保持不变。不同的人可以说"这个"和"我"，"这个"的指称对象可以是相同的对象，而他们所说的"我"则不能指称相同的对象。因此，每一个说话者在说"我"的时候只能指称一个对象，即他/她自己，而"这个"的情况当然不同。

7 　　从这些讨论中可知，第一人称陈述可以免于所谓的误识的错误（error of misidentification）。考虑一下这几个陈述："我在流血"，"我的脚脏了"，"我很难过"，"我正在看着一只金丝雀"。所有这些陈述都有自身指称的形式，但具有不同的特点。前两个陈述涉及基于知觉观察而对特定性质进行自身归属（self-ascription）；而这种自身归属可以出现错误。假如说我遭遇了一场车祸，我与其他人横七竖八地躺在一块儿，我看到一条腿在流血，我误认为那是我自己的腿，因此推断说"我在流血"，而事实上那是别人的腿。不过，需要注意，即使在此种情况下，"我"的使用仍然不会陷入误识的错误。我或许会弄错究竟是谁的腿在流血，而我之所以会将一些性质错误地归属给我自己，恰恰是由于我一直成功地进行了自身指称。同样，尽管我或许会弄错我所感受到的究竟是怎样一种情绪，尽管我或许会错误地以为我看见了一只金丝雀，而即便（在幻觉中）我并没有看到任何东西，但是，这些错误并不是由于我对自己的错误辨识，并不是由于我把自己误识为我认为难过或正在看一只金丝雀的人（Shoemaker 1968, 557；Shoemaker 1984, 103）。② 诚然，质疑我是否确定我就是那个看这只鸟的人，或者要求提供用以确定这个知觉事实上是属我的知觉的特定标准，这是很荒谬的。即使对我

---

　　② 麦金指出，事实上能够设想出一种情况，"我正在看一只金丝雀"的断言包含对主体的错误辨识（McGinn 1983, 51）。比如，假设吉尔与杰克正在看一段视频，他们都错误地以为杰克也出现在了视频中。吉尔或许在某个时刻问杰克"你在干什么？"杰克可以指着视频中的人回答说"我正在看一只金丝雀"，于是杰克误以为自己是那个正在看金丝雀的人。然而，应该很明显，这个反例丝毫不会影响舒梅克的论证的有效性，即真正的自身觉知的情况排除了误识的错误。

是谁产生严肃的怀疑,但这并不能蕴含对于正是我在进行怀疑的怀疑。如果第一人称代词"我"的使用确实从不会失准,那么关键问题显然是"为什么?"我已经从否定的方面做了部分回答。当我们指称或辨识某个具体对象的时候,我们将之指作或辨识为(as)什么东西。当我们将 x 辨识为 y 的时候,我们之所以如此做是由于我们认为,x 具有一些识别性质,而 y 真正具有这些性质。这一辨识过程是有标准的,也是可错的。然而,当我使用第一人称代词进行自身指称的时候,我并非首先(以内省的方式)观察到某个人,然后再把那个人辨识为我自己。与所有可错的对象辨识相反,"我"的指称方式是直接的、无标准的和非推论性的。实际上,某人觉知到自己的时候,全然不像是觉知到一个对象(Shoemaker 1984, 102)。我来详细介绍另外两个论证来支持这一论断:(1)自身觉知不能作为有标准的自身辨识的结果而出现,否则会导致无穷后退;(2)自身觉知不能以有标准的自身辨识为基础,因为,对于"我"的成功使用而言,拥有用以辨识的知识既非必要条件也非充分条件。

1. 自身觉知不能作为有标准的自身辨识的结果而出现,否则会导致无穷后退。为了把某东西辨识为自己,某人显然必须知道此事物的一些真实情况,而他必须也已经知道,这些情况正是自己的真实情况。这种自身知识在一些情况中或许也要基于其他的辨识,但是假定自身知识的每一部分都要基于辨识将导致无穷后退(Shoemaker 1968, 561)。对于通过内省而达到的自身辨识亦是如此。或许有人会宣称,内省具有独特性,内省的对象所具有的性质可以让内省者直接把这个对象辨识为我,因为这个对象具有私人性,作为我的内省对象具有排他性,其他人不可能拥有这个对象。

但是，这个解释仍然无济于事；因为，除非我知道内省对象是我的内省的对象，除非我知道事实上是我(me)在进行内省，否则，我无法通过它由我内省地观察到这一事实而把这个被内省到的自身辨识为我自己，而为了防止无穷后退，我知道该对象是我的内省对象和我(me)在进行内省这种知识本身不能基于辨识(Shoemaker 1968，562–563)。更为一般地来说，我们不能按照传统的对象意识的模型来解释自身觉知的这种独特性，不能简单地把这种模型中的外在对象替换为内在对象。舒梅克写道：

> 我们在自身觉知中并不"作为对象"呈现给自己的原因在于，自身觉知不是知觉式的觉知，即不是一种呈现对象的觉知。它对事情的觉知并不借助对象觉知。值得注意的是，即便我们在一些情况中觉知到作为对象的自身（就像我们在镜子中看到自己的时候确实觉知到作为对象的自己），这也无助于解释我们的自身知识。因为，觉知到某呈现的对象是 ϕ，并不能告诉某人他自己就是 ϕ，除非此人已经把这个对象辨识为自己；而这之得以可能又需要此人已经有某种自身知识，即，他认为呈现的对象有一些性质，这些性质表明那个对象就是他自己，而他又知道自己是那些性质的唯一拥有者。知觉式的自身知识以非知觉式的自身知识为前提，所以并非所有自身知识都能够是知觉式的(Shoemaker 1984，105)。

这一论证还说明，如果某人事实上成功地把自己作为对象，那么他就是在进行自身的对象化，而自身对象化又反过来预设了，在先的非对象化的自身意识作为其可能性的条件。我还会在下一章更为充分地阐明这一论证。

2. 对用以辨识的描述的掌握并不是自身指称与自身亲知的必要条件；对此我们已经提及。即使我处于完全失忆的状态，被禁锢在黑暗的房间，因而完全不知道从第三人称视角来辨识我的所有那些性质（包括对我自己外貌的知觉觉知），但我也没有完全麻木，还保有自身觉知，还能够思考，比如说"我觉得怪怪的"。在这种情况中，"我"这个词在进行指称的时候没有把任何具体性质归属给所指的东西，我关于自己的觉知未借助对任何识别的性质的觉知。我对自己的辨识不借助姓名、性别、外貌、家庭、国籍、财产、知识或记忆等标准。因此，

> 实际上并不存在那些某人必须认为自己拥有才能把自己视为我的第三人称的具体特征。当然，某人作为"我"不是把自己归类于自身、人或思考者，遑论人类、女性或适用于所有具有自身意识的生物的任何范畴。大约两岁的小孩完全没有涉及那些范畴的知识，却可以完美地进行第一人称指称；这就是一个很好的证明……确实没有可以用以规定某人之为"我"的标准。我就是我。一个思考者就是一个我，他原初地和直接地把握到这个基本事实（Castañeda 1989a, 127）。

对用以辨识的描述的掌握也不是自身指称与自身亲知的充分条件，因为，某人可以在掌握了关于自己的辨识性描述的情况下，仍然没有意识到其中的那个人就是自己。我们假设，著名画家昆

图斯·林根斯（Quintus Lingens）罹患重度失忆症。他偶然走进了一家书店，碰巧发现了一本新的畅销书——《昆图斯·林根斯：真实而完整的故事》。即使他阅读并记住了整本书的内容，但这也不会促使他意识到，他自己就是那本书所写的人。③ 理解到某个第三人称描述适于某人，并不等于意识到我就是那个人；即，并不存在一种对自我的第三人称描述，只要我理解到它适于某个人，便可以保证我意识到所描述的人就是我自己，因而，我们认为，自身觉知无关乎通过任何第三人称描述而对对象的辨识（Evans 1982, 255-256；Castañeda 1967, 12）。

卡斯塔涅达等人曾经提出经典的论证：某人作为具有自身觉知的人，如果真正地把自己视为自己的话，她并非仅仅能够不依赖任何类型的第三人称指称，而且也必须在事实上就是这么做的。在论文"'他'：自身意识之逻辑的研究"（"He": A Study in the Logic of Self-Consciousness）中，卡斯塔涅达考察了用以把自身觉知归属给某人的第三人称代词"他（他的）"（he[him、his]），即有自身意识的"他"（he of self-consciousness），或者用卡斯塔涅达的写法——代词"他*"，代表"他，他自己"，以区别于单纯的指示代词"他"。说"X知道他自己是φ"就是承认X具有一种他能够且必须通过说"我是φ"来表达的知识（Castañeda 1967, 12）。卡斯塔涅达的核心论断是，"他*"与"我"构成了独一无二的逻辑范畴，不能通过任何其他类型的指称机制来加以分析（Castañeda 1966, 131）。

---

③ 我要强调一下，我并不是说，某人如果只拥有关于自己的辨识性的第三人称描述，他就必定无法认识到自己就是被描述的那个人。我只不过是说，这其中没有什么一定会使他得出自己就是那个人的结论。

第一章 "我"

为了说明这点,我们来比较如下几个陈述:

1a. 我知道我生活在哥本哈根。
1b. 《意向性与构成》的作者知道他*生活在哥本哈根。
2. 《意向性与构成》的作者知道《意向性与构成》的作者生活在哥本哈根。*

这三个陈述并不是同义的,因为,1a 与 1b 可以在 2 为假的情况下为真,反之亦然。《意向性与构成》的作者可以知道他*生活在哥本哈根,但是可能忘记了他*曾写过名为《意向性与构成》的书。反过来,这位罹患失忆症的《意向性与构成》的作者可以知道《意向性与构成》的作者生活在哥本哈根,却没有意识到这件事说的就是他*自己。所以,在这里的例子中,他*(他自己,以及"我")并不能与"《意向性与构成》的作者"相替换;更一般地来说,他*(以及"我")不能由任何不包含"他*"("我")字样的名字或描述所替代(Castañeda 1966, 138; 1987b, 414; 亦见 Chisholm 1981, 18–19)。这个例子如何有助于我们理解自身觉知的本质呢?答案直接呈现在卡斯塔涅达的结论中:当路人甲声称"《意向性与构成》的作者相信他*生活在哥本哈根"的时候,路人甲实际上默认,作者除非具有使用人称代词"我"的能力或者能够意识到他自己,否则作者并不拥有任何指称他自己的方式。这种能力是作者指称他自己的唯一

---

* 《意向性与构成》(*Intentionalität und Konstitution*)的作者即本书作者丹·扎哈维教授。该书基于扎哈维教授的硕士论文,1992 年由丹麦 Museum Tusculanum 出版社出版。——译者

方式,而如果路人甲认为自己的说法是真的,那么路人甲就必须承认作者具有这种能力(Castañeda 1966, 138-139)。

换言之,承认某人具有自身觉知,并不意味着承认,该人能够按照标准做出成功的自身辨识。我们谈到《意向性与构成》的作者时说,他相信他*生活在哥本哈根,而这并不是在说,该人通过限定性描述成功地辨识出世界中的一个对象,尔后把谓词"生活在哥本哈根"归属于这个对象(仿佛是作者相信那个作者生活在哥本哈根)。更一般地来说,这并不意味着,该人通过意识到某个具有辨识度的第三人称特征而觉知到他自己*。

他*不能被一个描述或名称所替代;有人仍然会问,他*也不能以"他"的指示性用法来理解吗?例如,有人可能会提出,如果 X 声称"他是 φ"——这里的"他"纯粹以指示性的方式指称 X,那么,X 相信他*是 φ。但是,这一看法并不正确,因为,完全有可能出现这种情况,即某人指着自己正在流血的腿说"他在流血",而没有意识到正是他自己在流血。同样,X 可以看着一个人,指着这个人说,"他看上去糟透了",但是没有意识到,他看到的是镜子中的自己,指称的也是他自己。④

这一论证与"我"的用法有直接的关系。在说"我"的时候,说话者并非仅仅在特定语境中单挑出一个特定的人;说话者还必须觉知到,他自己就是被指称的那个人。由于"我"的用法蕴含着自身觉知,"我"不能被简单地界定为每个人用以言说自己的词语,因

---

④ 有人如果因为这个例子中的指示性指称是以间接方式(通过一面镜子)发生的而仍未被说服,那么可以参考卡斯塔涅达设计的一些更为奇妙的思想实验,那些实验也产生了同样的结果(Castañeda 1966, 141-142)。

为，一个人能够（通过专名、限定性描述或指示词）在事实上言说和指称自己，却没有意识到所言说和指称的就是自己，而在恰当地使用"我"的时候，则不能没有这种意识（Anscombe 1981, 32）。⑤ 用诺奇克的话来说：

> 某人 X 以反身的方式（reflexively）进行自身指称，这对于 X 而言不仅仅意味着，使用事实上指称 X 的词项；因为，这忽略了一个内在于自身指称活动的要素，即他指称的就是他自己。当俄狄浦斯开始追查"那个给忒拜城带来麻烦的人"的时候，他事实上指称的是俄狄浦斯，但是他并不是以必要的反身方式来指称他自己。他没有认识到，他自己就是罪魁祸首。而为了认识到这一点，他应该想到或知道的是，使用"我"（I）、"我"（me）或"我的"（my）来做出的相关第一人称陈述（Nozick 1981, 72–73）。

佩里提出的一个经典例子也可以说明这一结论。假设，我突然发现超市的地面上撒了一路的砂糖。我推着购物车，从高高的货架的一侧通道又走到另一侧通道，我想找出哪个购物者的袋子破了，告诉他是他把地面搞得一团糟。每当我围着货架转一圈，地面上砂糖的痕迹就厚一层，而我好像一直抓不到他。突然，我意识到，我想抓的那个购物者就是我自己，我赶紧停住购物车，把砂糖袋子包

---

⑤ 如果用第一人称词项来表述这个定义——"'我'是我用以言说自己的词"，就可以避免这个问题；不过，这样的定义显然是循环定义（Pothast 1971, 24）。

好(Perry 1979, 3)。当我开始追查的时候，我要找的是那个砂糖袋子破了的购物者。我一直指称着我自己，但是我到最后才意识到这一点。这个例子旨在说明，如果用关于我自己的第三人称描述来替换我最后认识到的"我就是把这搞得一团糟的那个人"，那么，我们就无法解释为什么我停下了我的购物车。比如说，我们对我在那种情况下的信念做出这样的描述，"我意识到丹·扎哈维把这搞得一团糟"，或者"我意识到《意向性与构成》的作者把这搞得一团糟"，或者"我意识到他(指着镜子中的那个人)把这搞得一团糟"，除非再加上"我相信我就是丹·扎哈维""我就是《意向性与构成》的作者""我就是镜子中的那个人"，即是说，除非承认了我想到那个粗心的购物者就是我，否则，我们依然无法解释我为什么停下了购物车(Perry 1979, 12)。任何不包含"我(的)"(I、me、mine)的关于我自己的描述都不要求我意识到我就是那个被描述的人。然而，无论我对一个人的第三人称描述有多么详细，这个描述都不蕴含着我(在第一人称的意义上)是那个人(Nagel 1965, 355；Lewis 1979, 520-521)。此外，佩里的例子还说明，第一人称信念的独特特征使得这些信念在实践思维中发挥了关键作用。能动性(agency)需要主体视角。从第三人称视角向第一人称视角的转变可以让我们改变自己的行为，因而，自身觉知不能是一种单纯的副现象(epiphenomenon)。

概括起来说，他人通过专名、指示词或限定性描述等用以辨识和辨认的方式来指称我，然而，对于我以第一人称的方式把自己作为我自己而言，这些第三人称指称不仅是非必要的，终究也是非充分的。

第二节 "我"的指称对象

我已经说明了,"我"是不以何种方式(how)进行指称的。那么,关于"我"到底指称什么(what),我们能够达到什么结论吗?对此,有三种可能的答案。

1."我"根本不指称任何东西。这是安斯康姆得出的很激进的(即使不说极端的)结论。尽管,她对笛卡尔式的解释有一些同情,她还是强调,如果"我"事实上是进行指称的表述,笛卡尔关于其指称对象的特征与本质的观点才可能是正确的。然而,在安斯康姆看来,笛卡尔的立场有一个令人无法接受的困难,即要求不同的"我"思("I"-thoughts)中的指称对象之间的同一化。她认为,这一困难难以克服,她最终只能选择不同的解决方案:"通向错误对象的途径是被排除了,这让我们以为,如此便保证了通向正确对象的途径。然而,真实的情况却是,它根本就不通向任何对象。我们以名称或(罗素意义上的)指谓表述(denoting expressions)来把握两种东西:一种是用法,另一种是时常以这些词项来指称的东西。但是对于'我',只有用法……根本上,'我'既不是名称,也不是任何类型的认指称作为逻辑功能的表述"(Anscombe 1981,32-33)。⑥ 于是,安斯康姆最终采纳了维特根斯坦式的结论——"说'我疼'就只是一个关于某具体的人在呻吟的陈述"(Wittgenstein 1958,67)。她声称,我们相信作为主体的我的存在是由于,我们陷

---

⑥ 马尔科姆有相似的结论(Malcolm 1988,160)。

入了语言幻象(language-image)。然而,这一结论却遭遇了几个问题。首先,"我感觉疼"这一论断并不能为"无人感觉到疼"的论断所替代(Shoemaker 1968, 555)。有人也会问,难道努力解决笛卡尔所面临的困境不比简单地消解问题更具有积极的成效吗?尤其是考虑到,安斯康姆虽声称笛卡尔的立场是有问题的,但她从未对此提出任何更为详细的论证(Anscombe 1981, 31-32)。其次,与"我"一样,真正的索引词"这里""现在"的用法也具有对误识之错误的免疫性特征,但是没有人会认为,"这里"与"现在"会因此而并不进行指称,因而,有人会质疑,对于"我"的情况,安斯康姆的结论是否恰当(McGinn 1983, 54)。

安斯康姆的立场与所谓的无所属性(no-ownership)的观点有些近似,这种观点认为,经验是无主体的或无自我的(Strawson 1959, 95)。它们不是任何人的状态或性质,只是单纯发生的心灵事件,因而恰当地说来,我们必须把自身觉知理解为意识对它自己的匿名的亲知,而不是对某人自己(oneself)作为思考者、谋虑者、决断者、行动者和承受者的觉知。休谟为这一立场提供了一个经典版本,他做出了一个著名的陈述:"对我来说,当我密切地走进我所谓的我自己(myself)时,我总是碰到这个或那个关于冷热、明暗、爱恨、悲喜的个别的知觉。我在任何时候都无法捕捉到脱离了某个知觉的我自己,而除了知觉,我也无法观察到任何东西"(Hume 1888, 252)。近来,有人声称,严格意义上的无人称的(impersonal)经验可以存在,这种经验不包含对某人自己作为经验之主体的任何(隐含的)指涉。⑦ 按此,即使我们必须承认,两个人同时拥有两个

---

⑦ 对此,有这样一个例子:"在梦中,我似乎能够从自己身体之外的视角来看我

第一章 "我"

在性质上完全相同的经验，这两个人仍然拥有在个数上不同的经验，但是，这种情况并不是由于每个经验都有一个不同的主体，而只不过是由于"其中一个经验是这个经验，发生于这个个别的心灵生活之中，而另一个是那个经验，发生于那个个别的心灵生活之中"（Parfit 1987, 517；亦见 Parfit 1987, 252）。

然而，我们只要采取第一人称视角，就会想到一个对这种立场的反驳。我的知觉与我朋友的知觉之间的主要差异真的就在于，我的知觉是这一个而他的是那一个吗？就像克劳沃恩所论证的，对不同经验的这种刻画难道不是派生的和衍变的吗？难道不应该说，我的经验恰恰由于是我的才是这个经验吗？它以不可还原的第一人称呈现的样式（first-personal mode of presentation）而给予，而他人的经验不以第一人称的样式给予我，因此不是我的心灵生活的一部

自己。我似乎能够看到我自己朝向这个视角跑过来。由于我似乎看到的是我自己朝这个方向跑过来，因而这个方向不能是朝向我自己的。我可以说，我似乎看到自己朝向观看者的视角跑过来"（Parfit 1987, 221）。在这种情况中，我梦中的知觉并不会蕴含着对我自己作为经验之主体的指涉，而仅仅以之作为经验的对象。不过，克劳沃恩曾指出，这个例子是有问题的，因为帕菲特在这个例子中使用"我"和"我自己"这两个词来指称两个完全不同的东西："例如在这句话中，'我似乎能够看到我自己朝向这个视角跑过来'，或者在这句话中，'我似乎看到的是我自己朝这个方向跑过来'。这里，'我'（'我似乎看到'中的我）与观看者的第一人称视角联结在一起，而'我自己'则用以指称某个呈现于观看者的视觉场中的身体或某个人。当帕菲特说道'朝向观看者的视角跑过来'的时候，这里所说的视角当然不是出现于这个梦境之中的任何观看者的视角。他所谈论的是我自己作为观看者的视角，即从做梦之人的视角来看。在我看来，与第一人称视角相结合的'我'与'我自己'这两个词的用法是基本性的，而从外部视角把我的身体作为'我自己'来进行指称的可能性是次生性的，这是我倾向于对通常与我结合在一起的身体进行辨识的结果。如果我的身体更为持久地变成了'外在对象'，那么我就不会继续使用'我自己'一词来说它；而如果这个身体还有它自己的主体经验领域，那么它就不再仅仅是身体，而是某个人了，如果那样话，我也就不会再把这个个体看作我自己。它就会是其他人了"（Klawonn 1990, 47）。

分(Klawonn 1991, 28-29)。所以，有人提出，正是由于一些经验的原初呈现或第一人称给予才使得它们是我的，使得它们属于特定的主体。如果是这样的话，休谟的分析确实有所遗漏，忽略了他自己的经验的独特的给予方式。可以这么说，他对自身的探寻有点缘木求鱼。某人有自身觉知，并不意味着他把握到脱离了经验的单纯的自身，而是从"内部"（within）对第一人称样式给予的经验的亲知。自身觉知中所指涉的主体或自身并没有脱离或超脱经验，也不是某个新的、额外的经验，就是经验之给予的特征或功能。如果经验原初地、以第一人称呈现样式给予我，那么它就被体验为我的经验，否则就不是我的经验。简言之，所有我所自身觉知到的经验都必然是我的经验(Klawonn 1991, 5, 141-142；James 1890, 1：226-227；Smith 1989, 93)。[⑧]我在这里考察的只是初步的论证，本书第二部分将就此详加分析；因此，是否还有其他类型的自身觉知（比如时间意识或回忆），它们缺乏自我或拥有超越意识活动的自我，我们暂且按下不表。

2. "我"指称一个对象。认为"我"挑出和辨识一个特定对象的看法不符合第一人称自身指称的独特特征。如果"我"的指称对象只不过等于一组特定性质，那么，我如何能够即使在对这些性质完全无知、怀疑或弄错的时候仍然无误地使用"我"呢？

3. "我"指称一个主体。对"我"的分析显示出，我们在处理的是独特的、直接的、无标准的、不可错的第一人称指称。尽管，"我"

[⑧] 史密斯做出了呈现样式（mode）与呈现模态（modality）的区分（Smith 1989, 16-17），尽管这是个专门与胡塞尔相关的区分，但是我觉得，这在语言上并不贴切，所以我会继续说第一人称呈现样式，而不说第一人称呈现模态。

究竟指称什么尚未定论，但是，我们看来有理由认定，我们所处理的东西与我们的主体性有着本质的关联。"我"的指称方式与那些从第三人称视角进行的典型的指称方式有着重要的区别，我们可以很自然地认为，第一人称指称的这种特征来自于它所表达的自身觉知现象。我们亲知自己的主体性的方式迥异于亲知对象的方式；接下来的任务就是更准确、深入地理解经验的独特的第一人称给予。

尽管第一章讨论的结果主要是批判性的，告诉了我们，"我"的功能不是什么，为什么不能简单地以标准的对象意识的模式来解释自身觉知，但这还是能够让我们明白，任何关于自身觉知的恰当理论都要满足如下一些最基本的要求：这个理论必须能够解释"我"的用法的独特特征，即不管自身觉知的结构最终显示出有多么复杂或特异，所给予的解释如果不足以维持第一人称指称与第三人称指称之间的区别，如果不能够抓住"我"在指称上的独特性，那么它就不是对自身觉知的成功解释。

第二章 反思的自身觉知与
    前反思自身觉知

在第一章中，我论证了区分外在的与内在的两种不同的自身指称方式的必要性。外在的自身指称从第三人称视角进行指称。我可以通过专名、指示词或限定性描述的方式来指称对象，而该对象有时候可以是我自己。当我以这种方式来指称我自己的时候，我指称自己的方式与我指称他人以及他人指称我的方式相同——区别仅仅在于，在前一种情况下，正是我在进行指称，因而是一种自身指称。除了外在性的特征之外，这种自身指称可以在我对之没有知识的情况下而进行，即，我能够从第三人称视角指称我自己而不必意识到我自己就是指称对象。相反，从第一人称视角进行的自身指称通过使用"我"来表达，这是一种内在的指称。我们不仅不能以第一人称的方式来指称自己之外的任何人与任何事物，而且，在"我"的恰当使用中，某人知道他在指称自己。

现在，我将放下自身指称的问题，开始对自身觉知进行更为传统的研究。这是怎样的一种研究呢？我需要事先强调，不仅当我意识到我正在知觉一支蜡烛的时候，而且当我觉知到我的忧伤感受或我的灼热痛觉或我对一支蜡烛的知觉的时候，或者说，当我亲知到以第一人称样式给予的经验的任何时候，我都可以合理地说我是有自身觉知的。当我不再只是意识到某个异己的对象，而且还意识到我关于该对象的经验的时候，我固然有权说自身觉知，因为在这样的情况中，我的主体性本身向我显露出来。根据这种观点，任何我对之没有自身觉知的经验都会是我没有意识到的经验，也就是无意识的经验。

第一节　自身觉知的反思理论

如果我们要理解有自身觉知的意思是什么，那么对比一下意向性与自身觉知会很有帮助；意向性标示了经验之主体与对象之间的差异，而自身觉知则意味着某种形式的同一性。① 任何关于自身觉知的可靠理论都必须能够解释这一区别，而看上去最为自然的解释是认为，意识之所以是自身觉知的，乃在于它将其自身而非任何其他的东西作为它的对象。当然，为了维持内在的自身指称与外在的自身指称之间的重要差别，还需要确保，这个对象必须以一种独特的不可还原的第一人称的方式给予。在《人类理智论》中，洛克使

---

① 用费希特的话来说："当你在思考你的桌子或墙壁的时候，你本身就是置身于这个思考活动中的思维主体，因为，作为有理智的读者，你当然觉知到你在自己的思考活动中所进行的主动活动。另一方面，对你而言，在思考活动中被思考的东西不是你自己，而是必须与你有区别的东西。简言之，在每个这类概念中（即，在每个对象概念中），思维主体与被思考者都是两个不同的东西，正如你肯定会在自己的意识中所发现的那样。相反，当你思考你自己的时候，你对自己而言不仅仅是思维的主体，你同时还是你正在思考的东西。在这种情况中，思维之主体与对象被假定为同一者。当你在思考自己时，你所进行的那种活动被假定为返回或'回归'你自己，即思维主体"（Fichte 1797, 522 [1994, 107]）。

用"反思"(reflection)一词来指我们的心灵将其视线转向内部、朝向自己从而使自己的运作成为思考对象的能力(Locke 1975, 107, 127)。这种理论认为,自身觉知是意识将其"目光"指向自己,把自己作为对象,从而觉知到它自身的结果;我们可以称其为自身觉知的反思理论。

不难发现,当代的一些哲学家辩护了该理论的某种版本。在《心灵的唯物主义理论》一书中,阿姆斯特朗论证道,知觉(perception)与内省(introspection)非常类似。知觉是一种心灵事件,其意向对象是物理世界中的某个状况;内省也是一种心灵事件,其意向对象是发生于同一个心灵中的其他心灵事件。只有成为内省活动的对象,一个心灵状态才能成为有意识的心灵状态。正如我们的物理环境的很多特征是我们没有知觉到的,也有很多我们对之无意识的心灵状态,即所有那些我们没有即时内省的心灵状态。正像必须区分知觉与被知觉到的东西,我们也必须区分内省和被内省到的东西。心灵状态不能觉知到它自己,就像一个人不能吞掉自己一样。诚然,内省本身也可以成为另一个内省觉知的对象,如此等等(Armstrong 1993, 323–326)。②

反思理论赋予意向性以优先性。这一理论不仅认为,反思的自身觉知本身是一种意向活动,而且还经常宣称,自身觉知预设了作为其出发点的在先的(a prior)意向活动:除非事先存在有待反思和有待自身觉知的意向活动,否则,自身觉知就是不可能的。不过,

---

② 关于有意识的心灵活动(区别于无意识的心灵活动)是内在监控的结果的论断,更多例子可以参考 Lycan 1997。

第二章 反思的自身觉知与前反思自身觉知

自身觉知的反思理论并不是某一种学说的专有名称，它涵盖数个相互关联的立场。这一标签可以用来表示，自身觉知是高阶意向活动把初始的意向活动作为对象的结果，前者可被称为反思活动。在这种情况中，自身觉知会是两个不同的意向活动之间的主体-对象关系。它也可以用来表示，自身觉知源于意向活动以一种形象的反射（re-flexes）的方式把它自己作为自己的（次要）对象。在这种情况中，自身觉知是意向活动与它自己之间的主体-对象关系。

尽管，乍看上去，我们显然会难以避免地说，自身觉知的特点刚好就是主体以它自己而非任何其他东西作为它的对象，但是，这一进路最终会导致一些非常严重的困难，以至于主张这一进路的人有时候也承认，自身觉知要么是不可理解的，要么直接就是不可能的。康德在其后期的著作中写道："我意识到我自己这一思想中已经包含了双重的自身，即作为主体的我与作为对象的我。我把我思考为对我而言的（直观的）对象，作为对象的我使得我与我自己区分开来，这是如何可能的？尽管这是不容置疑的事实，但却绝对不可能得到解释"（Kant 1923, 248-249 [1983, 73]）。

通过如下的表述，这种困惑愈发凸显：

1. 觉知是主体与对象之间的关系。
2. 如果主体觉知到它自己，它必须把自己作为对象。
3. 如果主体觉知到对象，那么它所觉知的就不是作为主体的自己。
4. 真正的自身觉知是不可能的。

换句话说，如果觉知是主体与对象之间的关系，那么真正的自身觉知就是不可能的，因为经验的主体永远不可能真正地作为自己的对象，这其中蕴含着对它的主体性的否定，违反了同一性的原则。由此，我们在所谓自身觉知状态中所寻求的目标不能等同于经验的原本的主体，这个主体总是处在黑暗之中，我们最多只能得到关于它的派生的对象化表征（Natorp 1912, 30; Kant 1971, A 402）。③

显然，导致这一困境的原因在前提 1 之中，前提 1 预设一切觉知都蕴含着主体-对象的结构。毋庸赘述，传统哲学中盛行着这个经常被默认的前提，但是也要注意到，在语言中，一些看上去很单纯的用语，比如"我感到疼"或"我感到快乐"（二者显然具有"x 知觉到 y"的结构），经常被用来支持赋予自身觉知以主体-对象结构的倾向（Shoemaker 1968, 563–564; Frank 1991b, 445; Henrich 1966, 197）。

德国哲学家亨利希、弗兰克、波塔斯特与克拉默等组成的学术群体对自身觉知的反思理论做了最为全面的考察和反驳，这一群体源于亨利希在海德堡的研讨班以及他早期关于"费希特的原初洞见"的研究，因而被称为海德堡学派。④ 海德堡学派的研究进路异常开阔，它从许多不同的哲学传统中汲取资源，包括德国唯心主义、

---

③ 有关海德格尔对那托普立场的评价的讨论，见 Zahavi 2003a。
④ 最早使用"海德堡学派"（Heidelberg school）称号的是图根德哈特（Tugendhat 1979, 10, 53）。鉴于关于谁最早指出反思理论所面临的困境曾有过的激烈争论（Schmitz 1982, 132），有趣的是可以见到，丹麦哲学家格鲁-索伦森（K. Grue-Sørensen）在 1950 年的一本书中，讨论了费希特、赫尔巴特（Herbart）、弗里斯（Fries）、布伦塔诺、那托普、李凯尔特（Rickert）、雷姆克（Rehmke）等人，这在很大程度上预见了这些德国哲学家们的批评。

新康德主义、分析哲学与现象学。在当代的哲学思潮中,海德堡学派可谓是最为执着地澄清自身觉知问题的代表,我接下来将详细考察他们的论证。我首先介绍他们对反思理论的批评。

自身觉知的反思模型总是采用一种双重要素(a duality of moments)。无论认为自身觉知源于一个活动把另一个活动作为其对象,还是源于一个活动以其自身作为对象,我们所面对的都是一种自身分裂(self-division),因而必须区分进行反思者与被反思者。⑤ 当然,反思的目的是为了克服或否定这一分裂或差异,从而判定两个要素的同一性——否则,不会有自身觉知的情况。然而,这一策略遭遇到了根本性的难题,比如,关于相异(different)之物的觉知如何能够产生自身觉知,或者,反之亦然,初始的意向活动如何能够通过作为另一个活动的对象而成为有自身觉知的活动?如果不预设有待解释的东西,即自身觉知,又如何确保两个关系项的同一性呢?为何作为无意识的高阶活动的意向对象这一事实就能够把意识或主体性赋予原来是无意识的一阶经验呢?

反思理论声言,自身觉知是反思的结果,亦即,知觉活动为了成为具有自身觉知的活动,必须等待随后的反思活动将它作为主题(thematization)。然而,这个活动仅仅是以反思的方式被主题化、成为对象,这还不足以说自身觉知。深层的同一性也必须显示出来。觉知到自身意义上的自身觉知并不单单是觉知到某个人事实

---

⑤ 李凯尔特把这一思路推向了它的(悖论的)顶点。他论证到,自我无法同时作为意识的主体与对象,因为这意味着违反了同一性原则。因此,如果自身觉知是可能的,自我之中必定发生自身分裂,借此才能在自我的不同部分之间建立起认知关系(Rickert 1915, 42)。

上正好是自己的问题。对于自身觉知的情况，仅仅是 A 意识到 B 还不够；A 还必须意识到 B 与 A 的同一性。换言之，知觉活动必须被把握为与反思活动是相同一的，才能算作是自身觉知的情况。(这事先就排除了知觉活动与反思活动在个数上的同一性[numerical identity]，所以，自身觉知中的同一性必须是指，知觉活动与反思活动属于相同的主体，或作为同一个意识流的部分。)⑥ 然而，这又引发了一个困难，反思活动（如果本身没有自身觉知的话）如何能够认识到知觉活动与它本身属于相同的主体性呢？如果它要把遇到的东西当作它自己，如果它要认出或辨识出某东西就是它自己，显然它需要在这之前对自己的亲知。

　　反思的主体如何能够知道，它以其自身作为对象呢？显然，只有通过知道自我与其对象相同才能做到。但是，把这种知识看作是反思知识或是基于反思的知识却是不可能的。自我为了知道它将之作为对象所认识到的东西与执行朝向自己的反思活动的东西是同一的，反思活动又要预设我已经知道自己。反思理论试图通过反思来理解自身觉知的来源，却因此注定走入循环，即必须预设它想要解释的那种知识（Cramer 1974, 563）。

自身觉知不能来源于两个无意识活动相遭遇的结果。因此，反思活动要么必须等待另一个反思活动才能成为有自身觉知的——这会

---

⑥ 两者之间是否存在差异将在本书第二部分讨论。

遭遇到一个恶性的无穷后退；要么必须承认它本身在反思之前已经处于自身觉知的状态——这当然又会让我们陷入循环解释，即预设了要去解释东西，因而隐含地拒绝了自身觉知的反思模型所主张的所有自身觉知都来自于反思。⑦

反思活动是继发的（secondary）活动，如果认为这不仅是逻辑意义上的，还是时间意义上的，那还会导致其他问题的出现。如果反思活动总是在被反思的活动之后进行，或者至多先于后者的某部分（毕竟，我还在听巴赫的乐曲的时候就能够觉知到自己在听），那么自身觉知就会是对过去经验的觉知，因而，反思实际上是一种特异（即使不说不可理解的）类型的内省或回忆。这种特异之处在于，我会回忆起我原先从未有过觉知的东西。此外，时间差还意味着，觉知到自己是需要时间的，而这似乎与我们的自身觉知的直接和即时的特征不相符。如果有人问我们是否感到疼，我们立即就知道，不需要先做查看（Frank 1984, 303；1991b, 440；Pothast 1971, 38）。疼痛就意味着（自身）觉知到疼；亦即，疼痛既是一种存在方式也是一种觉知方式（Jones 1956, 131）。

反思的目的是揭露初始的知觉活动，对之进行主题化。然而，为了解释反思的发生，要去揭露和主题化的东西必须在某种程度上（以非主题的方式）呈现出来。否则的话，就没有东西来引发和唤起反思活动。因而，对知觉活动的觉知必须先于反思，所以，反思理论最多能够解释显性的（explicit）自身经验，却不能解释自身意识

---

⑦ 这与舒梅克提出的论证基本相同（另见 Henrich 1970, 268；1982b, 64；Frank 1991b, 498, 529；Schmitz 1991, 152）。

本身的来源(Henrich 1970, 265)。⑧

最后，我们可以利用第一章的一些结论。如果把反思理解为内省式地对对象进行同一化辨识的程序的话，那么，自身觉知就不能是反思的结果；即是说，我并非首先察觉到特定的疼痛，然后将其辨识为我的疼痛，因为那样一种根据标准进行的同一化辨识蕴含着错误辨识的可能性，而自身觉知却不会陷入那种错误。如果我感到晕眩，我不可能会弄错谁是这个经验的主体；没人会荒谬地问，我是否确定我就是那个感到晕眩的人，或者，让我去说明我用以确定这个晕眩感是否真的是我的晕眩的特殊标准。

我再说一遍，不难发现一些当代哲学家辩护了某种版本的反思理论。它的提倡者经常声称，需要澄清的是现象意识的本质，而不是自身觉知的本质，但是，我把现象意识的第一人称给予解释为一种基本的自身觉知，所以他们的分析仍然与我的主题相关。例如，罗森塔尔最近辩护了一种高阶思维(higher-order thought[HOT])理论，用以取代阿姆斯特朗的高阶知觉(HOP)理论。罗森塔尔指出，现实中，有意识的心灵状态的情况要多于内省的主题对象的情况。一个状态可以在非内省的情况下是有意识的，而事实上，内省的意识状态预设了非内省的意识状态。有鉴于此，我们似乎很有理由宣称，即使当我们对一个心灵状态未作明确的和主题性的注意的情况下，它也能够是有意识的；起先看上去，罗森塔尔关于内省的和非内省的意识状态的区分也对应着我们关于主题性的、反思类型

---

⑧ 关于反思，萨特写道："它意味着，它想要去揭示的前反思理解正是引发它进行揭示的动机"(Sartre 1943, 195 [1956, 156])。

的自身觉知与隐性的、非主题性的前反思自身觉知的区分。然而，当罗森塔尔开始分析这种非内省的意识的本质的时候，我们可以清楚看到，他的想法完全不同。事实上，罗森塔尔论证道，如果我们希望得到关于意识的有意义的和有内容的解释，我们必须无论如何都要避免声称意识是心灵状态的内在性质。说某东西是内在的意味着它是简单的、不可分析的和神秘的，因而超出了科学与理论研究所及的范围："只有当我们深信意识缺乏明晰的结构因而无法进行解释的时候，我们才会坚持认为有意识是心灵状态的内在性质"[22] (Rosenthal 1993, 157)。尽管罗森塔尔承认，把意识看作一种内在性质看上去是很令人向往的，但是他仍然认为，我们必须规避这一进路，因为，这妨碍了自然主义的（和还原主义的）解释，而自然主义试图诉诸非意识的心灵状态来解释意识，再以非心灵的东西来解释前者。对于罗森塔尔而言，有意识这种性质不是一种内在（intrinsic）性质，而是一种关系（relational）性质；即是说，心灵状态只有处于与其他东西的恰当关系之中，它才是有意识的。更确切地说，一个状态是有意识的，就意味着，它为一个适宜的、关于该状态的高阶思想所伴随。事实上，正是由于有高阶思想以及物的方式意识到（transitively conscious of）某个心灵状态，这个心灵状态才在非及物的方式上（intransitively）是有意识的。并且，这一模型并不会导致无穷后退，因为高阶思想本身不需要是有意识的；而只有当高阶思想又为第三阶的思想（third-order thought）所伴随时，它才成为有意识的。正是基于这一模型的构建，罗森塔尔才做出了非内省的有意识的思想与内省的有意识的思想之间的区分。当一个心灵状态为二阶思想所伴随时，它在非内省的意义上是有意识的。内省的发生是由于二阶思想为三阶思想所伴随，从而使其成为有意识的二阶思想（Rosenthal 1993, 165; 1997, 735–737, 743, 745）。然而，罗森塔尔还需要回答下面这个问题：二阶思想 B 以何种方式指向一阶心灵状态 A？到底是什么使得 B 意识到 A？罗森塔尔写道，"高阶思想 B 是关于心灵状态个体 A 的觉知，这只是由于 A 是 B 的意向对象"（Rosenthal 1993, 160）。然而，他同时也意识到，心灵状态与使之有意识的高阶状态之间的关系不同于一般的意向关系。一方面，我们只有在以某种适宜的非间接的、即直接的和非推论的方式意识到心灵状态的时候，才把这些心灵状态看作有意识的——否则，如果我们通过推论得出我们有某个心灵过程的时候，我们会误认为，这个无意识的心灵过程是有意识的。另一方面，罗森塔尔论证道，心灵状态作为有意识的状态并非只是由于我们直接地意识到它，我们还必须直接地意识到我们自己处于那个状态："只有当一个人的思想是关于他自己本人的，而不仅仅是关于一个碰巧是他自己的某个人的时候，所思考的心灵状态才是有意识的状态。否则的话，这个状态在任何具体的情况下都有可能是其他某个人的状态"（Rosenthal 1997, 750；亦见 Rosenthal 1997, 741）。故此，罗森塔尔显然又使自己陷入了我们上文所介绍的批评之中。

第二节　主体性与索引性

上述考察的结论是什么？我们看到，反思理论面临一系列的难题。它解释自身觉知的努力陷入了困境，要么导致恶性的无穷后退，要么导致解释循环；鉴于此，我们面临着如下的选择：要么否认自身觉知的存在，要么拒绝反思理论。这里，不自洽的是理论，而不是现象，所以，我们必须择取第二个选项，即承认存在一种直接的、隐性的和非主题的自身觉知。这个颇为间接的论证构成了亨利希与弗兰克的理论核心——反思的自身觉知预设了一种更为基础的自身觉知，而鉴于我们的经验可以通过反思而达到，因而，经验必须已经有自身觉知。让我再扼要概述一下关于非主题的自身觉知之存在的两个补充性的论证，弗兰克在他最近对分析的心灵哲学的讨论中使用了这两个论证（Frank 1991a）。

论证隐性的或非主题的自身觉知之存在，最直接的或许也是最自然的是如下这种形式。我的知觉经验的对象对于交互主体性而言是可通达的，就是说，它在原则上能够以给予我的同样方式来给予他人，然而，我的知觉经验本身只能直接地给予我。正是第一人称的给予使得经验是主体的。无论是否在事实上向某个主体显现，物理对象都能够存在，但是，与物理对象不同，经验的本质特征在于有主体"感受"（feel），即拥有经验意味着有一种特定的"像是什么"或"感受"起来像是什么的（现象）性质（Nagel 1986, 15-16; Jackson 1982; James 1890, 1:478）。我们不能问，作为一块肥皂或一个暖气片感受起来像是什么，但是我们可以问，作为一只小鸡、一只鳄鱼或一个人像是什么，因为，我们认为这些生物是有意识的，即拥有经验。经历某个经验必然意味着，对于主体而言拥有这样的经验有着像是什么的现象特征（Nagel 1974, 436; Searle 1992, 131-132）。显然，像疼痛或恶心等身体感觉，还有沮丧或高兴等弥漫式的情绪，都是这样的。人们认为此类情况还包括，比如品尝煎蛋卷、摸冰块或看见大黄蜂等知觉经验，以及，比如想吃巧克力的欲求等意向性感受。最后，有一些哲学家论证道，把经验的现象维度仅限于感觉的感受质（sensory qualia）是严重的错误（Smith 1989，82，95；Flanagan 1992，61-68；Goldman 1997，122；Van Gulick 1997，559；Strawson 1994，12，194）。主体在持有抽象信念时，也具有像是什么的现象特征；当然，甚至我们在思考自身觉知的问题的时候，也有某种像是什么的现象特征。既然主体拥有经验时有着像是什么的现象特征，那么必定对这些经验本身有某种觉知；简言之，必定有自身觉知。显然，这种自身觉知不是反思的自身觉知。即便在反思之前，闻一闻蜂蜜或观赏一轮明月等经验也具有像是什么的现象特征。即使对于那些（想必）没有反思能力的生物，例如牛或鸡等，它们在喝水或受到惊吓时，也会有像是什么的现象特征。⑨

于是，当某人声称所有经验都具有"像是什么"的性质的时候，他必须能够对这种性质做出例证。在相关讨论中，我们经常见到，有人援引传统哲学中所说的第二感觉性质（secondary sense qualities），例如咖啡的香气、红绸缎的颜色或柠檬的味道等。但这是有误导性的。如果我们的经验具有内在性质，这些必须是在意向对象所具有的任何性质之外和之上的性质。而红色正是丝绸本身的颜色，而不是我关于它的知觉的颜色；同样，酸涩的是柠檬，而不是我关于它的经验。柠檬的味道是柠檬的性质特征，必须与我对柠檬的品尝所具有的任何性质区分开来。即使我们只能通过品尝

---

⑨ 詹姆斯（引用洛采）写道，"即使是被践踏的蠕虫……也会把它受苦受难的自身与其余的整个世界对立起来，尽管它对它自己、世界会是什么都没有清晰的概念"（James 1890，1：289）。

第二章 反思的自身觉知与前反思自身觉知

这唯一的方式来获知柠檬的味觉性质，对象的性质也不会转变成经验的性质。⑩ 然而，这里却出现了一个问题。我们在品尝咖啡的时候，的确有某种像是什么的现象特征，正如我们在喝红酒和喝水的时候有着体验上的差异。但是，当有人追问这种现象性质、这种现象性质的差异时，看上去很难找到咖啡、红酒和水的味道之外的任何东西上面去，尽管我们所寻求的不是这些事物的性质。那么，我们是否应该断定，在对柠檬的品尝之中，事实上除了柠檬的味道之外没有其他东西，而在关于柠檬的经验中所显现的只有柠檬本身，而不是我们关于它的经验呢？

然而，这种推想基于某种混淆。尽管柠檬的味道或颜色是柠檬的客观性质，但是柠檬的味道或颜色的显示或显现却不是。实际上，品尝或看见柠檬时的"像是什么"的现象特征是关于柠檬在我看来（seems）怎样或如何向我显现（appears）的问题，即关于它如何给予我、我如何体验它的问题。如果没有对经验的觉知，那么也不会有知觉某个对象时的"像是什么"的现象特征。因而，如果有缺乏"像是什么"的现象特质的"经验"的话，那么它只能是一种"无意识的经验"。⑪ 同样，自身觉知并不意味着退缩到自身封闭的内在性之中，它说的就是在知觉对象时觉知到"像是什么"的现象特征，即，意识到某个被给予的对象。这意味着，意向性与现象性

---

⑩ 有人曾经论证，鉴于第二感觉性质在某种程度上依赖主体或心灵，当知觉到有颜色、味道和气味的对象时，我们实际上是在体验我们自己。然而，我认为这显然是错误的。即使，第二感觉性质在存在论上可说成是主体的，它们也不能在现象学上被说成是主体的，而我们在此仅仅从后一种角度进行讨论。

⑪ 在附录中，我将讨论，谈论这种经验究竟是否有意义，即，把这种无意识过程称为经验是否合适。

之间有着紧密的关联。按照麦金的话来说：

> 知觉经验是双面的(Janus-faced)：它们向外指向外部的世界，同时又向其主体呈现出主体的面向：它们是关于(of)不同于主体的其他东西的经验，它们对主体又像是(like)什么。然而，这两个面向又不会表现殊异：经验的"像是什么"的现象特征正是它关于什么的功能，它关于什么又是它像是什么的功能……这两个面向一贯紧密相扣。主体的方面与语义的方面紧密相连(McGinn 1997, 298)。

意向性与现象性紧密相关，这挑战了对意向意识的单纯功能性分析的充分性。如果我们希望理解意向活动（例如想象独角兽，想吃冰激凌，期待节假日，或反思经济危机等）是什么，我们就必须认真考虑第一人称视角和现象意识的问题。毕竟，所有这些意向"关系"使得具体的意向对象向我们呈现，而这种呈现、展现样式、对象之为我而在那里的事实，看来无法通过单纯的功能关系得到解释。

以更具有现象学特点的术语来说，我们意识到的从不是纯然的(simpliciter)对象，而总是以特定方式（所判断的、所看见的、所害怕的、所记起的、所嗅到的、所期待的、所品尝的，等等）显现的对象。而除非我觉知到对象得以显现的经验（尝、嗅、看、触等），我就无法意识到意向对象（尝到的柠檬、嗅到的玫瑰、看见的桌子、摸到的绸缎等）。当然，这并不是说，我们通达柠檬的途径是间接的，即是说，以我们对经验的觉知为中介，或受其侵害、阻碍，因为，所给予的经验本身并不是与柠檬相并列的对象，而恰恰构成了通达柠檬的

第二章　反思的自身觉知与前反思自身觉知

途径。对象通过活动而给予，如果对活动没有觉知，那么对象根本不会显现。如果我失去了意识，我（或者更确切说，一具身体）仍然会处于与各个不同对象的因果关系之中，但是，所有这些对象都不会显现。除非遇到醒觉的心灵，否则无物显示自身。亨利希写道："在意识中，如果没有意识自身的显现的话，就没有任何东西的显现"（Henrich 1970, 260［1971, 6］；亦见 Hart 1998）。以一种颇为隐喻的方式来说，意向对象在现象之光中给予。这种现象之光并不仅仅作为对象之给予的可能性的形式条件而存在。正是由于它是自身呈亮的，它才能照亮向我显现的对象。我还想说，这一思路仅仅预示着更为深入的研究。它引起了一系列有趣的现象学问题，尤其是关于自身显示与他异显示之间的差异与相互依赖的问题；对于这一问题，我将在本书的第二部分进行更为系统的探究。

当我们认识到，"像是什么"的现象特征更多地有关于意向对象的侧显给予（aspectual givenness），而不是对某些易逝的感受质的把握，我们能够洞察到一个与此不同但相关的论证，来证明前反思自身觉知的存在。费希特提出了经典的先验哲学的论证："每当你意识到任意某个对象——比如说，那边的一面墙——那么……你真正意识到的是你自己对这面墙的思考活动，而只有当你意识到这个思考活动，关于这面墙的某个意识才是可能的"（Fichte 1797, 526［1994, 111-112］）。如果我们能够表明，对象意识预设了作为其可能性条件的自身觉知，并且如果我们能够不经反思而意向地朝向对象，那么，必定有另一种更为基本的自身觉知在起作用。关于这个论证，近来有人提出了从索引角度进行论证的不同版本。有人提出，"我"的用法是一个人的整个指称系统的重要定位锚点，某人唯有知道事物与自己的相对(vis-à-vis)位置的时候,也即对自身有些觉知的时候,才能以指示(demonstratively)的方式(与知觉的方式)指称世界中的事物。让我对这个论证做出更详细的阐明(Shoemaker 1968, 567；Chisholm 1981, 36-37；Tugendhat 1979, 77-78)。⑫

索引指称(indexical reference)经常被视为一种视角性的(perspectival)呈现样式。它体现了主体朝向世界的视角。对象本身可以是重的、易溶解的或绿色的,但其本身却不能是"这个"、"我的"或"在这里";它只有相对于面向它的主体而言才能如此。以索引的方式来思考某个东西即意味着,在与某人自己的关系中来思考它。我们的索引指称揭示了对象与进行指称的主体之间的关系,因而蕴含着主体的自身指称(Kapitan 1997)。这就是为什么有人把索引性称作自我中心的(egocentric),以及为什么说它植根于某种自身呈现的原因(McGinn 1983, 17；Henrich 1982a, 152)。

索引指称绝非一种罕见的指称形式。相反,它是知觉这种最为

---

⑫ 卡斯塔涅达也强调了自身觉知的认知意义,他谈到,"我"要比所有做指示用法的代词具有认识论上的优先性。某人借助指示词思考了某个对象之后,他若是要再次思考的话,必须重构那个思想。一旦遭遇了一把上膛的枪,想到了"这个是危险的",那么在之后,如果我只是思考"这个是危险的"或"上膛的枪是危险的",那么我所指的就不是原来的那个对象了。在第一种情况中,一开始所指称的对象可能再也不会出现,因而也不能再通过"这个"来指称它。在第二种情况中,有人会问到,"哪把上膛的枪?"即这个描述会无法保持指称的唯一性,因为有许多对象具有该描述所提及的性质。为了确保该指称关系,某人必须要思考,"我那时见到的那把上膛的枪是危险的"。卡斯塔涅达强调,他并非是在断言,思考者必须执行某个心理上的翻译活动。他想指出的关键是逻辑意义上的关键点,或许仅仅蕴含着"我"的隐性用法(Castañeda 1966, 145-146)。

通常的意向性形式中的本质要素。知觉某个对象不单单是知觉某个特定类型的对象,即有某些具体性质的某对象;相反,知觉是对这个特定对象的知觉。因而,知觉本身是一种索引形式的经验。知觉把对象呈现给我,用史密斯的话来说,这个对象"现实地、此时此处地、感性地在我面前"(Smith 1983, 100)。而以这种呈现样式来亲知对象蕴含着极简形式的(a minimal form)自身觉知。只有隐含地觉知到自己的主体视角,我们才能以索引的方式指称对象,才能从而知觉到它们。这本身可以作为对前反思自身觉知之存在的论证。显然,我不对经验加以反思就能够知觉到这把椅子,而既然我的知觉包含一种自身觉知,它必定是那种前反思类型的自身觉知。

相当明显,只要说任何单称指称(singular reference)都蕴含着一类自身呈现,那么这一思路本身随之推进得更为彻底。对于这一更为宏大的论题,我不拟做出详细论证,而仅仅勾画一下可能的论证策略。对于任何成功的限定性指称而言,它必须满足指称一个并且仅仅指称一个对象的条件。我们不难看出,索引指称的情况需要满足这一条件,但是,对不以感性方式出现的个体进行指称的情况呢?在后面这种情况中,我们必须借助专名或限定性描述来进行指称。我们接着可以这样论证,当使用名称或限定性描述进行指称的时候,我们总是无法确定,事实上是否成功地做出了辨识指称,因为总是可能会出现没有对象或有多个对象符合这个名称或描述的情况。然而,只要认识到,我们关于某个个体的辨识指称可以借助对另一个个体的辨识的时候,就可以克服这个疑虑;即是说,没有以感性方式出现的个体"本身不能以指示的方式(demonstratively)

被辨识出来，但是可以通过将它与另一个个体以独一无二的方式关联起来的描述来加以辨识，而后者能够以指示的方式加以辨识"（Strawson 1959, 21；亦见 Strawson 1959, 15-30, 119）。在此意义上，所有对个体的辨识指称最终都要含有指示性的要素。而如果指示性指称蕴含着自身觉知，那么，所有依赖指示性指称的其他类型的指称也必定蕴含着自身觉知。到这里，或许有人会指出，通过纯粹个体化的（individuating）描述——例如"最高的总统"等，就有可能以非指示性的、独一无二的方式进行指称。然而，且不必说，由于事实上有两个或更多个同样适合这一描述的选项，而使得其指称失败，就连这个描述是否真的能够完全独立于索引要素也是可疑的。想必，"最高的总统"这一描述意在指称"当今最高的总统"或"我们这个（现实的）世界中的最高的总统"，等等。而对该描述的这些具体说明蕴含了索引要素（Kapitan 1997）。因此，对现实世界中个体事物的每个和一切指称最终都要或直接或间接地基于非主题的自身觉知。

对此，我们还要保持适度的谨慎。在对齐硕姆（Chilsholm）的批评中，卡斯塔涅达论证道，尽管所有指称世界中的对象的单称指称都涉及某种自身指涉——所有这些指称毕竟都是对这个现实世界、即某人自己的世界中的对象的指称，但是，这无论如何也不意味着预设了显性的（explicit）的自身指称。* 我的视角是我的索引指称的基点，在此意义上，它以隐性的方式包含于指称之中，但是，

---

* 译者根据语境，把语义层面上使用第一人称代词表达的 self-reference 翻译为"自身指称"，把非/前反思意识的隐性的 self-reference 翻译为"自身指涉"。——译者

这并不意味着,我的视角本身被单独挑出来加以指称;我的视角不必如此来理解,亦不必把握为专属我的视角。我们只是在处理非反思意识的隐性的自身指涉。并非每当对象辨识发生的时候,这种隐性的自身指涉就清晰凸显出来;它全面地(holistically)内嵌于经验的内容之中(Castañeda 1987b,440-441)。显然,这里的关键问题是要理解"非反思意识的隐性的自身指涉"的含义。哈特曾论证道,卡斯塔涅达所说的可能并不是非主题的体验维度,而仅仅是逻辑上的蕴含(Hart 1998;亦见 Castañeda 1966,138-139)。这也解释了,卡斯塔涅达最后为什么能够否认每个索引指称都向我们呈现了一类自身觉知。在卡斯塔涅达看来,思考到自己是自己这样的心灵事件(episodes)才造成了自身觉知。自身觉知是自己与自己的相遇,即我们以显性的和不可还原的第一人称方式指称自己。因而,经验之所以是自身觉知的经验,乃在于它被体验为"我"所拥有的,或属于"我"的(Castañeda 1989a,120,136)。可想而知,我们的经验并非都是如此的。于是,卡斯塔涅达声言,自身意识建立在无自身的(self-less)意识诸层次之上(Castañeda 1989b,30;Castañeda 1989a,121,132)。在"自身意识、自我结构与生理学"(Self-Consciousness, I-Structures, and Physiology)一文中,卡斯塔涅达以如下这个故事说明这一点:

> 在公园里,弗里德里希正全神贯注地看着鸟儿和蜜蜂穿梭忙碌。这时,他有无我(I-less)的经验,这就是萨特大加议论那种非反思意识。他甚至觉得一只弯曲的膝盖有点不舒服,但他没有跳转到属我(I-owned)经验,只是站起身来,随后又坐

在草地上。然后，他开始觉知到他自己。他想到此时的经验如此美妙，这一想法使他认识到，他自己（SELF）正在享受这个经验（Castañeda 1989a, 137）。

卡斯塔涅达继续发展了这一思路，区分了意识的层级结构形式：

1. 感觉内容，在概念上未明确界分的（conceptually inarticulated）
   a. 身体的
   b. 世界的
2. 无我但明确界分的内容，涉及
   a. 外部对象
   b. 身体的内容
   c. 发生的心灵活动
3. 无我的聚焦意识，核心是知觉判断的复合体
4. 属我的内容，明确界分了自身与对象之间的对立
5. 属我的内容，明确界分了意向的能动性
6. 属我的内容，明确界分了自身与他人之间的对立
7. 属我的内容，明确界分了自身与你以及其他不在场的人之间的互动（Castañeda 1989a, 132）。

我想，卡斯塔涅达思路中的错误显而易见。他把自身觉知等同于自我意识（I-consciousness），再把自我意识等同于对经验之为"我"所有或属"我"的显性的觉知。但这是对自身觉知的非常狭隘

的定义，忽略了更为基础的和隐性的经验的自身给予。我想，萨特会完全认同卡斯塔涅达对自我论的意识概念的批评，不过，我们很快将看到，萨特会坚持认为，即便无自我（egoless）的经验也是前反思意义上的自身觉知的经验。当我们追逐一辆电车的时候，尽管我们没有时间去反思，没有自我凸显出来，但是我们有像是什么的现象特征。

第三节　布伦塔诺论内意识

上一节补充讨论了两个对直接的、隐性的和非主题的自身觉知之存在的论证，但是对于这种自身觉知的本质或结构，这两个论证没有做出更为精确的说明。在《经验立场的心理学》一书中，布伦塔诺提出了一种非常有影响力的对自身觉知的解释。

在这部书第二卷第一章对意向性的著名分析之后，布伦塔诺转向了内意识的问题。[13] 布伦塔诺把意识等同于心灵现象或活动，他认为，意识的特征在于指涉对象，即指涉意识所意识到的对象。然而，"有意识"或"意识到"的含义不尽相同。一方面，我们称觉知到对象的心灵活动是有意识的；另一方面，我们称某人所觉知到的对象是意识到的对象。* 所有心灵活动的特征在于它们意识到什么

---

[13]　有关对布伦塔诺意向性理论的简要分析，以及一些反对将其视作现象学的论证，见 Zahavi 1992 和 Zahavi 1995。

*　英文中意识的形容词形式（conscious）有所谓的及物和非及物的两种用法，前者有关于"意识到"某对象，后者修饰相关心灵状态是"有意识的"状态。汉语中的"意识到"与"有意识"两种说法大致表明了这一区别。译者难以为二者找到同一个恰当的汉语表述，故直接在译名上做出了区分。——译者

东西。问题在于,心灵活动还在上述第二个意义上有意识吗?即我们是否也觉知到它们,还是说,我们必须否认这一点,从而承认无意识的心灵活动的存在(Brentano 1874, 142-143)。

布伦塔诺考察了接受无意识的意识——某意识意向性地朝向对象,但缺乏自身觉知——之存在的四种不同的理由;我们只讨论其中与这里的语境相关的最后一种理由。有人声言,如果所有心灵活动都是有意识的,即它们本身是某人所觉知到的,那么我们将面临恶性的无穷后退。为了避免这点,我们必须否认这个前提,从而承认无意识的心灵活动。这个论证具体是怎样的呢?我们以对声音的简单知觉活动为例来加以说明。如果,所有心灵现象本身都必须是有意识的,即作为高阶意识的对象,那么我们在知觉到声音的时候会有两个不同的知觉:(1)对声音的知觉,(2)对这个声音知觉的知觉。然而,知觉活动的增殖不会止步于此,因为对声音知觉的知觉也必须是有意识的。因而,我们将会有(3)对这个声音知觉的知觉的知觉,如此以至无穷。布伦塔诺进一步指出,问题并不单单如此。如果对声音的知觉真的是高阶知觉的对象,这意味着,这个声音被知觉了两次。而在对这个声音知觉的知觉的知觉中,我们会三次以这个声音作为对象,而初始的声音知觉被知觉到两次,依此类推。因而,这是一个极为恶性的后退,这意味着除了简单的无穷重复之外,同时导致其中个别项的复杂化(Brentano 1874, 171)。即便对声音的简单知觉活动都会导致无限复杂的心灵活动系列,可见这个结果相当荒谬;因而,为了阻止后退,我们必须接受无意识的心灵活动的存在,即我们必须承认,缺乏自身觉知的意向活动的存在(Brentano 1874, 171)。⑭

然而，布伦塔诺不会接受这个结论，因为这意味着，我们实际所拥有的自身觉知来源于无意识，于是，他提出了自身觉知的替代模型，既避免了无穷后退，也避免了与基本事实的不符。布伦塔诺指出，我们需要一个关于自身觉知的理论，但这个理论不能使得自身觉知的确定性和直接明见性变得不可能；而当我们把自身觉知看作两个不同的意向活动之间的一种意向关系的时候，确实出现了这种糟糕的局面，导致确凿无疑的自身觉知成为无法解释的(Brentano 1874, 199)。

如果再次审视这些现象，那么应该没有人会否认，我们有时候会觉知到正在发生的心灵活动。当听到声音时，我们能够觉知到自己听见它。在此情况中，意识结构是什么样的呢？我们有对声音的知觉和对该知觉的觉知，因而这里有两个对象：声音与对它的知觉。然而，与上面提到的那个解释不同，我们并没有两个心灵活动。布伦塔诺指出，声音知觉与对声音知觉的觉知如此内在和紧密地统一

---

⑭ 这种推论可见于赖尔，他写道："尽管被认为内在于一切心灵状态或过程的自身亲密性(self-intimation)并未被描述为需要独立的注意活动，或者构成了独立的认知操作，但是，我在推论过程中所意识到的东西不同于推论所把握到的东西。我的意识关乎推论的过程，而我的推论则是，比如说，从几何学前提推得出几何学结论。我的推论可以表述为，'由于这是等边三角形，因此每个角都是60度'，而我所意识到的东西可以表述为，'我正在从这个前提推出这个结论'。如果是这样的话，我们看来就可以问，按照那个学说，我是否也意识到了对推论活动的意识，即，是否能够说'我在这里发现了，事实上我正在从这个前提推出这个结论'。那么，这将无处停止；那样，就会有无数层像洋葱皮一样的意识嵌入到一切进行运算的心灵状态之中。我们如果拒绝这个谬论的话，就必须承认，心灵过程中有一些我们不能对其本身有意识的要素，即那些构成了所谓的最外层的心灵过程之自身亲密性的要素；故而，'有意识'就不能再作为'心灵性'之定义的一部分了"(Ryle 1949, 162-163)。

在一起,以至于它们仅仅构成了一个单一的活动,即只有一个心灵现象。它们之间的可见区别仅仅是概念上的区分:

> 在同一个心灵现象中,声音呈现给心灵,我们同时也把握到心灵现象本身。并且,我们根据其双重本质而把握到这个心灵现象,即它以声音作为其内部的内容,同时以其自身作为内容。我们可以说,声音是听觉活动的首要对象,而听觉活动本身是次要对象。它们在时间上同时发生,但在其本质上,声音具有优先性。只有声音的呈现而没有听觉活动的呈现至少在先天的意义上是不可想象的,而只有听觉活动的呈现而没有声音的呈现也是明显的矛盾。听觉活动显现为(在最确切的意义上)朝向声音,它看来也因此而附带地自身呈现,把自身把握为额外的对象(Brentano 1874, 179-180 [1973, 127-128])。

于是,布伦塔诺声称,每个心灵活动以其自身作为对象,因而是有意识的,这样便避免了后退的问题。因而,即便像听到某个声音这种简单的活动,也有双重对象,一个是首要对象,另一个是次要对象;声音是首要的、主题的对象,而听觉活动是次要的和非主题的对象。⑮ 然而,必须注意,活动的次要对象尽管是有意识的,但并不

---

⑮ 当布伦塔诺开始把他关于知觉、判断与感受的区分应用于自身觉知,并最终声称我们对活动本身有三重觉知的时候,这个解释变得更为复杂了:"于是,每个心灵活动,即便最简单的活动,都有四个不同的借以考察它的方面。当我们把借以知觉声音的活动思考为听觉活动时,它可以被看作对其首要对象的呈现;然而,它亦可以被看作对

第二章 反思的自身觉知与前反思自身觉知

是作为主题而被关注到的(beobachtet)对象。以主题的方式关注某个东西意味着以其作为首要对象,但是活动以这种方式来关注自身却是根本不可能的。我们听到的声音是被关注到的,而对声音的听觉则不是;因为,只有关注到声音,我们才觉知到听觉活动,即只有通过意向地朝向首要对象,我们才觉知到次要对象。因此,布伦塔诺赋予意向性以优先性,将其描述为自身觉知的前提条件,而不是相反。基于这样的讨论,布伦塔诺否认了两个同时存在的活动之间有主题式的反思关系的可能性(不仅仅否认其基础地位),而代之以(1)自身反身性(self-reflexive)活动的非主题的自身觉知,与(2)主题性的内省的(retrospective)自身觉知——毕竟,我们能够关注一个发生过的活动,以之作为我们的首要对象(在此,当下的内省活动会是我们的次要对象)(Brentano 1874, 41, 181;Brentano 1928, 15, 20)。

布伦塔诺自己提出了仍有待回答的问题。如果我听到一个声音,我同步意识到(co-conscious of)我的听觉,但我是否也意识到了这种特殊的同步意识(co-consciousness)? 布伦塔诺这样来回答,他的分析表明,对声音听觉的觉知与对这个觉知的觉知相等同。因此,伴随着声音听觉的觉知说到底不仅仅是对声音听觉的觉知,而且也是对整个心灵活动(包括这个觉知本身)的觉知(Brentano 1874, 182-183)。

关于自身觉知的这种解释是可接受的吗? 布伦塔诺声称,意向活动并不需要等待继发的反思活动才能成为有自身觉知的,这当然

其自身的呈现、关于自身的认知以及对自身的感受"(Brentano 1874, 218-219 [1973, 154])。

是正确的。但是，尽管他对如何解释自身觉知的说明避免了那种把反思看作两个不同活动之间关系的反思理论所面临的问题，克拉默与波塔斯特指出，他的方案也面临同样致命的问题。根据布伦塔诺的观点，一个活动以声音作为其首要对象，它通过以其自身作为次要对象而成为有意识的。但是，如果后者真的可以建立自身觉知，那它必须囊括整个活动，不仅仅包括意识到声音的那个部分。也就是说，知觉的次要对象不能仅仅是对声音的知觉，而且还是既觉知到声音也觉知到自身的知觉。正如刚刚的引文所示："在同一个心灵现象中，声音呈现给我们的心灵，我们同时也把握到心灵现象本身。并且，我们根据其双重本质而把握到这个心灵现象，即它以声音作为其内部的内容，同时以其自身作为内容。"然而，布伦塔诺在这里把自身觉知解释为对次要对象的觉知，而次要对象已经有了自身觉知，也就是说，这个解释什么也没做（见图 2.1）（见 Pothast 1971, 75；以及 Cramer 1974, 581）。⑯

如果我们承认，反思理论失败的部分原因在于它试图通过主体-对象模型来理解和解释自身觉知，那么，我们同样有理由追问，布伦塔诺的失败是否由于其不彻底性？布伦塔诺尽管批评了反思理论，但仍然坚持说，意识以自身作为自己的对象，自身觉知是一种（次要的）对象觉知。⑰ 亨利希指出，仅仅说意识本身内置了一种

---

⑯ 克拉默声言，后来现象学理解自身觉知的努力仍然受困于类似的问题（Cramer 1974, 583–584, 592–593），亦见 Henrich 1970, 261。

⑰ 相似的问题亦见于费希特的思想；关于自身觉知，至少在其早期的著作中，他看来还无法完全抛弃主体-对象的模型："你直接意识到自己的思考。然而，你如何将此表征给自己？显然，你只能如此做：你的内在活动在指向你之外的东西（即指向你思考的对象）的同时，还指向内部、指向它自己……因此，自身意识是直接的；主体性的东

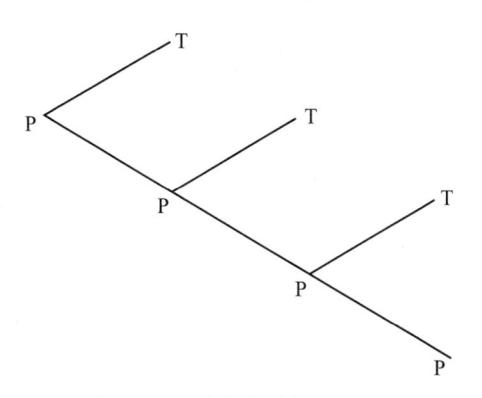

图 2.1　该图显示了布伦塔诺解释中的后退问题

反思关系而无需通过另外一个活动来建立反思关系,并不能解决问题;因为,把直接性赋予这种自身关联的知识并不能排除其中的循环(Henrich 1970, 267-268)。因而,尽管有人会认为布伦塔诺的理论是一种真正的前反思自身觉知的理论,但是我认为,必须意识到,它事实上只是反思理论的一个变种。⑱

第四节　海德堡学派的立场

我们再回到海德堡学派。在目前的讨论中,海德堡学派对澄清自身觉知的贡献主要在于对反思理论的彻底批评;如果它所做的仅

西与对象性的东西不可分地统一在自身意识之中,是绝对相同的东西"(Fichte 1797, 527-528 [1994, 112-113])。"自我不能被看作单纯的主体,尽管它直到现在几乎一直被如此看待;相反,它应该在如该词所示含义上被看作主体-对象"(Fichte 1797, 529 [1994, 114])。

⑱　有关对布伦塔诺的理论,以及最近新布伦塔诺主义对自身觉知的解释的更为丰富的讨论,见 Zahavi 2004a。

是这些否定性的评论，那它就难以算作是自身觉知的备选理论。亨利希业已声明，关键是要超越仅仅揭示反思理论所蕴含的困境，提出更为实质性的解释，但是，他接着说，我们必须认识到，通过直接描述来解释"意识"这种熟悉的现象极度困难，以至于几乎是不可克服的（Henrich 1970, 274）。亨利希考虑的困难关于有自身觉知与解释自身觉知之间的区别。意识体验的自身给予具有直接性的特征，而我们对它的哲学理解却没有那么直接明了。为了考察（和反思）自身觉知的结构，我们必须把注意力朝向它，然而这不可避免地意味着对它的对象化，原初的主体维度总是避开了我们的理论观察，直接的描述和研究总是无法达到它（Henrich 1982a, 152；见 Schmalenbach 1929, 318, 324）。但这并不意味着，自身觉知的存在仅仅是假设，因为我们全都直接亲知（而非依靠理论）原生的有意识的状态（例如，我们都知道清醒与睡眠之间的差异）。并且，我们还能够通过反思来确定我们是有自身觉知的，通过对反思进行回溯分析，可以推断出，反思以原初的前反思自身亲知为其可能性的条件。不过，对这一维度的直接考察看来却寸步难行；于是，亨利希通过对反思理论的批评而间接地、以否定方式揭示出四个特征，它们构成了亨利希本人的自身觉知理论的核心（Henrich 1970, 275, 277, 280, 284）：

1. 意识这一维度包含了对自身的知识，因为所有关于什么的意识全都以隐性方式亲知自身。这里的"隐性方式"并不意味着仅仅是一种潜在的亲知，而是甚至先于反思和明确的主题化而存在的意思。

2. 原生的自身觉知并不是行为活动（performance），而是非关系性的事件(occurrence [Ereignis])。即是说，自身觉知不仅是非关系性的，它还是某种给予性的而不是有意地引发的。

3. 自身觉知意识是无自我的维度，意向活动与心灵状态发生于其中。

4. 它是私人的或排他的维度，即每个意识都有通达其自身的特有方式。

我再补充几点澄清意见。我们看到，原生的(original)自身觉知既不能被理解为两个活动之间的关系，也不能被理解为一个活动与自身之间的关系。我们从中可以看出，必须避免把自身觉知描述为一种关系的理论，因为一切关系——特别是主体-对象关系——预设了两个(或更多)关系项之间的区分，而一切问题皆出于此。因而，如果我们想维持原生的自身觉知所特有的直接性、统一性和不可错性的话，自身觉知就不能是一种根据标准进行的自身辨识的结果，也不能是某种反思、内省、对象意向性或以概念为中介的命题态度，因为所有这些都蕴含着两个或多个关系项之间的区分。经验的基本的自身觉知并不以异质性的要素如概念或分类标准等为中介，也不借助任何内部的差异或距离。它是立即的、直接的自身亲知，具有完全和绝对的非关系性的(irrelational)特征(因而最好将之描述为纯粹内在的自身呈现)(Frank 1986, 34, 61；1991a, 71, 405；1991b, 597；Pothast 1971, 76-78；Henrich 1970, 266, 273；1982a, 142)。[19]

---

[19] 弗兰克明确否认自身觉知是"向自身的呈现"(présence à soi)，因为，他认

对反思理论的批评并不全然否定反思的自身觉知的可能性，只不过意味着，反思的自身觉知总是预设了在先的非主题的前反思自身觉知作为其可能性的条件。我们并非只在把注意明确地朝向自己的意识生活时才觉知到我们自己。因而，我们必须区分前反思的自身觉知与反思的自身觉知；前者是直接的、隐性的、非关系性的、非对象化的、非概念的、非命题的自身亲知，后者是显性的、关系性的、间接的、概念的和对意识的对象化和主题化："反思活动能够间接地关联于直接的意识，把它提升到知识的层面。然而，原生给予的是意识自身，它显然单独出现，而不是作为意识主体所朝向的对象极（the object pole）"（Frank 1991b, 438；亦见 Frank 1991a, 7, 161）。

如果反思总是预设了前反思自身觉知，如果我们能够反思所有的意向活动和心灵状态，那么看来结论很明显：如果我观看、回忆、认识、思考、希望、感受或意欲什么，我固然（eo ipso）对此有觉知，但是，无论是通过反思，还是通过对外在的自身指称的研究，都无法在事后捕捉到它，因而意识本身必定在其原生的状态含有自身觉知。所以，下列两个对意识与自身觉知之关系的解释中，第二个是正确的：

1. 意识完完全全只意识到意向对象；并不同时存在着自身觉知。因而，心灵活动本身是无意识的，而随后的高阶意向活动可以

为该表述指的是一种自身当下化（self-presentification），完全有赖于反思模型（Frank 1989, 488；1991a, 24）。不过，对于纯粹的、直接的自身呈现，很难再找到比完全非关系性的自身亲知更完美的表述，它表示出了与自身如此亲密以至于排除了一切中介的含义。

把第一个活动作为其对象,从而使之成为有意识的。如此,意识可以比作一把刀,它能够切割别的东西,却无法切割自己。

2. 意识是自身呈亮的。它具有意向性的特征,而在意向性地觉知到对象的同时,它本身也全然是有自身觉知的。意识的自身觉知并非源于第二个活动指向它或反射关系,而是经验本身的构成要素;因而,意识可以比作一团火焰,照亮了其他事物,也照亮了自己(Kern 1989, 51-53)。

在接受第二种解释的时候,我们还必须小心谨慎,不要再犯反思理论那样的错误:

> 如果
> (1)我知道 p
>   或者(1a)我对蓝色的觉知
> 蕴含着
> (2)我知道(我知道 p)
>   或者(2a)我对(我对蓝色的觉知)的觉知
> 那么,
> (2)我知道(我知道 p)
>   或者(2a)我对(我对蓝色的觉知)的觉知
> 必定蕴含着
> (3)我知道(我知道[我知道 p])
>   或者(3a)我对(我对[我对蓝色的觉知]的觉知)的觉知
> 如此类推。

我们只要把自身觉知作为高阶的意向活动或命题态度，即，只要把它理解为一种高阶的"觉知到"或"认识到"，那就无法避免这一后退。拥有经验就是觉知到它。然而，这个经验的自身觉知本身并不是与之相分离的经验，仿佛后者还需要另一个觉知。经验的自身觉知是经验本身的内在的、非反思的、非关系性的特征；如此便可阻止后退。

亨利希所说的第三个特征也需要澄清。关于无主体的或无自我的自身觉知是否有意义的问题，即不为任何人所觉知的自身觉知的问题，最终取决于我们选择自我论的还是非自我论的（non-egological）意识理论。自我论的理论会宣称，当我品尝法国苹果白兰地的时候，那么我不仅意向性地朝向这个白兰地，也不仅仅觉知到品尝到的白兰地，而且我也觉知到它是被我所品尝的，即，完整地说，我正在品尝一口白兰地。这种理论会声称，经验的任何片段都必定包含经验的主体，这是一个概念上和体验上的真理（Shoemaker 1968，563-564）。因而，意识（至少对我们所谈论的完整的意向活动而言）的整个自我-我思-所思之物（ego-cogito-cogitatum）结构，都是有意识的。然而，在海德堡学派看来，这种解释把自身觉知等同于自我意识（I-consciousness），陷入了反思语言的陷阱——"我"的用法看上去恰好表达了自身反思；他们提出一些理由来反对自我论的解释。首先，反思被描述为主动性的原则所实现的成果，是主体所发动的活动；而前反思自身觉知必定先于所有行为活动，故此，不能被归属给自我，而必须被刻画为无主体的或无自我的觉知（Henrich 1970，276）。其次，自我论的理论声称，自身觉知所说的正是对我自己作为自身、主体或自我的原生觉知，而这看来显然是把自身觉知当作了一种对象觉知，因而很容易遭遇对象觉知解释进路所面临的所有问题（Frank 1991a, 252；Cramer 1974, 573）。最后，如果把自我理解为经验的主体，仿佛它拥有经验，那么这样做显然在自我与经验之间做出了区分，即是说，它们是不相同的。然而，这样的话就难以理解，为什么自我对经验的觉知能被纳入自身觉知之列。因此，"对于任何认知状态必须有自身意识的要求，我们不能理解成，在意识内部所执行的认知活动必须伴随着独立的认知者；相反，体验的内容独立地构成了认知，除体验自身之外，不应该再有体验的所有者"（Pothast 1971, 64）。据此，波塔斯特得出了一个多少有些矛盾的结论，我们必须把意识——只要它是无主体的——看作完全客观的过程（Pothast 1971, 76, 81）。

然而，这一批评并不意味着，自我是完全多余的或可有可无的概念。亨利希指出，如果不假定意识领域中有主动地进行组织的原则的存在，即如果不接受自我或自身的存在的话，我们就不可能理解一系列的现象，例如专心致志、做出决定、解决问题、期待事件或做出反思等。但是，自我论的结构却不是意识的根本性特征，它只不过是意识自行组织的一种模式。在其原生的样态中，意识是无自我的和匿名的（Henrich 1970, 276, 279）。

第五节　自身觉知现象的内在复杂性

海德堡学派的立场是可取的吗？海德堡学派声言，原生的自身觉知绝对是非关系性的；然而，令人惊讶的是，对于这个看似确凿无疑的核心论断,亨利希和弗兰克后来都对其恰当性表达了保留意见。两人都明确承认,自身觉知现象有内在的复杂(complexity)结构,这在很多方面都有表现。

我们刚刚看到,前反思自身亲知是意识的匿名维度的特征。不过,结构的复杂性并不仅仅体现在这两个要素上,还有自我论结构的自发性要素,借此方能解释反思、注意与概念思维。尽管该自我论要素或许是继发的(secondary),但它也需要得到解释。于是,我们显然要面对共同构成了自身觉知之统一性的三个要素:主体性的匿名维度、认知上的自身亲知与自我论的组织机制。所有这些特征必须共存于统一性的结构之中,而这似乎又与自身觉知本身没有内在差异的论断相矛盾(Henrich 1970, 280;1982a, 145-146;Frank 1991a, 16-17;1990, 113)。[20]

我们如果关注下自身觉知的时间(temporal)结构的话,也一定会得到差不多的结论。弗兰克曾经指出,关于自身觉知的合理理论必须与对时间性的解释结合起来。毕竟,我不仅觉知到正发生的知觉,还能够回忆起过去的经验,并且作为我的经验(Frank 1986, 50)。这一见解清楚地表明,任何忽视了时间维度的自身觉知理论都是有缺陷的。这并不是由于,关于自身觉知的理论一定要发展成为关于人格同一性的理论(后者分析个人在时间中持续存在的充分和必要条件),而是因为,如果自身觉知理论只能解释孤立经验对自身的前反思亲知,而不能解释我如何能够具有跨时间距离的自身

---

[20] 亨利希在一份未发表手稿中做出了这些反思,弗兰克对此做了概述,见 Frank 1991b, 590-599。

觉知，我如何能够跨越诸经验之间的个体差异，而把过去的经验作为我的经验回忆起来，那么，它就没有多少理论价值（Frank 1986, 53）。最后，有人甚至可以争论说，意识在本质上就是时间性的，即便对瞬时的自身觉知的阐明也必须考虑意识的时间性。故此，自身觉知不仅蕴含着特定的内在结构和差异，它还包含着对自己的时间性的觉知（Frank 1990, 73）。

简言之，拒斥前反思自身觉知具有任何内在差异和结构的做法，看来过于轻率了。这并不是说，我们所介绍的对反思理论的反驳、对把自身觉知理解为关系的意图的反驳论证随之失去了效力，我们仍然要小心翼翼，不要再次落入这些批评的范围。但是，弗兰克建议，我们如果把这些要素看作是概念上可以区分但事实上不可分离的，那么就有可能避免前述的各种困难（Frank 1990, 10, 83; 1991b, 589, 591）："或许，我们把哲学传统一再揭示和重申的这些要素重新置入自身觉知的结构之中也是容许的，只要我们保证，这个整体现象不是由这些要素之间抽象的相互作用（逐步地）构建起来的，而是作为整体现象像'格式塔'那样，瞬时呈现其自身"（Frank 1991b, 591）。因而，归根到底，自身觉知是原初的，即不可还原的，但并非简单的或无结构的。我们所面对的是一种统一的现象，它由相互关联的要素所构成，这些要素既不能归入一条更高原则之下，也不能从一条更高原则中演绎而来。对此，弗兰克谈到同一与差异的整体（unity of identity and difference），即是说，每个要素都是不可还原的，也不能彼此独立自存（Frank 1991b, 595）。

然而，他们的澄清与分析止步于此。在亨利希看来，我们既不能充分理解自身觉知的结构，也不能充分理解其不同要素之间的联系。我们能够确定，自身觉知是复杂的，但却不能进一步分析它。这些要素为什么不能分离，它们如何能够构成统一的自身觉知——这些问题没有答案："于是，我们必须承认如下两方面：自身觉知本身是复杂的，并且，我们无法解析这一复杂性，或理解它的内在构造"（Henrich 1982a, 150；亦见 Henrich 1982a, 152, 157；1982b, 102）。于是乎，他们宣称，统一的自身觉知现象的构成条件既不能被掌控也不能被理解。作为一种现象，自身觉知具有深奥晦暗的特征，因而最终是不可理解的（unverständlich）（Henrich 1982a, 169；Henrich 1982a, 155, 162-163）。这一结论让我们想起了亨利希自己对费希特的理论的形容，在他的理解中，费希特把自身觉知看作具有不可通达和不可测度之根基的内在统一体（Henrich 1966, 220）；[21] 但是，我认为，这一结论难以令人满意。尽管弗兰克承认，这掩盖了问题而不是解决了问题——如果这些要素不仅仅是不同要素，而且事实上是同一个现象的要素，那么关键是要解释和澄清它们的关联和相互作用，但是，弗兰克自己终究未能提供更令人满意的解决方案，他最终也不得不承认，自身觉知的诸要素的统一方式始终隐而不显（Frank 1991b, 599；1990, 125, 135；亦见 Cramer 1974, 591）。

---

[21] 因此，亨利希认为费希特的自身觉知理论仍未被超越，这也就不足为奇了（Henrich 1966, 231）。

第三章 本质性的问题

第一章的讨论以这样的评论结束,即我们基本上知道了第一人称代词"我"的功能不是怎样的。我们第二章的讨论也得出了类似的否定形式的结论,即海德堡学派的解释是重要的、有启发性的,因为它集中刻画了自身觉知的反思理论的困境,富有洞见性地系统分析了不能怎样去理解自身觉知。尽管富有洞见,它仍然只是批判性的导引(Henrich 1970)。亨利希与弗兰克都承认,前反思的、非关系性的自身觉知具有特定的内在差异与复杂性的特征,然而,他们未能对这种复杂结构做出更为详细的分析。因而,当涉及对原生的前反思自身觉知之结构的肯定性刻画的时候,他们格外沉默,反而宣称这是不可分析的,其复杂结构的统一性是不可理解的。这一结果明显体现出其理论缺陷。不唯如此,海德堡学派提供的解释是否定性的、形式性的和过于保守的,终至于一系列相关的缺憾,这并不是说,它的解释具有内在的不一致,或与反思理论面临同样的困境,而是说,对自身觉知问题的一些关键的方面,它要么完全无视,要么分析不足。

我在序言中提到,本书第一部分的目标不仅是介绍近来处理自身觉知问题的努力,还要呼吁关注任何对自身觉知的哲学研究都必须应对的一些迫切问题。作为本书导论部分的结束,我要确定下来八个问题；我认为，这些问题都是海德堡学派没有充分考虑的，却是任何合理的自身觉知理论都必须考察的。

1. 我们必须更为明确、更为详细地考察方法论的问题：直接的理论探查能否通达主体性，或说，对主体性的探查必定蕴含着对象化，进而导致歪曲吗？换句话说，能否以现象学的方式来描述主体性，还是只能以否定的方式来迫近它？

2. 我们还必须更为细致地考察自身觉知的确切本质和结构。这不仅要求区分自身觉知的几种不同形式，分析它们之间的相互关系和相互依赖，还要求澄清它们的内在差异和复杂结构。我们已经看到，海德堡学派没有做到后面这一点，尽管它对反思理论做出了有力的批评，但它对反思本身却所言甚少。我们不要忘了，反思依然是一种显性的第一人称形式的自身觉知；它永远无法为第三人称指称所取代。卡斯塔涅达指出："我知道我知道 p"与"A 知道 A 知道 p"（"A"代表任意一个人名或对人的描述）有着相当大的区别（Castañeda 1970, 191）。同理，把反思仅仅等同于一种高阶的对象化的意向活动的做法也是有问题的。再者，如果反思确实含有内部的自身分裂或自身疏离，那么，至为重要的工作便是，理解前反思自身觉知如何能够致使这种断裂。即是说，我们对前反思自身觉知的理解不能使得反思的自身觉知不可理解。

3. 上文指出，任何关于自身觉知的可靠理论不应该仅仅能够解释单个经验的前反思自身觉知，还要解释我们如何能够具有跨时间距离的自身觉知；即，它还要能够解释我如何能够把过去的经验作为我的经验回忆起来。（显然，对于任何非自我论的意识理论而言，这一要求构成了尤为严肃的问题。如果有一些自身觉知的形式把诸多不同的孤立的活动联结起来，那么，我们必须解释这些自身觉知形式，而这看来只能再诉诸超越于活动的原则。)[1] 因此，我们还必须同时说明意识的时间性（temporality）——当然要远比海德堡学派所做的更为细致。我们不仅必须说明内时间意识的结构，解释时间性的自身显示的可能性，最终，还有必要把自身觉知的不同形式与时间性的不同形式联系起来。

4. 我们还要澄清有关自身觉知的自我论与/或非自我论特征的问题。自身觉知必定具有自我中心的结构吗？或者，自身觉知是意识对自身的匿名亲知吗？只有明确了自我到底是什么，才能回答这个问题，于是，我们必定要确定单独的活动、意识流与自我之间的关系，区分不同的自我概念和不同的自我论层次。不过，海德堡学派对自我的分析显然不充分。他们拒斥了自我论的意识理论，但其效力依系于对自我的非常狭隘的定义。他们要么将之理解为主动性的原则（Henrich 1970, 279），要么看作必定与"拥有"它的意识相对立的东西（Pothast 1971, 66）。但是，我已经指出，我们可以有其他途径来理解自我。

5. 尽管"我"的用法不能为任何物理描述所替代，但这并不意味着，"我"所表达的自身觉知是无身主体（disembodied subject）的自身觉知。[2] 第一人称视角与第三人称视角之间的区别并不对

---

[1] 尽管弗兰克达到了相似的结论，但是他自己并未提供任何解决方案（Frank 1986, 55；1991a, 26-27；1991b, 574, 587-588）。

[2] 史密斯论证到，直接认知的自身觉知所蕴含的自身指涉是如此地形式化的，以至于这个自身的其他本质尚未得到规定，故此，它也可以是具身的、社会的、等等（Smith 1989, 106；亦见 Nagel 1986, 42）。

应着心灵与身体之间的传统区分。对我们的动觉(kinaesthetic)经验的分析揭示出,身体本身能够以第一人称方式显现,对不同类型的身体的自身显现的研究必须纳入到对自身觉知的通盘分析之中。我们如果最终要理解我们如何能够向自己显现为世界中的对象,即,一方面是我们对自己作为难解的主体维度的觉知(即,既非心灵对象也非世界中的对象)(Heckmann 1991, 72; Nagel 1986, 33, 56; Frank 1991a, 405),另一方面是我们对自己作为交互主体性可通达的世界之中的事物的觉知,如果我们要去理解这两种觉知之间的关系,那么对身体的研究必不可少。换句话说,我们无论是认为,前反思自身觉知本质上就是身体性的自身觉知,还是认为,后者只是继发的自身对象化的一种形式,任何关于自身觉知的可靠理论都不能无视身体。然而,海德堡学派恰恰是那么做的。③

6. 我不仅能觉知到我自己的主体性,还可以觉知到其他主体,而对自身觉知的分析必定涉及交互主体性的问题。这种必要性并不是由于所有类型的自身觉知都要以交互主体性为中介,或者,这一分析必定要解释那些事实上借助交互主体性构成的自身觉知的类型,而是因为,自身觉知理论对自身觉知的解释不能使得交互主

---

③ 在《建筑结构线》中,亨利希确实区分了对自己作为主体的觉知与对自己作为个人的觉知:"有自身意识者必须按照这种意识的结构总是在双重关系中来理解自己:或作为众人之一,或作为与万物相对(gegenüber)者。就有自身意识的人是众人之一而言,他是'个人'。他知道,如何把自己与所有其他人区分开来,也知道,他像其他人一样属于共同的世界——即,他作为人是一个生灵,在大千世界中有其位置。然而,不同于此,每个有自身觉知者又完全不同于他所知的一切东西……对于他,世界是一切他能思考和遭遇的东西的缩影。在此意义上,每个人又不仅是个体人,而且还是'主体'"(Henrich 1982a, 20-21;亦 Henrich 1982a, 137-138, 154)。尽管亨利希承认了这种二重性,但这未能让他重新思考他对原初的自身亲知的刻画。

体性成为不可能的;亦即,避免把主体性的显示理解得过于独特和偏狭,以至于无法理解我如何能够把异己身体辨识为事实上的具身的他人。

7. 我们不能完全脱离意向性而孤立地理解自身觉知。亨利希本人承认,意识同时和同样原初地觉知到其自身和关联于世界(Henrich 1982a, 149)。不过,两者的关联显然需要探讨和澄清。自身显示本身不应该是某种意向性,不过,它总是伴有与之不可分离的他异显示(hetero-manifestation),不能自行发生,因而,它的严格自足性和非关系性必然是成问题的。

8. 最后,我认为,自身觉知的理论终将面对无意识的问题。我们所有的经验都具有自身显示的根本性特征吗?"无意识的意识"概念是自相矛盾的说法吗?或者说,关于自身觉知的强论断容许承认无意识吗?

当然,这些问题可以根据许多不同的方式、按照许多不同的目的来推进。序言中说过,我采取现象学的研究进路,集中于对自身觉知与他异性的关系的探究,澄清如下的问题:主体性的自身觉知在何种程度上依赖它与异质性东西(比如世界中的对象、其他主体或作为他者的自身)的关系?我认为,这并不只是附加的问题,而是打开了一个广阔的视角,由此我们能够研究其他的问题,希冀解答那些问题。

请不要误解我的批评。显然,我并非声言,为了具有说服力,自身觉知的理论必须解释意向性、交互主体性、时间性,等等。尽管,关于意识的充分的和完善的理论需要处理所有这些问题,但是,我们当然能够并且应该集中关注特定的具体论题,例如,自身觉知的本质等。我想说明一点,海德堡学派对自身觉知的解释是有问题的,因为它专注于抽象意义上的自身觉知,而没有解释具有自身超越特征的(self-transcending)时间性的、意向性的、自反性的、身体性的和交互主体性的经验的自身觉知,而这些自身超越的经验全都包含着他异性的维度。最终,海德堡学派的解释未能澄清主体性的自身呈现与自身超越之间的关系。而这必定是一项研究要务。正如梅洛-庞蒂所述,"问题始终在于……规定了我、并作为所有他异呈现之条件的自身呈现(原初呈现)如何同时也是离场,从而把我从自己这里抛掷出去"(Merleau-Ponty 1945, 417 [1962, 363])。海德堡学派的解释是不充分的,它未曾解释,如果主体的自身呈现本质上是完全非关系性的,它同时如何具有内在的时间结构;这个主体如何能够同时意向地朝向异己之物;它——如果通过完全独特的自身呈现而亲知主体性——如何能够认识其他的主体;它如何能够拥有身体性的外表(bodily exteriority);以及,它如何能够致使在反思中出现的自身分裂。从根本上说,我主张,力图回答这些问题的研究不仅会决定性地增进我们对自身觉知的理解,还会表明,声称主体性的自身显示的特征是纯粹的、独立的和自足的自身呈现是成问题的。

尽管,海德堡学派的贡献主要在否定方面,但依然非常重要,它让我们明白,任何关于自身觉知的通畅的理论都必须满足如下要求:不管自身觉知的结构最后显示出有多么的特异,如果一种理论解释再把二元性引入自身觉知的内核,或者,它无法维持自身与他者之间的差异,那么它就是失败的。

第三章 本质性的问题

第一节 图根德哈特的批评

在进入第二部分之前,我们有必要提及一个批评性的保留意见。我所提出的问题全都有关于澄清自身觉知的本质与结构的理论诉求,这就意味着,自然就承认了事实上有自身觉知,而自身觉知有复杂的结构,因此需要进行哲学上的说明。然而,有人声称,实际上根本没有这种现象,或者它至少不像海德堡学派所描述的那样,因而,理解和澄清其结构的诉求所面对的所有困难实际上都是一种不当的探求的结果,最终源于对微不足道的问题的误解。

我在前文提到,对"我"的用法的考察看上去确认了若干笛卡尔式的直观,而在某种程度上,第一章和第二章所考察的有关自身觉知的讨论能够被视作一种笛卡尔主义的复兴(Frank 1991b,585; Henrich 1982a,144)。一些批评者曾经指出了这一点(Mohr 1988, 72-73),而图根德哈特走得更远,他声称,海德堡学派的反思代表了对自身觉知的传统讨论的顶点与终结,因为海德堡学派在指出了以前的自身觉知理论的困境之后,他们自己却未提供哪怕稍微令人满意的解答和描述,最终只能选择放弃要解释的现象。因此,图根德哈特宣称,亨利希不知不觉地把传统的自身觉知概念带入了谬误之中,而这也必然促使我们对整个古典哲学传统未加批判地使用的意识概念做出根本的修正。

图根德哈特基于更为一般的语言哲学反思,提出了自己的替代方案。在他看来,我们不能认识或意识到对象,只能意向性地关涉事态。我不能认识一张桌子;我认识到的即是(that)一张桌子有某些性质。自身觉知也应该以相似的方式来解释:"我建议,我们首先应该澄清关于什么东西的意识的一般结构;在此基础上,我们进而通过替换其中的可变项'什么东西'来获得关于自身的意识的概念"(Tugendhat 1979, 21 [1986, 12-13])。因而,自身觉知是某一种类型的知识。它不是关于(内部)对象、关于自身或经验的知识,相反,这是以"我知道我 ϕ"的形式所表达的命题知识,其中 ϕ 代表心灵或心理状态(Tugendhat 1979, 22)。与亨利希和弗兰克相反,图根德哈特于是把直接的自身觉知看作经验性的个人与命题之间的认知关系。自身觉知是一种命题态度(propositional attitude)(Tugendhat 1979, 10-11, 45, 50-51, 54, 57, 66-67)。

在此背景下,图根德哈特声称,海德堡学派所讨论的是一个伪问题。在"我知道我 ϕ"的表述中,"我"这个词出现了两次,那么,我们如何知道这两次使用都指称了相同的主体呢?我们如何解释认知的我与处于该心灵状态中的我的同一性呢?确实,当我觉知到我疼或我正在看一只金丝雀的时候,我不能同时弄错谁是经验的主体。但是,第一人称经验归属不会陷入误识的错误这一事实并不需要任何进一步的解释,尤其不需要归因于某些神秘的自身透明或自身亲知,因为,这里并没有不可错的辨识或有信息含量的指称。这里的同一性完全是一种同语反复。我对经验的觉知不会留下究竟是谁的经验的问题,这正如 A=A 或我是我一样,毫无疑问是真的(Tugendhat 1979, 55-61, 68-70, 83; Mohr 1988, 71-75)。④

图根德哈特试图把自身觉知的问题转换为语义问题。然而,这

---

④ 图根德哈特竟指责亨利希把自身觉知理解为有信息含量的自身辨识;这看上去有点奇怪。

一转换仅仅掩盖了问题,而没有澄清或解决问题。⑤ 尽管图根德哈特批评了传统的主体-对象模型,他仍然相信,自身觉知应该被理解为两个不同项(个人与命题)之间的关系。但是,他从未解释,这一关系为何能够建立起自身觉知。看来,他也没有意识到,澄清直接认知的自身觉知的主要任务在于,解释经验的独特的第一人称给予,而不是解释认知者与被认知者的同一性。

图根德哈特继续分析;他断言,处在自身觉知中,我们所觉知到的命题是交互主体可通达的,即能够从第三人称视角来指称相同的事态。在图根德哈特看来,这种可能性对于自身觉知的存在而言是本质性的。如果我们能觉知到任何东西,那么我们所觉知到的东西必须在原则上也是他人可通达的。因而,图根德哈特声称,"我"的恰当用法意味着,说话者知道他人可以使用第三人称代词来指称相同的东西(Tugendhat 1979, 87-90)。在此基础上,他可以得出结论,"我"的自身指称既不是无条件的也不是自足的,而是嵌在人称代词的整体网络之中,并以它与这个网络的关系为条件(Tugendhat 1979, 73)。

既然图根德哈特声称,自身觉知是一种命题态度,那么,他将面对一个明显的问题。自身觉知预设了语言的使用吗?只有当某人充分掌握了能够以"我"来指称自己的语言能力,他才具有自身觉知吗?如果确实如此的话,那么我们就要否认儿童和动物具有自身觉知吗?图根德哈特的回答含糊其词。他说,还不能明确我们能否以非语言的方式来指称命题,但是他建议,自身觉知只有通过语

---

⑤ 对此已有很多有力的批评。例如,见 Henrich 1989;Soldati 198;Frank 1986, 70-92;1991a, 415-446。

言表述出来才能成为有意识的(Tugendhat 1979, 21, 26)。本书将在第二部分介绍，当前发展心理学的主流立场否定了这一论断。

更关键的是，对于将自身觉知解释为把对自己的第三人称视角内在化的结果的企图，我们必须予以批评。如果图根德哈特是在说，只有当我认识到他人也能够指称我的时候，我才获得自身觉知，那么他就是错的。除非我已经有自身觉知，否则的话，我如何能够知道，我就是他人所指称的那个人呢？卡斯塔涅达表明，唯一能够反映和摄取"我是φ"中的"我"的用法的是"他*"，即有自身意识的"他"。因而，即使"我知道我是φ"中的"我"的用法所遵循的语义规则蕴含着，说话者必须知道，他人能够通过说"某人知道他自己是φ"来表达相同的东西，但这并不会带来对自身觉知的解释，因为"我"的用法与这里的"他"的用法紧密地连在一起，以至于"他"的这种用法就蕴含了把自身意识归属给其中的那个人；即是说，这预设了所指称的那个人有自身觉知。就作为对自身觉知的解释而言，这一理论说明显然是循环解释。

前文曾提到，我虽然认为对"我"的用法的考察很有启发性，但是这对于真正地理解自身觉知的结构而言却还远远不够。"我"的用法表达出了反思的自身觉知，它因而预设了一种更为根本的自身亲知。这也是为什么，与对语言上自身指称的索引性分析相比，海德堡学派的研究要更进一步。我认为，图根德哈特的替代方案并不可行，不过，他的分析确实击中了一处软肋：我们必须承认，如果事实表明，使用关于主体性的古典哲学的工具和方法无力为自身觉知的结构提供融贯的与合理的解释，那么这一进路会面临非常严峻的问题。在本书第二部分的末尾，我们能够判断图根德哈特的评论正确与否。

第二部分

主体性的自身显示

第四章 初步区分

我现在开始核心的研究工作,分析现象学关于自身觉知的主张。如序言所述,我希望表明,我们不仅能从现象学传统中获取洞见,借以更好地理解自身觉知的本质,而且,更具体而言,这个传统能够回答第一部分末尾提出的问题。

尽管,我会自由地利用最重要的几位现象学家的文本,但是,我已经提到过,我的分析将专注于胡塞尔现象学所发展出的自身觉知理论。乍一看,这个决定有点不明智,因为,明确和专门处理自身觉知问题的分析只是散见于胡塞尔的文本中。然而,这并不是由于这个主题不在胡塞尔的考虑之中,而是因为,他对这个问题的思考常常纳入到对若干相关问题的分析之中,例如,对意向性的本质、空间性、身体、时间性、注意、交互主体性等的分析。这种状况使得任何更为系统性解释的努力兼具挑战性和收益性。这种收益性在于,与海德堡学派等进路所做的更为形式性的考察相比,胡塞尔对自身觉知的现象学分析常常远为具体,更富有实质性。这种挑战性在于,尽管胡塞尔的文本包含关于自身觉知的深刻的、复杂的理论,但是这个理论首先需要拼接完整,而单单是离析出有关的内容,避免迷失于对相邻问题的讨论,就需要付出格外的努力。鉴于这一点,本书第一部分的准备性讨论才显得大有裨益,它有助于确立系统的和以问题为导向的中心议题。

第一节　存在论的一元主义

胡塞尔对自身觉知的大部分思考没有包含在他生前出版的著作中，而是发表于在他身后出版的《胡塞尔全集》中，还有一些仍然躺在未刊手稿之中。然而，这并未阻碍其后的现象学家发展胡塞尔的洞见的步伐，在一定程度上，对自身觉知的最为密集和明确的胡塞尔式的讨论并不在胡塞尔本人的文本中，而是在关于胡塞尔的著作中。但是，为何胡塞尔对自身觉知的思考引发了如此强烈的、并且经常高度技术化的讨论？① 有一种回答说，自身觉知不单是一个现象学问题，而是现象学之基本问题。米歇尔·亨利曾经有力地表明，先验现象学的中心任务既非尽可能精确细致地描述对象，也不是研究在存在上具有多样性（ontic diversity）的现象，而是去考察它们的显示本身，以及显示的可能性条件（Henry 1963, 14, 32, 64, 67; 1966, 5; 亦见 Hua 16: 141-142）。执行悬置（epoché）和先验还原的要义正是摆脱沉溺于世间俗事的自然态度，进行一种非自然的反思，使我们能够分析那些总是围绕着我们、而我们从未（系统地）加以关注的东西，即显现（appearance）。当我们开始考察显现的时候，我们发现，它具有双向的（dyadic）结构特征：显现是某东西向某人的显现，在这点上出现了一个康德、胡塞尔和海德格尔等人都曾着力处理的核心问题。如果说，诸如铅笔刀或果园的显示

---

① 海德堡学派或多或少忽视了这些讨论，这是他们轻视胡塞尔的自身觉知理论的后果。

有双向的结构，那么先验主体性自身的显示呢？显示之可能性的条件自身显示吗？作为所有现象之条件的东西本身能够成为现象吗（Henry 1963, 36, 50）？如果答案是肯定的，那么，这个条件的显现是否也有双向的结构，即它也是某东西向某人的显现吗？最后一个问题的答案想必是否定的。如果主体性的显现也是双向的，那么总是还需要另一个显示的与格（dative），即向谁显示，这不仅会让我们陷入无穷后退，还难以说明为什么我们所处理的是一种自身觉知。看来，自身觉知不能容许显示的与格与属格（genitive）之间的区分或分离。何者显现与向谁显现必须是相同的。基于这个原因，第一个问题的答案似乎也应该是否定的。如果先验条件本身成为现象，那么它就不能再作为条件，其自身也应该是有条件的。尽管康德会采纳这一选项，但是现象学却不会。因为，否认先验主体性自身显示就是否认对先验主体性进行现象学分析的可能性。而否认这一点就是否认整个先验现象学的可能性。

通常，现象学以"构成"（constitution）一词来指使之显现（bringing to appearance）的过程。更具体地说，说某东西（对象）是被构成的（constituted）意味着，有其他东西使其显现，即它的显示依赖与其本身有别的东西；而说某东西（先验主体性）是构成性的（constituting）意味着，它本身是显示的条件。这么说的话显然引出了一个问题，即那个构成性的东西本身是否显现。根据传统的哲学观点，有两种说法可供选择：我们要么会说，先验主体性本身不是被构成的，要么会说，它是自身构成性的（self-constituting）；但这两个说法的含义都是含混的。第一个说法会暗示着，先验主体性本身根本不显示，而第二个说法暗示着，它本身以对象显示的方式来显示。

根据米歇尔·亨利的观点，西方哲学的整个历史被他所称的存在论的一元主义（ontological monism）所统治，即假定只有一种显示类型，只有一种现象性。人们曾经想当然地认为，给予总是作为对象被给予。不用说，存在论的一元主义的原则也渗透到对自身觉知的传统理解之中。自身觉知曾被解释为反思或内省的结果，即作为对象化活动的结果。自身显示也顺其自然地被看作只不过是一种非典型的对象显示（Henry 1963, 44, 279, 329, 352; 1966, 22-23）。

我们必须质疑这一假定。除非现象学能够证明，被构成的对象的现象性与构成性的主体性的现象性之间、即对象显示与自身显示之间事实上有根本的和彻底的区别，否则现象学的整个计划都会受到威胁（Henry 1963, 47, 52）。

亨利本人直面这一问题，他的主要著作也贡献给了对自身觉知的现象学研究。他声明，他的主要兴趣并不在于反思性的自身知识，而在于使得反思最初成为可能的维度（Henry 1963, 183, 186）。然而，现象学本身的方法尤为依赖反思，因而它也不能对反思的问题置之不理。于是，我们终将面临现象学必须澄清的两个问题：主体性的自身显示（self-manifestation）与自身理解（self-comprehension）的本质分别是什么？

第二节　萨特与胡塞尔哲学中的前反思自身觉知

或许，关于自身觉知的最著名的现象学理论当属萨特对自身觉知的解释。当来自其他传统的哲学家在讨论现象学对自身觉知问题的洞见的时候，他们最经常提及的必定是萨特的理论。我稍后还会更为详细地讨论萨特的理论，现在先简要地提一下他最具影响力的论断。根据萨特的观点，意识的本质特征是意向性，它总是关于某东西的意识。然而，他还宣称，每个和一切的意向活动都具有自身觉知的特征。萨特提出了何种辩护来支持这个强论断呢？萨特认为，自身觉知构成了关于某东西的意识的必要条件。如果我意识到我的唱片上有划痕，意识到一把不舒服的椅子，或者灼热的痛感，但却对此没有觉知，这将会是对自身没有察觉的意识，即无意识的意识，萨特认为，那种想法是荒谬的（Sartre 1943, 18, 20, 28; 1948, 62）。

在《存在与虚无》的重要的导论中，萨特阐明了这一思路；他宣称，对意向性的存在论分析导向了自身觉知，因为，意向意识的存在样式（mode of being）就是自为（pour-soi [for-itself]），即自身觉知。经验之有意识的给予并非单纯是附加于经验之上的性质、单纯的涂层，而是经验的存在样式。正如有广延的对象只能以三维的方式存在，经验只能以自身觉知的方式存在。马尔科姆曾经说，疼痛就是觉得疼（painful）（Armstrong and Malcolm 1984, 194）。疼痛只能以有意识的方式存在，即处于疼痛之中与觉到疼痛是同一回事，二者不能分离，在概念上也不行（Sartre 1948, 64-65; 1943, 20-21）。[②]

[②] 阿姆斯特朗所持观点有所不同，"意识就是另一种心灵状态，即'指向'原来的内在状态的状态"（Armstrong 1993, 94）。因而，在他看来，在心灵状态与我们对它们的意识之间没有内在的关联，于是，像感觉到疼这种心灵状态能够在没有意识的情况下存在。也就是说，无意识的疼痛是可能的（Armstrong 1993, 107, 312）。在本书附录

涉及疼痛或快乐等感受的情况,这一论证会显得格外有说服力,不过,萨特坚持认为,所有的意向活动都如此:"我们要考察的自身意识不是一种新的意识,而是作为关于某东西的意识之唯一可能的存在样式"(Sartre 1943, 20 [1956, liv])。在其原初形式中,我的意向活动并不是意识的(可能的)对象,而是意识的(现实的)样式,而正因如此,它们是有自身觉知的。

当说到自身觉知是意识的恒常特征而非意向活动的单纯附属物的时候,萨特所指的并不是反思的自身觉知。反思采用了认知二元性(epistemic duality),而如果把这种二元性引入到意识的内核则会导致理论疑难;结果就是,我们要么面临着无穷后退,要么接受无意识的起点,即某个自身保持无意识的反思活动。这两个选项都无法解释自身觉知如何产生,我们必须予以拒绝;萨特代之以原初的自身觉知,即自身与它本身之间的直接的和非知识的(noncognitive)"关系"(Sartre 1943, 19)。笛卡尔式的我思预设了作为其可能性条件的前反思的我思:

> 如果有人问我,确实,若有人要我回答:"您在那干什么?"我会立即回答:"我在数数"。这一回答并非只关涉我可以通过反思而达到的即刻的意识,而是关涉未加反思而转瞬即逝的意识,它们在我刚刚的过去中从未被反思。因此,反思并不具有相对于被反思意识而言的任何优越性:并非反思将被反思的意识向它自己揭示出来。相反,非反思意识使反思得以可能:

关于无意识的讨论中,我会简要回顾阿姆斯特朗的立场与有关疼痛的话题。

存在一种前反思的我思,它是笛卡尔式的我思的条件(Sartre 1943, 19—20 [1956, liii])。③

换言之,意识有两种不同的存在样式,一种是前反思的,另一种是反思的。前者具有存在论上的优先性,因为它完全能够独立于后者,而反思意识总是预设了前反思意识。

经常有人认为,与胡塞尔现象学中的相关理论相比,萨特的自身觉知理论特别是其前反思自身觉知的概念构成了一个重大的突破。于是,亨利希、弗兰克与图根德哈特都指责胡塞尔辩护了关于自身觉知的反思理论,把对象意向性当作所有类型的觉知的范式(Henrich 1966, 231; Tugendhat 1979, 52—53;以及尤见 Frank 1984, 300; 1986, 43—45; 1990, 53—57 1991b, 530—531, 536)。然而,我们必须拒斥这一批评。胡塞尔不仅也有前反思自身觉知的概念,还做出了极具启发性的分析。

尤其是弗兰克,他声称,胡塞尔对意识的整个研究基于特定的隐含预设,即意识是关于异于自身的东西的意识。由于固执于意向性,胡塞尔据信从未能够摆脱自身觉知的反思理论。他始终采用了基于主体-对象二分的自身觉知模型,秉持其中所蕴含的意向朝向与被意向朝向者之间的差异,因而,在弗兰克看来,他从未发现前反思自身觉知的存在(Frank 1991b, 532; 1990, 53—57)。然而,任何熟悉胡塞尔著作的人都知道,胡塞尔在《逻辑研究》中就已经告

---

③ 萨特早年的说法是非反思的(irreflective or non-reflective)自身觉知,他后来愈加选择使用"前反思(pre-reflective)自身觉知"的说法。

别了布伦塔诺把意向性界定为心灵现象之本质的立场,他声称,有一些经验是没有意向性的(Hua 19:382)。而当胡塞尔后来研究被动性与时间性的整个领域的时候,他还揭示出了不具有对象意向性特征的主体性维度。弗兰克的批评代表了一种非常令人遗憾的倾向,即草率地预设了对胡塞尔思想的一种(错误)解释,而每当弗兰克遇到与此解释不一致的胡塞尔文本时,他要么对之曲解,要么将之作为"疑难的"或"神秘的"而弃之一旁(Frank 1990, 52-53)。相反,我们应该指出,萨特都已经承认,胡塞尔对意识之前反思的存在做出了描述(Sartre 1948, 88)。

让我们转向对一个简单的反思活动的分析,例如,对某个关于黑色台球的知觉的主题性意识。根据胡塞尔的观点,这个反思在两方面的意义上是被奠基的。反思向我们呈现出的并不是自身封闭的主体性,而是超越自身以朝向对象的主体性,因而它预设了先行于反思的、对象意向性的活动(Hua 15:78;8:57)。并且,作为显性的自身觉知,反思活动还依赖在先的前反思自身觉知。让我们回溯到《逻辑研究》关于知觉活动(Wahrnehmen)与体验(Erleben)之间的区分;在反思之前,我们知觉到(perceive)意向对象,并体验着这个意向活动。尽管我没有意向性地朝向这个活动(这只有通过随后的反思把这个活动作为主题才会发生),但是这个活动是有意识的,而不是无意识的(Hua 3:162, 168, 251, 349;10:291;9:29),即它是前反思地自身觉知的活动。用胡塞尔的话来说:

> 体验一词所表达的正是有所体验(Erlebtsein),即在内意识中的有意识(Bewusstsein),借此体验总是预先给予我(Hua

14:45)。

> 每个体验都是"意识",而意识是关于什么的意识……每个体验也是对自身有体验的(selbst erlebt),在这个意义上也是"有意识的"(bewusst)(Hua 10:291 [1991, 301])。

> 每个活动都是关于什么的意识,但是每个活动也是有意识的。每个体验都是"感受到的",是内在地"知觉到的"(内意识),尽管当然不是设定的、意指的(这里的知觉不是在说以意指的方式朝向和把握)……当然,这看似导向了无穷后退。因为,内意识、对活动(判断、外知觉、高兴等)的知觉难道不也是活动,因而本身又需要在内部被知觉到吗?相反,我们必须说:每个"体验"在严格的意义上是从内部被知觉到的。但是内知觉不是同等意义上的"体验"。它本身不再是从内部被知觉到的(Hua 10:126-127 [1991, 130])。

稍后,我还会回头讨论胡塞尔在涉及前反思自身觉知的时候所使用的"知觉"一词;现在,相当明显,胡塞尔已经看到反思理论所蕴含的疑难:自身觉知只能来源于某个活动被另一个活动所把握——这个论断最终将导致无穷后退(Hua 3:550;10:119)。

至于亨利希、图根德哈特与弗兰克的解读,我们必须承认,胡塞尔偶尔也会说,我们在反思之前没有知觉到自己的主体性,而是生活在自身遗失或自身遗忘(Selbstverlorenheit)的状态。但是,当他接着说,我们只能以反思的方式认识我们的活动,即只能通过反思获得关于意识生活的知识的时候(Hua 8:88;9:306-307),这就表明,他以"知觉"来指一种主题性的考察。胡塞尔不否认前反思自身觉知的存在。他的确坚持,这种自身觉知能提供给我们的只是觉知,而不能给予我们关于主体性的知识。

我们刚刚提到,确实能够发现,在文字表述中,胡塞尔有时候的确把弥漫的(pervasive)前反思自身觉知描述为一种内知觉(Hua 8:471;10:126)。然而,对这些文本略加详查就会发现,它们并不支持我们去断言,胡塞尔试图把自身觉知还原为某种类型的对象意向性。一方面,胡塞尔的术语来自他对不同类型的活动之间的奠基层级的经典研究。与回忆、想象或同感等各种类型的当下化(vergegenwärtigende)活动相比,知觉的特征在于使其对象以原初的方式呈现。在知觉中显现的东西是切身地(leibhaftig)给予的,即作为现实地当下在场的东西,而胡塞尔在对前反思自身觉知的讨论中所着眼的正是这一特征。在《第一哲学(二)》的一段文字中,胡塞尔写道,主体的生活是具有原初的自身觉知形式的生活;其义正在于此。他把这种自身觉知等同于最内在的知觉,但同时强调,这种知觉并不是主动进行自身把握这一意义上的,而是就其作为一种原初的自身显现而言的(Hua 8:188;亦见 Hua 3:549)。另一方面,不时显得有误导性的胡塞尔的术语也体现了他的文本中经常可见的张力,即他实际的分析工作具有开创性,但相伴随的系统性的或方法论的思考却更具有传统性的特点。正是后者(胡塞尔也如此理解自己)决定了他所使用的术语,但是胡塞尔的分析经常要比他自己所知道的和他的术语所表现出的更为彻底(Bernet 1983, 42)。在上文所引的《内时间意识现象学》的文字中,在谈到前反思自身觉知时，胡塞尔的用词在内知觉或内在知觉与内意识（inneres Bewusstsein——可见布伦塔诺的影响）之间来回切换（亦见 Hua 11：320）我们渐渐会清楚地看到，胡塞尔最终选择了后一种表述，而如果他一开始就这么做的话，或许会避免很多的误解。④

我们的意识活动具有前反思的自身觉知，它们也是反思所能够达到的。它们可以被反思，从而进入我们的注意范围（Hua 4：248），而对反思所特有的意向结构的考察能够支持关于前反思自身觉知之存在的论断。胡塞尔指出，反思的本质在于去把握那些先于把握而存在的东西。反思的特征是揭示而不是创造它的主题："当我说'我'的时候，我在简单的反思中把握我自己。但是，这一自身经验（Selbsterfahrung）就像每个经验（Erfahrung）特别是像每个知觉一样，只是使我自己朝向已经为我而在那里的东西，那些已经是有意识的、但未作为主题而被经验到或注意到的东西"（Hua 15：492-493）。

在常规的意向活动中，我朝向和专注于意向对象。在意向性地朝向对象的时候，我是有自身觉知的；只不过，当朝向和专注于对象的时候，我不是主题性地意识到我自己。当我通过反思把自己作为意识的主题的时候，这个主题化的活动本身又是非主题的。然而，我们不要忘记，反思活动本身也是前反思地自身给予的活动。主题性的自身觉知涉及双重的前反思自身觉知。一方面，被反思的活动必须已经是有自身觉知的，因为，正是由于它事实上已经是我

---

④ 在《观念 II》中，胡塞尔区分了"内在知觉"（immanent perception）与"内意识"（inner consciousness），他把内在知觉等同于反思，而把内意识称为先于反思的非主题性的自身觉知（Hua 4：118）。

的,已经以第一人称呈现的样式给予了,它才能容许我对它进行反思。另一方面,反思活动也必须已经是前反思地有自身觉知的,因为,正是借此它才能认识到,被反思的活动与它自身共属于同一个主体性(Henry 1965,76,153)。

当然,非主题的反思活动可以在更高阶的反思中被作为主题,我们借此以确定知觉主体与反思主体的同一性,但是,这终究不过是重申了反思(非主题的)-被反思(作为主题的)的二元结构,尽管被反思端的结构的复杂性可以持续增加(Hua 14:316;8:89;6:458)。在《第一哲学(二)》中,胡塞尔努力对这种情形做出精确描述。他在某处把反思的自我描述为处于一种自身遗忘的状态,但是他后来又显得颇为踌躇,因为遗忘预设了在先的主题性的经验状态,即我只能遗忘我曾经知道的东西。而出于各种原因,把反思的自我称为"无意识的"也非常不妥,所以,胡塞尔有段时间使用"潜隐"(latent)和"显明"(patent)的说法:某个活动通过反思活动而成为显明的或主题化的,而反思活动本身则是潜隐的,却可以通过另一个潜隐的高阶反思而成为显明的(Hua 8:90)。这些术语最终都被取代了,胡塞尔更为经常地使用匿名地运作的(anonymously functioning)主体性与主题化的、实存化的(ontified)主体性之间的区分。当主体性在运作的时候,它有自身觉知,但并非以主题的方式意识到它自己,因而生活于匿名之中。

因而,我们总是有这个区分:一方面是运作着的、未被把握的(运作着的主体性)我与我思,另一方面是主题化的、被朝向或被自身把握的我及其我思,或者简单来说,我们要区分运作着的主体性与作为对象的主体性(被对象化的、作为主题而经验到的、被表征的、被思考的、被谓述的主体性);每当我把自己或其他东西作为对象,我同时必定作为处在主题之外而运作着的自我,它又可以通过反思为我所通达,这个反思又是运作着的我的新的、非主题的活动(Hua 14:431;亦见 Hua 14:29;29:183-184;Ms. C 2 3a)。

当我开始反思的时候,那个引发反思和被反思所把握的东西已经进行了一会。被反思的经验并不是从我开始关注它的时候才开始发生,并不仅仅作为依然尚存的而给予,而是、并且大多情况下是已经进行了的。这个活动与在反思中给予的活动是同一个活动,它以在时间中持续的方式给予我,即作为时间性的活动(Hua 3:95,162-164)。当反思开始进行,它首先把握到刚刚流逝的东西,即该活动的引发反思的、前反思的阶段。而这个阶段之所以仍然能够被随后的反思所主题化的原因在于,它并未消失,而是保持在滞留之中;故此,胡塞尔能够宣称,滞留是反思之可能性的条件。正是有赖于滞留,意识才能够成为对象(Hua 10:119)。换种方式说,只有当时间视域建立起来,反思才能够发生。

我稍后还会回到滞留与自身觉知的关系,而现在能够确定,反思的自身觉知不仅仅预设了时间性,它还把时间性凸显出来,即让我觉知到我自己的时间性存在(Brand 1955, 68-69;Landgrebe 1963, 197)。这是因为,反思绝不是在瞬间固定住的意识活动(比如关于一座房子的某个知觉),它本身也是流动的活动,而从时间方面来看,反思首先是对刚刚流逝的东西(即知觉之引发反思的阶段)的把握。当然,知觉可以作为反思中给予的关于房子的知觉,与反思活动一起继续进行;在这种情况中,反思活动和被反思的知觉之间不再有任何时间距离(Hua 8:89)。不过,尽管时间距离能够被跨越,但是它仍然嵌在反思的自身觉知的结构之中。

如果我们承认胡塞尔对如下两种类型的反思的区分,那么,反思活动的时间本质会格外引人注目。我们不仅能够反思当下的意向意识,比如知觉、想象或回忆等,还能够反思过去的意识。用胡塞尔的话说,我们不仅能对回忆活动进行反思,而且还能够在回忆之中进行反思。当回想起曾经的一次游行,我以主题的方式关注这次游行,即是说,我关注的是当时的世界是怎样的,而不是我从前关于它的经验。但是,我总有机会发起反思;一方面,我可以反思我在当下进行的对曾经的游行的回忆;另一方面,我也能够反思我关于这个游行的曾经的经验(Hua 11:367;8:85,93-94,131;9:205;13:85-86,164)。

从单纯(比如对一所房子)的回忆那里岔开,而对自身进行回忆(Selbsterinnerung),这揭示出的并不是当下的我、现实知觉着的我(现在的回忆本身也是其中的当下体验),而是过去的我,过去的我属于关于所忆起房子的意向活动的本质,因为房子正对于过去的我而在那里,作为被主体以这种或那种形式而意识到的东西在那里。在本质上,回忆不仅让我们的过去还有其效力,而且还把这个过去作为我曾知觉到的过去、作为当时以不同于现在的方式所意识到的过去;单纯回忆中的这个匿名的过去的我及其意识在反思之中被揭示出来(并不是对当下回忆的反思,而是"在其中"进行的反思)(Hua 7:264［1974,36-37］)。

在通常的反思中,我们把仍在经历着的活动进行主题化,而在内省式的反思中,我们把不在场的、过去的活动再现出来。如果反思把握到的只是行进中的知觉的正在向后沉寂的阶段,那么这种情况所涉的是通常的反思的自身觉知。而如果整个知觉完结了,尔后再被把握,那么这种情况所涉的是一种内省式的反思(Hua 8:88-89;10:118)。

鉴于对意识活动的理论考察要以反思能够通达这些活动为前提,那就无怪乎胡塞尔经常强调这一方面。这有时候主导了胡塞尔的思考,因为,看上去,前反思自身觉知活动的最重要特征在于,随后的反思可以达到它。因而,胡塞尔一次次显得是在暗示,经验的前反思自身觉知意味着,这个经验不过就是作为反思的可能对象(Hua 3:77,95;4:118;8:411;11:292)。提到布伦塔诺把自身描述为意向活动的次要对象时,贝奈特评论道:"对于胡塞尔而言,前反思的自身不是'次要对象',而是前对象(pre-object),即有待通过某个反思活动而被对象化的给予"(Bernet 1994,320)。贝奈特继续指出,胡塞尔关于这一问题的讨论远不止于此。为此,我接下来需要集中关注胡塞尔对前反思自身觉知之结构的最为明确的研究,即他对内时间意识的分析中的相关内容(Ms. L I 15 37b)。

第三节　边缘意识

不过，在此之前，我想简要考察一下胡塞尔的视域意向性（horizontal intentionality）概念，借此做出两方面的澄清。一方面，这将有助于我们摆脱任何狭隘的意识概念，避免把意识等同于注意，因而声称，我们只能意识到那些予以注意的东西。另一方面，这将澄清，我们为什么不能把前反思自身觉知理解为一种边缘意识（marginal consciousness）。

当知觉到某个对象时，我们必须区分显现者与显现，因为对象总是不会完全给予（前面、背面、侧面、顶部、底部等），而总是从某个有限的视角呈现它本身。尽管如此，知觉对象就是显现的对象，而不是其直观地给予的某个方面。即是说，知觉给我们提供的是完整的对象意识，即使知觉对象只有某部分直观地给予（Hua 16：49-50）。为了澄清这是如何可能的，胡塞尔描述了我们关于对象未呈现方面所具有的那种意向性意识，即关于对象的内视域的意识（Hua 6：161）。对象所呈现的方面的意义依赖于它与对象未呈现方面的关系，而如果我们的意识严格局限于直观地和在注意中给予的东西，那么关于对象的知觉意识就是不可能的。每当观看骰子的时候，我也意识到其背面。我意识到某个从其正面被看到的骰子，尽管并没有知觉到其背面，也未加以注意，但我仍然意识到了。否则的话，我根本无法看到这个骰子："对象的未真正地显现的某些规定也共同被把握到，但它们不是被'感觉到的'（sensibilized），不是通过感性的东西呈现的，即不是通过感觉质料而呈现的。显然，它们是共同被把握到的，否则我们眼前根本不会有任何对象，甚至也不会有侧面，因为侧面只能是某对象的侧面"（Hua 16：55［1997，46］）。换句话说，知觉只要是作为关于某个对象的知觉，它必定渗透着视域意向性，视域意向性朝向未呈现方面（Hua 9：183），把未呈现的方面带向特定的共现（appresentation）。

然而，对象的给予不仅仅带着内视域，还带有远为广阔的外视域（Husserl 1985，§§8，22，33；Hua 11：8；9：433；6：165）。[5]（知觉某个对象总是知觉到处于某个知觉场中的对象，每当注意某个东西，我们总是从其环境中择取出这个东西。因而，我们应该把主题性的对象的显现描述为在场域或背景中的显现。这个场域既不是无意识的，也不是完全无差异的。一直以来，格式塔心理学都有力地说明了，每当关注对象的时候，我们意识到处在特定场景中的对象，它给予我们的方式受到那些与之共同给予的东西的影响。某个给予对象的意义部分地依赖与其共同给予的语境；不过，我们不要误以为，主题对象与背景之间的关联可以随着注意力变换而被切断。

在与主题对象共同给予的全部内容之中，有个独特的组成要素领域，它与主题有特殊的关系，按照古尔维奇的说法，我们可以称这个领域为"主题场域"（thematic field）（Gurwitsch 1974，258-259，274-278）。主题场域中的东西不仅与主题对象共同给予，它们还与之有紧密关联，而主题对象亦指涉它们。我主要关心和关注

---

[5] 显然，我们不应把视域等同于或限制于时空环境。一截粉笔可以指向它的感性的、实用的和科学的方面（Ms. A VII 2 9a）。需要强调，鉴于"视域"概念用以描述意识场的组成要素，而非可能存在于事物彼此之间的客观关系，视域或背景的每个部分都是有意识的。

的是主题对象,顺带关注到属于主题场域的东西。然而,除了主题场域,我们对某个主题的关切还伴有一系列边缘的成分,它们仅仅共同呈现,但与相关的主题之间没有任何内在的关联。

我来举一个具体的例子。我站在厨房里切西红柿。这个西红柿是我的主题对象,它放在厨房柜台上,它四周的各种厨具构成了其主题场域的一部分。某事物是否属于主题场域并不在于物理距离。当我切西红柿的时候,我感觉到手里的刀,还有案板的硬度,但是我还可能想起一个番茄汁广告,如果这个广告让我关注到手中西红柿的汁液,那么它也属于主题场域。同时,我还会听到冰箱的嗡鸣,或感觉到裤子摩擦着我的腿等。尽管并没有关注这些内容,我对它们也并不是无意识的,它们共同给予我的意识。它们属于我的意识场域的边缘。它们处于边缘位置,这是由于它们与意识的主题的关系并不密切:"意识的整个场域可以比作一个圆圈。我们关注的主题处于这个圆圈的中心;它处于主题域之中,以比喻的方式来说,主题场域构成了圆圈内的区域;在主题场域的周围,边缘意识的对象分布于周边"(Gurwitsch 1966, 267-268)。当全神贯注地切西红柿的时候,我没有关注周围的环境,但是,我一直意识到厨房柜台,滴水的龙头,冰箱的嗡鸣,等等。我仅仅意识到作为背景的它们,即它们是我切西红柿的整体背景的一部分。尽管这些对象都不是作为主题给予的,通过注意力的转变,它们能够很容易地转变为主题。主题变换的可能性正是基于这个事实,即我的主题总是处于某个与之共同给予的场域之中;只要关注某东西,我总是共同意识到其环境,并受其触发,因而能够转变我的注意。芬克说,场域是"可能注意的范围"(Fink 1966, 51;亦见 Sartre 1943, 382-383)。

第四章 初步区分

这些讨论意在说明,忽视意识的样式的多样性,而把意识的领域等同于作为主题给予的领域是错误的。换句话说,借助我们的意识在反思之前并不作为主题给予的论证,无法否认前反思自身觉知之存在。然而,这一点引出了如下的问题:主题意识和边缘意识的区分也适用于自身觉知的情况吗?我们难以否认,在专注于对象的时候,我并没有注意我的经验。但这并不是问题的关键。问题在于,经验是否作为潜在的主题处于背景之中,就像冰箱的嗡鸣处于背景中一样?简言之,前反思自身觉知是一种边缘的、非注意的对象意识吗?答案显然是否定的。在反思之前,意识并不作为边缘对象而给予。(有趣的是,古尔维奇在以意向相关项[noematically]为导向的分析中,显然犯了这个错误,从而声称,伴随着每个意识活动的自身觉知就是边缘的材料[Gurwitsch 1985, 4; 1974, 339-340]。)这样的类比仍然囿于主体-对象模型,因而是有误导性的。在一份 1906-1907 年的文本中,胡塞尔达到了与我的立场相似的结论:

> 我们不应该混淆关于对象背景的意识与有所体验(Erlebtseins)意义上的意识。体验本身有其存在,但是它们不是统觉的对象(否则的话,我们确实会陷入无穷后退)。而背景对我们来说是对象性的;它之作为背景是通过统觉体验的总体而构成的。背景中的对象未被注意到……而完全不同于某种对我们而言的单纯的体验,例如,不同于对其进行对象化的统觉和体验活动本身……对背景进行关注的意识与意识作为单纯的有所体验完全应该区分开来(Hua 24:252[2008, 250])。

这一澄清的重要性稍后会凸显出来；现在，我们是时候仔细分析胡塞尔的前反思自身觉知概念了。归根到底，胡塞尔关于前反思自身觉知之存在的论点与关于主体性之存在（being）的总体论断结合在一起。作为主体就是为自身（for-itself）存在，即有自身觉知。不管主体性意识到或专注于世界中的什么事物，它都是有自身觉知的主体性。⑥"绝对的存在者（an absolute existent）以意向生活的形式而存在，不管它本身会意识到其他什么东西，它总是同时是对自身的意识。正是由此（正如我们在更深入研究中会看到的），它总是具有对自身进行反思的本质能力，能够反思它所显露出来的结构，能够把自身作为主题，做出与其自身相关的判断和明见性"（Hua 17:279-280）。自身觉知绝不能被理解为一种特殊的意向活动，而应该是先于反思并为反思奠基的基本的自身显示的维度；胡塞尔阐明这种弥漫的自身觉知的努力导向了两个不同、但内在地相互交织的方向：时间性与具身性（亦见 Bernet 1994, 318-325）。正如卡斯塔涅达的表述，"看来，真正的先验前缀（transcendental prefix）是扩展（extended）的前缀：此时此刻我思（I think here now）"（Castañeda 1987a, 133）。

---

⑥ 对此可以找到许多相关陈述（例如，见 Hua 1:81;4:318;8:189,412,450;13:252,462;14:151,292,353,380;Ms. C 16 81b）。芬克有段话与这一观点相呼应："我们当然不是一开始生活于彻底的自身遗忘之中，只顾朝向'外部'，然后才突然发现了一个全新的可能的观察方向，从而发现了我们自己。我们所有的表征、认知、愿望，所有的醒觉的意识，都已经是自我对自己的某种开放性；它亲知自身，它熟悉自身，生活于同时对其自身的了解之中。一切对象知识同时也是自我对自己的认识。这不仅仅是心灵事实，还是意识的本质结构。从不存在孤立的对象意识。只有当某东西从某地方凸显出来，与我相对而立（entgegenstehen），'对象'才能给予；即，对象意识必然在结构上与世界意识、自我意识联结在一起"（Fink 1992, 115-116）。

第五章　自身觉知的时间性

我们首先面向胡塞尔对内时间意识的分析，面向那经常恰如其分地被描述为整个现象学中最为重要也最为困难的问题域中的一系列问题(Hua 10：276，334)。由于胡塞尔本人的相关分析异常复杂，我想，更适宜的做法是由易及难，先扼要介绍胡塞尔的一些更为基础的思考。

第一节　时间对象的构成

在《内时间意识现象学》中，胡塞尔问道，我们如何能够意识到时间对象，即有时间延展的对象。我们如何能够意识到像旋律这类对象——它们不能一下子全部显现，只能在时间中展开？胡塞尔做出了著名的论断，如果意识提供给我们的仅仅是对象的单纯现在-阶段(now-phase)的给予，如果意识流只不过就像一串珍珠那样是互不联结的点状经验的系列的话，关于时间对象的知觉(以及对延续和变化的知觉)就是不可能的。如果知觉局限于对现在瞬时存在的东西的意识的话，我们就不可能知觉到任何有时间延展(extension)和延续(duration)的东西，因为孤立的、瞬时的意识状态的演替无法使我们意识到演替系列和延续过程。不过，这种景象显然是荒谬的。因而，意识必定以某种方式超越瞬时的现在，意识到刚刚过去的和即将发生的事情。这又是如何可能的呢？意识如何能够意识到已不存在或尚未出现的事情呢？

按照胡塞尔的描述，布伦塔诺持有这样的立场，即，正是当下化的(presentiating [vergegenwärtigende])活动让我们能够超越现在时刻点(now-point)。我们知觉到现在的东西，而我们在当下化活动中，想象、回忆或预料那些已不存在或尚未存在的事情(Hua 10：10-19)。然而，胡塞尔反对这种解释，因为这意味着我们无法知觉到有时间延续的对象。基本上说来，胡塞尔的替代方案坚持认为，被知觉到的时间的基本单位并不是"截然的"(knife-edge)当下，而是"延续的时间块"(duration-block)，即包含所有三种时间样态——当下、过去与将来——的时间场域。① 假设，我正在听一段由C、D、E三个音符组成的三联音。如果注意一下当E音响起时的知觉，我们所发现的不是仅仅专注于这个单音的意识，而是关于E、D和C的意识。当听到E音时，我仍然意识到D音和C音，而不仅仅是E音。我仍然听到那两个音(而不是回忆或想象它们)。这并不是说，关于当下的E音的意识与关于D音和C音的意识之间没有区别。D音、C音并不是与E音同时响起的；它们是过去了的声音，但它们是被直观为过去的声音，正是由此，我们才能够说，我们在时间的延续中听到了三联音，而不是急促更替的孤立的声音。②

---

① 我们可以在詹姆斯的著作中发现类似的解释(James 1890，1：609-610)。有关胡塞尔与詹姆斯的时间哲学的比较，见 Cobb-Stevens 1998。

② 知觉的具体宽幅取决于我们的兴趣。如果正在听一段(较短的)旋律，我们可以说，我们知觉到完整时长中的旋律。如果我们专注于单个音符，那么当一个被知觉到的音符为另一个新的音符所接替的时候，前者就成为了过去(Hua 10：38)。

第五章 自身觉知的时间性

事实上,胡塞尔用一个术语来称呼我们关于对象的有限的现在-阶段的意识。他称其为原印象(primal impression);只是,单凭原印象,我们无法意识到任何有时间延续的事物,因为,原印象实际上只是体验的完整结构的抽象内核要素。原印象嵌入双向的时间视域之中。一方面,它伴有滞留(retention),滞留是关于对象之刚刚发生阶段的意识,使我们觉知到正在沉入过去的阶段;另一方面,它还伴有前摄(protention),前摄以或多或少的不确定性预期着对象即将到来的阶段(Ms. L I 15 37b)。③

这显示出,具体知觉作为对有时间延展的对象的原初意识(原初给予),内在地构建为由诸片刻知觉(所谓的原印象)所组成的自身流动的系统。但是,每个这种片刻知觉都是连续体的内核阶段,这个连续体在一方面是渐退的诸滞留,在另一方面是将来视域,即"前摄"视域,它显示为逐步到来(Hua 9:202 [1977, 154])。

我们必须认识到,胡塞尔所说的"原印象"指的是对对象的现在-阶段的意识,而不是指对象的现在-阶段本身;关键是要把对象的阶段与时间意识本身区分开,时间意识才具有完整的原印象-滞留-前摄的结构(Hua 10:372;Ms. C 2 11a)。滞留(R)与前摄(P)

---

③ 因此,胡塞尔断言,我们总是以非主题的方式对稍后将要发生的事情有所预期。如果被当作人体模型的东西突然动了起来,并开口说话,或者,如果打开一扇门,却碰到一堵隐藏的石墙,我们会感到惊讶;这些事实表明,这种预期是我们的经验的具体组成部分。我们的惊讶只有相对于预期的前提才会发生,由于总是可能感到惊讶,我们也总是拥有预期的视域(Hua 11:7)。

不是相对于原印象（I）的过去或将来；它们与之"同在"（together）（Ms. C 3 8a）。内时间意识的这种三元的绽出-中心（ecstatic-centered）的相关项就是在现在（O_2）、过去（O_1）和将来（O_3）的时间样态中给予的对象的诸阶段。对象的现在-阶段有其视域，但它并不由滞留和前摄组成，而是由对象的过去和将来的阶段组成（见图5.1）。

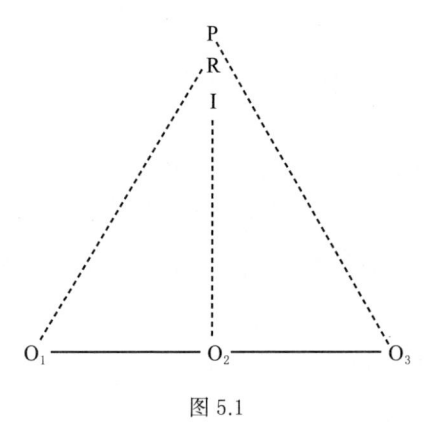

图 5.1

知觉的构成性功能依赖滞留的贡献，依赖滞留对已逝内容的保持，所以，我们不能错误地把知觉的明见性限制于狭义上的当下呈现，即在原印象中给予的内容。为此，胡塞尔经常表示，他对滞留的分析极大拓展了现象学的领域（Hua 11：324-325；13：162）。

滞留和前摄必须与真正的（主题性的）回忆和预期区分开来。一方面是对刚刚过去或即将出现的声音的持留或前摄，另一方面是对自己十岁生日的回忆或对下一个圣诞节的期待，这两个方面有着明显的不同。后者是独立的意向活动，它们预设了滞留与前摄的功效，而滞留与前摄则是体验活动的不独立的要素。它们提供的并不是新的意向对象,而是对当下对象的时间视域的意识。滞留和前摄以被动的方式发生,不需要我们的任何主动的贡献,而主题性的预期与回忆则是我们能够自主地发起的活动。我们如果比较一下滞留与回忆的话,那么,滞留是一种直观,是关于离场的、刚刚过去的东西的直观,而回忆则是当下化的活动,把完成了的过去的事件作为意向对象而给予我们(Hua 10:41,118,333)。④ 当回忆的时候,

---

④ 杜瓦尔论证到,实际上只有在遗忘与回忆的辩证关系中,过去才得以构成,而滞留只为我们提供了对延续(duration)的意识(Duval 1990, 62, 67)。莱维纳斯提出了更为激进的建议。莱维纳斯论证到,我们能够发现一种比绽出时间(ecstatic time)更为原初和更具时间性的时间形式;他声称,胡塞尔的分析一直把时间性作为一种意向性的形式,因而忽略了时间的真正历时性特征。将来被看作是最终会向我当下呈现的东西;即它是某种被前摄、被预期和被期望的东西。但是,这也取消了将来的根本的新奇特征。同样,过去被理解为保持于滞留中的东西,即作为曾经向我当下呈现的东西。但是,这也同样忽视了真实的时间流逝(Levinas 1991b, 77;1982, 161, 169, 238)。在莱维纳斯看来,真实的时间是离散的(dispersed),不能为主体在当下保持在一起。时间的时间性是被动的和不可恢复的,这与意向性相反(Levinas 1974, 90)。历时的过去不能通过回忆来恢复或重现,而是不可回忆的。它从未曾当下呈现。而真实的将来也是无法被知晓的,而是以未料到的方式向我们袭来(Levinas 1974, 30, 66;1979, 64)。历时的时间展现给我们的是一种非等同性的显示,这不单纯是一种缺乏,而是一种与绝对的相异者的关系。因而,真实的历时性时间是与绝对他人的关系,绝对的他人既不能被经验和理解所同化,也不能为其吸收。于是,莱维纳斯把时间刻画为主体与他人之间的关系(Levinas 1979, 9-10, 13, 17)。与过去和将来的关系,以及过去与将来在当下的给予,都是由于与他人的相遇。正是与他人的相遇,打破了我的自身等同,阻断了总体化的进程。每当暴露于他人面前时,意识的时间连续性就覆灭了。与他人的相遇是时间意识的条件(Levinas 1961, 314)。这种无法抗拒的相遇正是时间的起源,因而在孤立主体中,无从谈论真实的时间(Levinas 1979, 64, 68-69)。当我与他人相遇的时候,我对过去承担着责任,这种责任独立于我能因自己的行为所获得的任何具体的愧疚,我也对我的活动在将来所产生的任何意想不到的和未曾预料的后果承担着责任。这正是真实时间的伦理意义所在。因为我对他人负有责任,我才有过去和将来。因此,莱维纳斯把真实的历时的时间理解为关于责任与真诚的问题(Levinas 1991b, 45;1991a, 186, 192-193)。尽管莱维纳斯声称,伦理开辟了新的时间维度应该是正确的,但是当他断言伦理时间才是时间的真正基本形式、并是绽出时间的条件时,我却不能赞成了。看来,断言

过去的事件重现于我当下的经验中，但并不成为当下经验的一部分。在回忆中给予的恰恰是相对于当下而言的过去的和不在场的东西。诚然，如果我们把一个事件作为过去的事件来经验它，那么它必定作为过去而与现在当下一同给予，并且是相对于后者作为过去而给予。回忆的本质中蕴含着对距离和差异的经验。如果缺失了这一点，如果对过去事件的再体验就如同体验当下事件一样，我们就不是在回忆，而是出现了幻觉（Hua 10∶182）。

　　让我们再回到 C、D、E 三联音的例子。当我们一听到 C 时，它呈现于原印象中。当 C 音为 D 音所接替时，D 在原印象中给予，而 C 保持于滞留之中；当 E 音响起，它取代 D 呈现于原印象，而 D 保持于滞留之中。然而，滞留不仅仅是对刚刚过去的声音的滞留；每当一个新的声音呈现于原印象中，整个滞留的序列都进行了重整和变样。当 C 音为 D 音接替，我们关于 D 的印象意识伴有对 C 的滞留（Dc）。当 D 音为 E 音接替时，我们关于 E 的印象意识伴有对 D（Ed）的滞留，还伴有保持于 D 的滞留中的对 C 的滞留 D(Ec)，等等（Hua 10∶81, 100）。我们以图 5.2 来表示。⑤ 其中，水平线 x 表示声音序列（C、D、E、F），垂直线 y 表示我们关于这个序列的意识，它具有前摄、原印象与滞留的结构（例如，′F、E、Ed、Ec）；斜线 z 展示了当单个声音沉入过去的时候，它如何保持其同一性以

与他人的相遇打破了主体性的自身等同也是基于一个有问题的假定，即主体性原本具有自身等同的特征。

　　⑤　与胡塞尔手稿 Ms. L I 15 22b 中的图相比，该图稍作调整。顺便说一下，我们通过该图可以理解，梅洛-庞蒂为何能在《知觉现象学》中写到，时间不是一条直线，而是一整张意向性之网（Merleau-Ponty 1945, 477）。

及相对于其他声音的位置,尽管它的给予样态发生了变化,不断在新的时间视角中给予(例如,C、Dc、Ec、Fc)。我们需要重点强调,尽管声音序列(x)是由在时间上截然有别的声音组成的序列,但是我们对这个序列的觉知(y)本身不是前后相序的(sequential)。原印象与整个滞留之列"同处在一起"。但是,给予在原印象中的声音与给予在滞留中的声音不是同时的,保持在新鲜滞留中的声音与保持在滞留的滞留中的声音也不是同时的。这些给予的声音一直保持着它们的时间秩序;它们不是同时给予的,而是接续给予的。

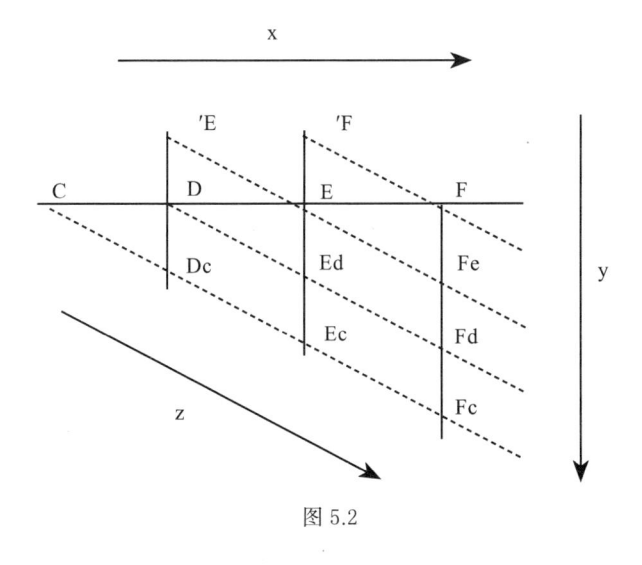

图 5.2

第二节 意识流的自身显示

我们以上讨论的是有时间延展的对象的构成,比如声音和旋律等。这种类型的构成属于意向相关项的时间化(noematic temporalization)，我们必须以对意向活动项的时间化(noetic temporalization)的说明作为补充(Held 1966, 48)。即是说，对时间意识的分析绝非仅仅研究对象的时间性给予，它还应该说明意识本身的时间性显示。事实上，胡塞尔如此强调他的内时间意识分析的重要性，原因在于，这项工作远不止于澄清意向对象的时间性的构成。归根结底，胡塞尔所着力处理的问题是显示本身之可能的条件，这个问题把他带向了有关意识的时间性自身显示(temporal self-manifestation)的问题。

我们的知觉对象是时间性的，而关于这些对象的知觉本身呢？它们也遵从时间性构成的严格规律吗？它们也是在时间中出现、经历和消逝的统一体吗？胡塞尔经常说，活动本身也是在原印象-滞留-前摄的结构中构成的。它们只能在此时间构架中给予、具有自身觉知(Hua 11:233, 293; 4:102; Husserl 1985, 205)。

在此语境中，我们如何理解自身觉知？如何避免无穷后退？如果声音序列的延续和统一性是由意识构成的，如果关于声音序列的意识本身的给予也带有延续性和统一性，那么，我们是否不得不设定另一个意识，以之说明延续性和统一性的给予，如此以至于无穷(Hua 10:80)？

胡塞尔起初看似主张这一观点，例如，他写道，关于延续的知觉预设了知觉的延续(Hua 10:22；亦见 Ms. LI 13 3a)，但是，他终于意识到了其中的难题：

> 把时间之流看作对象性的运动是否蕴含着一个谬误？确

实! 另一方面,回忆活动本身当然也有它的现在,就像声音有其现在。不! 这里隐藏着原则性的错误。时间样态之流不是一个过程,对现在的意识(Jetzt-Bewusstsein)本身不是在现在的。与对现在的意识共同存在的滞留也不是"在现在的",也不是与现在同时的,那样说是无意义的(Hua 10:333 [1991, 345])。

正如关于红色圆圈的经验既不是圆的也不是红色的,意向对象的时间性给予与意向活动的时间性给予也是不同的。这二者的时间性、给予和构成的方式是不同的。在此基础上,胡塞尔最终区分了时间性的三个不同层面:显现的对象的客观时间,活动、感觉材料和显现的主体方面的、内在的或前经验性的时间,以及绝对的、前现象的构成时间的意识之流(Hua 10:73, 76, 358;Ms. C 17 63b)。在《观念 I》中,胡塞尔仅限于分析前两个层面,然而,从现象学的视角来看,这一局限是没有理由的。现象学还必须研究意识活动之时间性显示的可能条件,于是,现象学还原所达到的结果必须有待进一步的研究;即,在先验还原中还必须进行更为彻底的还原,从主体时间推进到绝对的时间之流(Ms. C 2 8a;Ms. C 7 14b;Ms. L I 17 9a)。在《观念 I》描述了构成性的主体与被构成的对象之间的关系之后,胡塞尔也因此写道,他考虑再三,遗留下一些最重要和最困难的问题,即有关内时间意识的问题,而只有对内时间意识的分析才能揭示真正的绝对维度(Hua 3:182)。与对回忆、知觉与想象等不同类型的对象意向性的区分和分析相比,对内时间意识之结构(原印象-滞留-前摄)的阐明是一项不同的和更根本的任务。不必说，关键的问题是厘清绝对之流与被构成的活动之间的关系。

然而，很遗憾，我认为，胡塞尔未能彻底澄清这一问题。他在出版著作和未刊手稿中的分析都有一些根本性的含混，总是能够找到一些文本依据来支持不同的解释。不用说，这种情况不太令人满意；但是，在这点上，我们必须抓住总的要旨。我这项具体研究的目标很明确，提炼出关于自身觉知的胡塞尔式的理论。因而，与一些颇为公认的解读相反，我会特意选择最有助于理解自身觉知的着眼点，来解释胡塞尔对内时间意识的分析。尽管这意味着，我会不得不撇开胡塞尔的时间之思的某些方面，我仍然倾向于认为，这一特定视角将为理解胡塞尔的整体理论提供新的洞见。

按照一种主流的解释，胡塞尔采取了这样一种论证。正如，必须区分超越对象之存在的被构成维度与使得对象显现的构成性维度，我们也必须区分，意识活动之存在的被构成维度与使得意识活动显现的构成性维度。意识活动是存在于主体时间中的时间对象，构成它们的是主体性的更深层维度，即内时间意识的绝对之流（Brough 1972, 308–309；Sokolowski 1974, 156–157）。我来引用一些被解读为能够支持这种解释的段落：

> 作为内部时间对象的每个体验都首先原初地因内意识而构成，通过内意识，它们借助原印象、滞留、前摄之流，而作为穿梭于该流的统一体被意识到（Hua 11：292［2001, 578］）。

> 体验、"对某物体的知觉"是内在对象，正如其他的体验一样，它们在内时间中被意识到（Hua 11：293［2001, 579］）。

每个具体体验都是生成的统一体,都以时间性的形式作为内意识中的对象而构成(Husserl 1985, 304 [1973, 204])。⑥

然而,进一步的考察会发现,这种解释很成问题。说意识活动原初地作为对象给予内时间意识,或把它们的最根本的给予解释为对象显示,会让我们陷入到反思理论的一种版本。那样做不仅是基于主体-对象的模型来理解活动的显示,而且还意味着,活动根本不是自身给予的,而是通过与其相异的东西、即内时间意识而给予的。这种理解并没有解释自身觉知,只不过是推延了问题。显然,我们必须要问,内时间意识本身是否也具有自身觉知。如果否认内时间意识有自身觉知,确实阻断了后退,但是,正如第二章多次指出的,这种理解无法解释,内时间意识与活动之间的关系为何能产生自身觉知。如果答案是肯定的,我们还必须追问,内时间意识的自身觉知是如何建立起来的?对此,有两种可能的方案。按照第一种可能方案,它的建立与活动之给予的方式一样;但是,如此一来,我们面临着无穷后退。按照第二种可能方案,内时间意识具有隐性的或内在的自身显示。但是,如果承认存在这种类型的自身觉知的话,我们有理由追问,为什么自身觉知要保持在主体性的最深层,而不能已然是活动自身的特征。并且,声称绝对的内时间意识之流本身有自身觉知,声称这个层面及其自身觉知脱离和超出了意识活动的给予,无异于采取了对自身觉知的不必要的倍增。即便如此,

---

⑥ 若干类似陈述可见于胡塞尔的《贝尔瑙时间意识手稿》。有关对这些手稿的更丰富讨论,见 Zahavi 2004b。

索科洛夫斯基和布拉夫认为，胡塞尔持有这一立场。在他们的解读中，胡塞尔把活动看作完全意义上的内部对象，它们先于反思而如此这般地直接给予。在此之外，绝对之流也给予自身。于是，如果考察一下对黑色台球的知觉的反思的话，我们会发现如下的情况：(1)黑色台球作为超越对象给予；(2)反思活动作为内部对象以前反思的方式给予；(3)知觉活动作为内部对象以反思的方式给予；(4)所有这些对象都给予绝对之流，而绝对之流以一种根本的闪现的方式(shining)揭示自身。于是乎，反思会向我们呈现三重的自身觉知，即有关一个超越对象和两个内部对象的自身觉知(Sokolowski 1974, 154, 156-157; Brough 1972, 318)。⑦ 这看来过度冗余了。不仅仅(2)与(4)之间的区分令人费解，对(2)的刻画看来也有误导性。即便有人把前反思自身觉知看作一种"边缘意识的形式"，从而，通过强调前反思给予的内部对象仅仅是一种边缘对象，将之与反思地给予的内部对象区分开来(Brough 1972, 304, 316)，但是，这并不能解决问题，并且，我们已经看到，胡塞尔本人相当明确地拒绝这一建议。

我想提出一种不同的解释；按照这一解释，我们最终能把胡塞尔对绝对之流和以时间方式构成的活动之间的区分，与他对运作着的主体性和主题化了的主体性之间的区分、前反思自身觉知和反思的自身觉知之间的区分联系起来。我相信，这种联系对于理解胡塞

---

⑦ 我要强调一下，我并非指责索科洛夫斯基和布拉夫犯了与弗兰克、图根德哈特和亨利希同样的错误，忽视了前反思自身觉知在胡塞尔著作中的存在。在某种程度上，并且仅仅在特定程度上，我的解释与布拉夫、索科洛夫斯基的解释之间的差异应该只是强调的重点和术语的不同。有关此后进行的调和努力，见 Zahavi 2011 和 Brough 2011。

尔的时间分析是不可或缺的。

现象学所说的意识的时间性就是指意识的时间性给予；而意识的时间性给予说的就是意识的时间性的自身显示。若非如此，则意味着对意识的实物化(reify)。当然，我们确有必要区分不同类型的自身显示，以及不同类型的主体时间性，但是，我们从一开始就需要意识到，胡塞尔对内时间意识的研究无异于对前反思自身觉知的时间性的研究。

胡塞尔的分析所面临的一个问题是如何避免无穷后退。不过，我们不应该错误理解绝对之流（或内时间意识）与意向活动的关系，仿佛是主体性中两个极为不同维度之间的关系。当胡塞尔宣称，意向活动在内时间意识中构成的时候，他并不是在说，活动是通过主体性的其他某个部分而给予的。内时间意识就是活动的前反思自身觉知，说活动在内时间意识中构成的意思就是，它因其自身而给予。内时间意识被冠以"内"(inner)之名，正是由于它内在地(intrinsically)属于活动本身的结构。换句话说，胡塞尔对内时间意识结构的描述，他对与滞留-前摄-共同进行的原初显示的分析（用普鲁弗的说法，[Prufer 1988, 201]），就是对活动和经验的前反思自身显示之结构的分析。因此，胡塞尔的这一立场是相对明确的。意向活动意识到异于自身的东西，即意向对象。意识活动之作为意向性的恰恰在于，它使他异显示得以可能。但是，活动也显示其自身。对象通过活动给予，而如果没有对活动的觉知，对象也不会显现。因而，意识活动除了是意向性的，其特征还包括它的"内意识"、原意识(Urbewußtsein)、或"印象性(impressional)意识"——这些是胡塞尔对自身觉知的三种不同说法(Hua 4:118-119；10:83,

89-90, 119, 126-127; 23: 321; Ms. L I 15 35a-36b)。这些术语所指的并不是另外的意向活动，而是自身显示这一弥漫式的维度，即先于并奠基了反思的自身觉知的前反思自身觉知（Hua 17: 279-280; 4: 118)。

还有可能再进一步具体刻画这种原初的自身显示、绝对的体验活动的本质吗？这里使用的术语，以及我们所面对的非主题的、隐性的、直接的和被动的（即不由自我所引发、调节或控制的）发生在事实上都意味着，我们所处理的是一种被动的自身触发。⑧ 胡塞尔有时候也采用这一解释，例如，在手稿 C 10（1931 年）中，胡塞尔说，自身触发是运作着的自我的本质的、弥漫式的和必然的特征，在手

---

⑧ 胡塞尔对自身触发（self-affection）的现象学分析经常为海德格尔、梅洛-庞蒂的著名分析所掩盖。在对康德的解读中，海德格尔把时间的本质作为纯粹的自身触发（Heidegger 1991, 194）。然而，自身触发所说的并不只是某东西触发自己的过程，而是自身关涉的过程——其意并不是说自身触发是由某个已存在的自身所执行的，而是说，正是在这个过程中并通过这个过程，自身性与主体性得以建立："作为纯粹的自身触发，它以原初的方式构建了有限的自身性，因而自身可以是有自身意识的存在"（Heidegger 1991, 190 [1990, 130]；亦见 Heidegger 1991, 189）。因此，作为纯粹的自身触发，时间表现为主体性的本质。这一思路亦见于梅洛-庞蒂，他宣称，对时间的分析让我们通达主体性的具体结构，使我们理解主体的自身触发本质（Merleau-Ponty 1945, 469）。归根结底，自身时间化与自身触发是同一回事："当下向将来的爆发与绽裂是自身与自身之关系的范型，描画出了一种内在性或自身性"（Merleau-Ponty 1945, 487 [1962, 426]）。时间性是"自身对自身的触发"（affection de soi par soi）：触发者是作为朝向将来的奔涌与通道的时间，被触发者是作为展开的当下之系列的时间（Merleau-Ponty 1945, 487；亦见 Heidegger 1991, 194）。不过，此处也展现出耐人寻味的模糊性。首先，梅洛-庞蒂说到，触发者与被触发者是同一者，时间的奔涌就是一个当下向另一个当下的过渡。但是，仅在一页之后，他又指出自身触发具有"二元性"（dualité）特征（Merleau-Ponty 1945, 487-488；见 Depraz 1998）。因此，这里留下了有关自身触发之确切本质的问题，它具有严格的统一性吗，抑或，表现出了二元性结构？我在下文会进行处理。

稿 C 16（1931–1933 年）中，他补充说，我不断地（unaufhörlich）为我自己所触发（Ms. C 10 3b, 5a, 7a, 9b–10a；亦见 Ms. C 16 82a；Ms. C 16 78a；Ms. A V 5 8a；Ms. C 5 6a；Hua 15∶78）。

稍后，我还会更为明确地探讨自身触发问题，不过，我先要强调，我们所处理的这类自身显示不具有通常的显现结构。在这里，没有主体与对象之区分，或者显现的与格和属格的差异。相反，这是一种自身显示，一种根本的闪现（shining），离开它而谈论显现的与格是无意义的。除非我有自身觉知，否则无物能呈现给我（Sokolowski 1974, 166；Hart 1998）。

在胡塞尔对滞留的双重意向性即横意向性与纵意向性（Quer- und Längsintentionalität [transverse and longitudinal intentionality]）的著名分析中，对自身显示之结构的分析得到进一步阐明。如果 $P(t)$ 代表对某个声音的原印象，那么，当新的原印象出现，$P(t)$ 以 $Rp_{(t)}$ 的形式保持于滞留之中。正如这里的符号所表示的，保持于滞留中的并不仅仅是意识到的声音，而且还有原印象。每个滞留所保持的不仅是之前的声音，还有之前的原印象。亦即，时间之流的现时阶段不仅保持着刚刚发生的声音，而且还保持了时间之流的流逝阶段（Brough 1972, 319）。前者使我们能够经验到延续的时间对象，即说明了对象在多重的时间阶段中的同一性的构成，而后者则提供了时间性的自身觉知：

> 我们的目光可以洞察在绝对之流的持续前进中"叠合"（deckende）的阶段，即关于声音的意向性。我们的目光也可以瞄向绝对之流，指向这个流的阶段，指向从声音开始到结束的

流动意识的进程。每个"滞留"类型的意识侧显都有一种双重意向性：一方面的意向性负责内在对象、即声音的构成；我们把这一意向性称为对（刚刚感觉到的）声音的"原初记忆"（primäre Erinnerung），或者更清楚地说，就是对声音的滞留。另一方面的意向性构成了原初记忆在绝对之流中的统一性；即，这个滞留是两面一体的，对声音的仍有意识（Noch-Bewußt-sein）、持留（zurückhaltendes）的滞留同时也是对流逝的声音滞留的滞留：它在绝对之流中持续进行自身侧显，它于此是关于不断过去阶段的持续的滞留（Hua 10∶80-81 ［1991, 84-85］）。

胡塞尔把意识流对其对象之延续的构成称为这个流的横意向性，把意识流对其本身流动的统一性的觉知称为纵意向性（Hua 10∶80-81, 379）；⑨尽管，后者仍冠以"意向性"之名，如果把它看作一种对象意向性的话，那就无异于是对胡塞尔的理论的严重误解（Hua 10∶333）。胡塞尔对纵意向性的解释并不会滑向反思理论，实际上，它是对意识的前反思自身显示的分析。以这种自身显示来刻画意识的特征，那就有可能规避反思理论的无穷后退问题：

> 这个构成了内在时间的意识流并不仅仅存在着（exists［ist］），它具有非常独特的、但可理解的形式，其中，必然有意

---

⑨ 胡塞尔有一处把纵意向性与横意向性说成意向活动项的时间化与意向相关项-实存的时间化（Ms. B III 9 23a）。他亦把二者分别称为内滞留与外滞留（Hua 10∶118）。

识流的自身显现,并且,这个流本身在流动之中必定可以理解。意识流的自身显现并不需要另一个流,而是作为在自身中构成自身的现象(Hua 10：83 [1991, 88])。

胡塞尔的批评者们并没有无视《内时间意识现象学》中的这一核心段落,但是有些批评者做出回击说,这只不过是重复了布伦塔诺的解释中的错误(Cramer 1974)。克拉默论证说,如果有人声称,意识流具有自身显现的特征,那么必定要继续追问,当意识流向自身显现时,究竟什么在显现?在克拉默看来,唯一的答案是,这个流作为自身显现的流向自身显现;基于此,他说,自身显现是个冗余的概念,这是一个循环解释。这一批评的某种版本或许适用于布伦塔诺的理论,批评后者把自身觉知理解为(次要的)对象觉知,但是,我并不认为它对胡塞尔有效。一方面,克拉默明确把胡塞尔的自身显现概念等同于"准知觉"(quasi-perception)(Cramer 1974, 587),但也因此忽视了胡塞尔与布伦塔诺的解释之间的关键区别。另一方面,克拉默似乎对自身觉知的理论抱有这样的期望,即作为对一种独特和基本现象的解释,这个理论应该防止把该现象分解为更基本的不具有自身觉知的要素。

现在,如果我们比较一下前几页的讨论所区分的两种解释,就会承认,胡塞尔对时间意识的分析的出发点确实是对关于内在时间对象的意识的分析。然而,对此的解释已现分歧。标准解释认为,胡塞尔对内在声音的分析就是对主体经验的研究,即对关于声音的感受活动(sensing)、而非被感受到的声音本身的研究。因而,胡塞尔从一开始就在研究时间性的自身觉知。于是,胡塞尔对横意向性的分析就被看作对我们如何（前反思地）觉知到延续的经验和意向活动的分析，而他对纵意向性的分析就是对绝对之流的自身给予的分析（Brough 1991, liii；Prufer 1988, 201）。亦即，胡塞尔对绝对之流的闪现的分析被认为是对另外的、更深层的、更基础的自身显示形式的分析。

我认为，没有任何理由区分经验的前反思自身给予与更深层意识流的自身给予，所以，我建议对胡塞尔做不同的解读。在我看来，胡塞尔对内在声音的分析是对意向相关项的时间性给予的分析，即对被感觉到的声音、而非感觉活动的分析。⑩ 至于胡塞尔之所以说内在声音而非超越的声音（例如火车的鸣笛）的原因，并不是由于，他想把重点从（原型［proto-］）对象的时间性给予转移到关于对象的经验之时间性给予上来，而只不过是由于，他希望更集中地关注对象的时间维度。如果他开始于对小提琴音符之给予的分析，那么他将不得不直接去说明在交互主体性中给予的时空对象的构成，尽管他的分析的最终目标正在于此，但是如果以之作为研究的出发点的话，未免太复杂了。因此，胡塞尔的第一个问题是，我们如何经

---

⑩ 关于该解释的间接证据可见于《观念 II》，胡塞尔在如下段落讨论了还原后的声音感觉的本质，"让我们考察下最简便的例子，小提琴奏出的一个乐音。它可以被把握为实在的小提琴乐音，因此实际发生于空间之中。无论我是离开或接近它，无论旁边演奏它的房间的门是否关闭，它都是相同的乐音。抽离了物质实在性，我还能保有声音的空间拟相（phantom），从某个确定方位显现，从某个空间位置传过来，在空中回荡，等等。最终，对声音的空间把握也能被悬置，它不再是空间中鸣响的乐音，而变成了单纯的'感觉材料'（sense datum［Empfindung-datum］）。原先，我无论是靠近还是远离，意识到的都是在外部空间中不变的声音，然而现在，把关注转向感觉材料之后，该乐音显现为持续的变化者"（Hua 4：22［1989, 24］）。重点应该很清楚。当胡塞尔说声音的感觉材料时，他说的被感觉到的东西，而不是感觉活动（Hua 10：333-334）。

验到延续的（原型）对象？通过对这个问题的分析，他走向了更为基本的问题：我们关于时间对象的经验本身如何给予？正是在这一点上，自身觉知的问题才得以引入。胡塞尔对意识流之自身给予的研究正是对意识活动的前反思自身显示的研究，而不是对额外附加的自身觉知的分析。因而，我认为，胡塞尔对横意向性的分析意在分析关于延续的意向（原型）对象的经验方式，而对纵意向性的分析意在说明，关于这些意向对象的经验的原初自身显示。

第三节 时间性的不同形式

至此，我论证了，意识活动的前反思自身觉知与绝对之流的非对象化自身显示是同一回事。然而，胡塞尔确曾断言，意识活动本身在主体时间中作为时间对象而给予。那么，如何理解这一论断呢？意识何时向自身显现为时间对象呢？我们或许可以通过如下问题来澄清这点：我们何时有权称某东西为对象，即我们何时经验到作为对象的东西？根据胡塞尔的观点，只有当经验到的东西至少拥有一种最小的超越性的时候，我们才经验到作为对象的东西。只有当经验到多重侧显之中的某个统一性，作为贯穿差异性的同一性的东西，即作为超越其现实的显现的东西，我们才面对着对象。只有当我们认出，我们现在所经验的东西是在此次认出它之前所曾经验过的东西，我们面对的才是超越性的东西，在变换的经验中保持其同一性的东西。[11]

---

[11] 然而，需要注意，客观性并不等同于对活动的超越性（act-transcendence）（这

关于对象的这一界定并没有排除内在对象的存在。尽管，与时空中的对象相比，内在的声音材料并不具有多重的共存的侧面——它在每一时刻都只有一个侧面，但是它具有时间的延展，因而能够在变换的时间阶段的系列中显现（Hua 11∶16；10∶275）。这让我们能够区分显现与显现者，因而能够经验到在其诸时间阶段之流中作为统一体的内在声音，作为贯穿了差异性的同一性，即对象。

胡塞尔有时候论证说，只有当执行明确的同一化活动的时候，我们才面对着对象（Hua 11∶327；Husserl 1985，64，75）。如果是这样的话，认为经验已经以前反思的方式作为内部的时间对象而给予当然是荒谬的。尽管，胡塞尔可以有理由声称，只有当我们执行同一化综合——即对不同意识活动的对象进行关联、比较和辨识为相同对象的综合——的时候，对象之超越于活动的同一性才能作为主题而给予，但是我们仍然可以确定，还有在前谓述和前范畴层面发生的被动的同一性融合（identity-fusion）的空间。把若干不同显现作为同一个对象的显现是感性综合（aesthetic synthesis）的结果，即这是感性与时间意识之隐性的"识别综合"的成就（Hua 11∶10，110-111，125，128；1∶96，155；17∶291），而不依赖于理智的同一

也是幻觉对象或想象对象的特征），对象的同一化只是客观性的必要但非充分前提条件。按照胡塞尔的观点，当对象被体验为超越了我现实进行的（actual）经验而作为意向统一体的时候，我们能够说原初的或主观的超越性（Hua 14∶344）。但是，只要对它的理解仍然是相对于我的可能经验，它还不具有任何真正意义上的客观性，只不过是我能够在不同的活动中所意向朝向的统一体。对真正超越对象的知觉是对不仅可为我所知觉的、亦可为他人所知觉的对象的知觉（Hua 14∶8，442；1∶80，136；6∶370-371；8∶180，186-187）。

化辨识过程（Hua 4：19；24：280；亦见 Hart 1996a）。

当我的意向活动作为穿越差异性的同一性而给予，当它作为在多重时间阶段中界限分明的延续统一体而给予，作为具有时间位置（location）的、我们能够一再回顾的东西而给予的时候，它就作为时间对象而给予。胡塞尔说，当某个经验定位于内在时间中的时候，我们面对的是一种自身对象化（self-objectification）（Hua 10：84；11：210）。然而，还是这个问题：这种自身对象化是何时发生的？一种可能的回答是，意识活动作为时间对象的构成是滞留的样态变换所自动产生的。这种理解可以在胡塞尔1930年的一份手稿中获得文本支持，他写道："在原呈现的原初现象之流中，意识生活超越其自身，它构成了内在时间，构成了具有过去和将来的意识之流"（Hua 34：171）。简言之，时间化过程本身应该被看作自身实存化（self-ontification）。正是当先前的原印象保持于滞留之中，意识活动才得以构成为时间实体（entity），从而，整个滞留序列（retentional sequence）必须被看作存在于内在的、被构成的时间之中。[12]

然而，这一理论也面临着困难。把滞留的样态变换本身说成是意识活动作为时间对象的构成，就意味着把经验的现实阶段与向后沉入滞留的阶段的关系解释为一种对象化的自身觉知。鉴于已知的若干原因，这是一种成问题的解释。这也是胡塞尔自己看来要反对的理论——尽管上述引文看似支持了这种理论。他不仅指出，我们必须区分带有其生活的当下（lebendige Gegenwart），包括原印象与滞留视域的运作的自我与对象化了的意识之时间系统（Hua 11：

---

[12] 可支持此种解释的另一段落，见 Ms. L I 21 34b。

209），而且还表明，滞留并不把经验的流逝阶段转变为对象。他论证道，以被动方式保持的东西仍然是前实存的（pre-ontical）；他否认，原印象序列是时间序列；他写道，意识流的统一性在意识流本身之中通过持续的滞留样态变换作为准时间秩序而构成（Hua 10：82，118，333，371，376；Ms. B III 9 14a-b）。

然而，即便如此，我们还是要回答这个问题：意识何时向其自身显现为时间对象？我认为，答案非常简单。只有当我们进行反思的时候，或者是在通常的反思活动中，或者是在较少见的回忆中的反思中，我们才把自己的意识活动经验为时间对象。当这发生的时候，意识活动的同一性穿越差异而显现为给予。如果我回忆我昨日的喜悦，那么我现在回想起和重现的正是我昨日拥有的喜悦经验。穿越时间给予中的变化，经验的同一性建立起来。如果我反思当下的知觉，这个知觉作为保持同一者而给予，它穿越了前反思给予和反思给予之间的差异；即，它作为与先前非主题地经验到的相同的知觉而给予。只有在反思之中，当出现了反思与被反思这两个不同活动的关系时，后者才能相对于前者而显现为超越的。在前反思层面，当只有一个经验进行时，它并不能显现为时间对象，因为，它并不显现为相对于自身而言的超越者。

意识流的原初前反思觉知是对某种统一性的经验。在其原形态中，意识并不向自身显现为一些碎片；它也不是碎片的粘合，而是单纯的流（James 1890，1：239）。⑬ 米哈尔斯基指出，对意识活动

---

⑬ 引用柏格森的话来说："寓于深层的自身在思索和决定、悸动和燃起，它的状态与变化相互渗透，一旦我们为了使它们各自凸显出来而将之相互分离，那么它们就会遭受深刻的变异"（Bergson 1927，93［1971，125］）。"就其自身而言，寓于深层的意

的离析并不像把相互独立的要素分离开一样,而是像从整体上剥离材料块片却也使得整体分崩离析(Michalski 1997, 120)。两个活动之间的关系必定恰似同一条河流中的两条波浪,而不是一列火车中的两节车厢:"意识是统一体。意识活动不是孤立自存的,它是意识之流中的波浪"(Ms. L I 15 2b)。只是由于某种特殊的把握,即我们把活动进行主题化,它们才在主体时间中构成为延续的对象。[14]当反思的时候,我们把一种新的时间形式加于经验,它们转变成主体对象,被安放在或置入时间序列之中。因而,我们可以总结为如下的表达方式:

绝对之流——运作着的主体性——前反思自身觉知
主体时间——主题化了的主体性——反思的自身觉知

幸运的是,我们不难在胡塞尔的文本中找到明确支持这种解释的段落。在《内时间意识现象学》的第37节,胡塞尔写到,我们的知觉活动或知觉意识并不处于内在时间之中,不是被构成的时间统一体,而是自身时间化的体验流本身的要素或波浪(Hua 10∶75-76;亦见 Hua 29∶194;Ms. L I 15 2b)。在该卷书后面的补充文本

识状态纯粹是质性的,而与量无关;它们相互交织,以至于我们都不能说它们是一还是多,遑论从该视角考察它们而又不致使它们的本质即刻发生变异。它们所创造的延续,其要素并不构成数量上的多数性:在对这些要素的刻画中,若是说它们相互侵入,就还是对它们做出了区分"(Bergson 1927, 102 [1971, 137])。有关柏格森与胡塞尔关系的更为丰富的讨论,见 Zahavi 2010。

[14] 可支持此种解释的其他段落,见 Hua 4∶104;10∶36, 51, 112;Ms. C 10 17a;Ms. L I 19 3a-b, 10a。

中，胡塞尔写道，"因而，感觉——如果我们理解的'感觉'就是意识（而不是内在的延续的红色、声音等，即不是被感觉到的东西）——以及滞留、回忆、知觉等，都是非时间性的；即是说，并不处于内在时间之中"（Hua 10∶333-334［1991, 346］；亦见 Hua 10∶371-372；Ms. C 17 63a；Ms. L I 21 5b）。胡塞尔虽宣称，意识活动（可以是知觉、回忆、预期、想象或判断等）作为绝对的构成性的意识揭示出自身，但不作为内在地给予的时间对象，他也非常明确地写道，相同的意识活动也可以作为反思对象，带着它的延续和时间位置在主体时间中显现（Hua 10∶112, 285, 293；14∶29）。[15] 在 1917 年的一份手稿中，我们可以发现如下论述："最终的意识就是原初之流，先于转向它的反思的目光"（Ms. L I 2 16a）。与此相似，胡塞尔写到，我们必须区分被反思的一端（the reflected pole）与生活着的、运作着的一端（the living, functioning pole），前者在时间之中，后者不在时间之中（Ms. A V 5 4b-5a）。

我们于是要区分：体验的前现象（präphänomenale）的存在——其存在先于反思转向它们——与体验作为现象的存在。当我们的注意转向体验、把握体验的时候，体验获得了一种新的存在样式；它被"区分出来"，"凸显出来"。这一区分就是对体验的把握；它的区分度无外乎处于被把握中的、作为注意

---

[15] 显然，我们的意识活动也可以被构成在客观时间中显现的活动，但是这种自身对象化需要借助交互主体性，因而是在更高的被奠基层次上进行的。见"统一的时间与统一的客观世界经由同感的构成"（Hua 15∶331-336）。

力朝向的对象(Hua 10:129 [1991, 132])。

关于自我和意识的主题性的经验本身，就是在创建一种持续有效性(Stiftung einer Fortgeltung)——对持久存在、内在存在的创建(Hua Mat 8:247)。

我们难道不得说：意识流当然是通过"进行统觉的"(apperzipierende)自我而成为对象的吗？单纯的意识流正是通过[反思的]注意而成为对象，通过"一而再"(immer wieder)的反思的可能性而成为对象。这个流动存在的"前存在"(Vorsein)"在任何时候"都能被对象化，也只有如此才能以先验的方式加以描述(Ms. C 16 59a)。

显然，这一观点带来了几个问题。其中一个问题是，如果反思改变了前反思经验的给予，那么我们如何洞见到它们的前反思结构？我将在第十章专门回头回答这一问题。届时我会指出，有必要区分几种不同类型的反思。我们可以通过反思进行区分、辨别和界定，但这种区分并不必然是从外部强加的，并不必然与被反思的经验迥然相异。

另一个问题有关被主题化的活动的时间性与体验意识的时间性之间的关系。我之前曾否认，意识活动是在主体时间中作为内部对象而前反思地给予的，但这并不意味着，它们的显示完全是非时间性的。相反，我们即便承认，把经验嵌入时间序列并不仅是意识流本身的自动的结果，而是一种特定的对象化操作的结果(Ms. C

16 49a），但是，我们难以否认，它们的前反思显示含有某种流动的统合（unification）：

> 这个统一体通过意识流本身的事实而原初地构成；即是说，它的真正本质不仅仅是一般地存在着，而是作为体验统一体而存在，在内意识中给予而存在；在内意识中，注意的目光能够触及它（这个目光本身不是被注意到的，它拓展了意识流，但并没有改变被注意的意识流，而是将之作为对象"固定"下来）（Hua 10：116 [1991, 121]）。

最终可知，反思预设了时间视域的构成。没有意识流的绽出统一性，就不可能有反思。当反思开始，它首先把握到的是刚刚流逝的东西，即意识流中引动这个反思的前反思阶段。这个阶段仍然能够被随后的反思所主题化，原因在于，它没有消失，并没有从生活的当下中切除，仍然通过滞留而统合于生活的当下。这里的统一性不是时间对象的统一性，不是同一化辨识或实存化的结果，而是通过意识流的被动综合所建立的体验统一性（Hua 10：116, 290）。当经验发生时，它在意识流中自动地获取了一个不可变的位置。只有当意识活动已经有某个位置，我才能够在回忆中对之进行定位。随着时间的流逝，它当然会变得越来越远，但是会永远保持着它的时间位置。它将一直处于在它之前发生的活动之后，在它之后发生的活动之前。我并不否认这一点，也不否认意识活动具有内在的时间性这一事实。我否认的是，意识活动以前反思的方式作为明确的延续的对象而给予，否认它们作为发生、延续和消逝的对象。因而，我们必须区分体验流的被动的自身构成、自身时间化、自身统合与随后的反思对它的对象化。胡塞尔说:"诸直观阶段连续地相互融合,但是这种连续性只有在对同一之流进行对象化的自反的知觉中才能给予"(Hua 10:228-229 [1991, 236];亦见 Sartre 1943, 197)。

至此,我已经反驳了区分两种不同类型的前反思自身觉知的意图,即区分活动、经验的前反思给予与绝对之流的自身显示。绝对的体验之流就是经验的前反思自身显示。然而,我的目的并不是要否认,我们有理由坚持个别的、流逝的活动与体验活动的恒定维度之间的区别,即诸体验(die Erlebnisse)与体验活动(das Erleben)之间的区别(Hua 23:326, 14, 46;Ms. L I 3a)。实际情况表明,坚持这一区分很有理由。毕竟,完全有理由说,我曾拥有现在已过去了的喜悦的经验。我甚至有可能完全忘记了它,只是后来又回想起来。然而,即使意识活动可以成为过去、不在场,但是使在场和不在场得以可能的自身显示维度本身却不能够成为过去、不在场。即使经历了诸多不同的经验,我们的自身觉知仍然保持为不变的维度。换句话说,从历时的角度来看,生活的当下的严格单一性与变动的经验的多数性不同,区分二者不仅是合理的,而且还是非常有必要的(Klawonn 1994, 143;Brough 1972, 316)。用克劳沃恩的话来说,诸多变动的经验正是在单一的生活的当下中显露出来(Klawonn 1991, 77, 128)。正是显露在这个第一人称给予的场域中,才使得它们是我的经验。当然,这种显露对其存在而言不是外在的,而恰恰使得它们成为有意识的主体经验。

不过,我要再次提醒注意一个严重的误导,我们不要去设想,仿佛有某个空的或纯粹的自身显示的场域,不同的经验相继登场。绝对之流并没有它自己的自身显示,而就是诸经验的自身显示。上文提到,胡塞尔把意识活动称为自身时间化的体验之流本身的波浪。在反思之前,没有对内部对象的觉知,也没有活动的给予与绝对之流的自身显示之间的区分。经验的前反思自身觉知就是意识流的永恒的自身显示;它们完全是一回事。内时间意识指的就是意识活动的前反思自身觉知,流动的自身觉知本身不是意向活动,不是时间统一体或内在对象(Hua 10：127),而是内在地弥漫于意识的维度。至于有时间界限的意向活动,它们也不能与意识流相分离,因为它们恰恰是意识流本身的反思性的自身显示。亦即,体验活动的绝对之流与由反思所主题化的活动所构成的流并不是两个分离的意识流,而是同一个意识流的两种不同的显示。因而,胡塞尔可以写道:"我们说,我就是在我的生活中的我。这个生活是体验活动(Erleben),生活中通过反思而凸显出来的单个要素可以被称为'体验'(Erlebnisse)",即在这些要素中所经验到的某东西(Ms. C 3 26a)。在内时间意识中,我们既觉知到意识流(前反思自身意识),也觉知到作为主体时间中有界限的时间对象的活动(反思的自身觉知),还觉知到客观时间中的超越对象(意向意识)。

　　胡塞尔把绝对的、构成时间的意识有时说成不可变的当下之形式(作为现时常存的[nunc stans]),有时说成绝对之流(Hua 16：65；10：74,113)。不管采取哪一种,这两种说法最终都想表现出该维度的独一无二的给予方式,所以,无论如何都很明显,我们不仅要避免把绝对之流说成时间对象,也要避免把它解释为由时间上截然有别的活动、阶段或要素所组成的序列。

这个流动的生活的当下并不是我们在别的地方从先验现象学意义上所描述的意识流或体验流。它根本不是形象意义上的"河流",仿佛真正意义上的时间性的(甚至时空性的)整体,仿佛它在其时间延展的统一体中形成连续性的个体存在(在时间形式上具有可区别的片段和阶段的个体)。流动的生活当下是"连续的"流动,而不是独立自存的东西(Auseinander-Sein),它不在时空(世界空间)之中,不是在"内在的"时间延展中的存在;它也不是外在地联结起来的(separation [Außereinander])所谓的相继系列(succession [Nacheinander])——即在所谓真正的时间中的相互分立的相继系列(Ms. C 3 4a)。⑯

内时间意识不能具有经验意义上的时间属性,不能被还原为心灵状态的相继系列。那样的系列不仅无法让我们意识到其他相继系列,它也需要另一个意识来意识到这个系列本身,如此等等;这样,我们无法避免无穷后退(Merleau-Ponty 1945, 483)。胡塞尔写道,我们不能说,构成时间的现象本身是当下呈现的、是延续性的、是相继接替的或一同当下呈现的,等等。简言之,它们不像经验性对象那样是"当下的"、"过去的"或"将来的"(Hua 10∶75, 333, 375-376)。内时间意识是体验场域、显示维度,包含全部三个时间维度。体验场域的结构(原印象-滞留-前摄)并不是在时间上延展

---

⑯ 有关"流动"(das Strömen)与"河流"(der Strom)的进一步区分,见 Ms. B III 9 8a;Ms. C 15 3b;Ms. C 17 63b。梅洛-庞蒂写到,对河流比喻的合理解释不是说时间流逝,而是说它与自身是一体的(Merleau-Ponty 1945, 482)。

的。滞留与前摄并不是相对于原印象的过去和将来,它们也不是在通常的意义上而言同时的。它们与原印象"一起"(together)或"共同"(co-actual)。

总之,对于构成性的时间意识的结构,我们无法通过来源于它所构成的东西的时间概念来充分地把握。因而,在某种意义上,内时间意识是非时间的(Hua 10:112),不过,这仅仅是说,它并不是在时间之内的(intratemporal)。构成时间的意识并不在时间之中,但它也并不仅仅是关于时间的意识;它本身是一种时间性形式(Kern 1975, 40–41; Bernet 1994, 197; Merleau-Ponty 1945, 483; Heidegger 1991, 192)。时间性构成了意识的基本架构。意识固有其时间性;正是作为时间性的,它才以前反思的方式觉知到自身。因而,尽管体验场域既没有时间位置,也没有时间延展,它既不延续,也不消逝,但它不是静态的超时间的(supratemporal)原则,而是具有特定的时间密度、结构和可变宽度的生活涌动(Lebenspuls);或者,以拉尔比的说法,它可以伸展(stretch)(Hua 10:376, 78, 112, 371; 11:392; 15/28; Ms. C 2 11a; Ms. C 7 14a; Held 1966, 116–117; Larrabee 1994, 196)。实际上,伸展的比喻不仅适合于刻画时间性的绽出,还可以用作对纵意向性的描述,因为这避免了对意识流的潜在误导性说法,即把意识流自然化为变动的印象、片段或阶段所组成的序列或系列的说法。

作为绝对的显示维度,内时间意识是呈现(原印象)和退场(滞留-前摄)的绽出统一体。[17] 这使得它能够构成具有时间延续的对象,

---

[17] 芬克把滞留和前摄说成是"清场"或"离场"(Entgegenwärtigung)(Fink 1966, 22)。

也使得它能够（以相当独特的方式）在其伸展中来揭示自身。意识的自身显示有一个时间视域。只有绽出的形式才能使得它成其所是，即生活的当下、流动的自身觉知。只有这种基本架构才能使得时间性的自身觉知、反思和回忆得以可能。

第四节　德里达论滞留

胡塞尔对内时间意识的分析留下了许多悬而未决的问题，不过，我希望有几点已经得到了澄清。首先，胡塞尔认为，对自身觉知之本质的澄清对于现象学而言具有至关重要的意义；其次，他采纳了前反思的时间性的自身觉知概念；再次，他认为自身觉知含有分化的基本架构。

胡塞尔的理论所引起的一个问题涉及纵意向性概念。如果意识的自身显示的发生要借助滞留的样态变换，那么我们以自身觉知的方式所觉知到的，难道不只是刚刚过去的东西吗？意识起先是无意识的吗？唯当保持于滞留之中，它才获得了自身觉知吗？让我稍微扩展下关注面，以便阐明这个问题。

在某种程度上，德里达对澄清自身觉知的贡献可以归功于他对呈现／在场（presence）概念的持续追问。传统形而上学把存在（Being）界定为在场的同一性。在德里达看来，尽管胡塞尔的现象学力求超出在场形而上学的概念框架，但是实际上却从未成功（Derrida 1972a, 187; 1967a, 9），反而始终承诺了这样的观点，即同一要比差异更为基础，邻近要比距离更为原初，在场要优先于任何的不在场和否定性。这一点非常明显，不仅体现于，胡塞尔使用明见性的概念作为真与有效性的标准,将之界定为直观的自身给予;而且还在于,他把先验主体性理解为纯粹的自身呈现,作为清除了一切外在性的纯粹自足的内在性(Derrida 1972a, 37, 61, 207)。

然后,德里达试图证明,所有的意义、存在和显示,包括主体性的自身呈现,远非原初的和简单的,而是一种不可还原的差异化过程的产物,因而总是已经渲染了与他异性的关联。如果这一论证是有效的,那么将会动摇胡塞尔的论证,以及在场形而上学的整个基础(Derrida 1967a, 68, 70)。

德里达断言,胡塞尔把绝对的主体性理解为清除了一切外在性和他异性的自足的内在性,但是,德里达的这一论断是非常有问题的;不过,有意思的是,德里达的批评深受他自己对胡塞尔的阅读的启发。在德里达看来,正是胡塞尔自己的分析,特别是他对内时间意识结构的反思表明了,我们无法谈论当下在场的单纯的自身同一性(Derrida 1967a, 71;见 Costa 1994)。正是胡塞尔对滞留所发挥的作用的研究,引发了对胡塞尔自己的原则之原则(principle of principles)的充分性的严重质疑(Derrida 1967b, 178, 244, 302)。

根据德里达的观点,如果原印象是一种简单的和完全自足的基础和源泉的话,那么,我们就不可能理解滞留与原印象的关系,不可能理解持续的滞留的样态变换。原印象总是已经渲染上了时间密度,而滞留的样态变换也不是接续着原印象的附加物,而是原印象的不可或缺的部分。自身觉知不是简单的、未分化的统一体,其特征具有原初的复杂性,具有历史的传承。当下在场只能借助滞留的样态变换才能向自身显现为当下在场。在场即是差异化;它只有与不在场相互缠结才能成其所是(is)(Derrida 1990, 120, 123, 127)。

> 我们于是立即看到,唯当与非呈现(non-presence)和无知觉(non-perception)、原初记忆和期待(滞留与前摄)持续地复合,知觉到的在场之呈现才能如此这般地显现。这些无知觉既非外在地附加给现实地知觉到的现在,也非偶然地伴随着它;对于在场之可能性而言,它们的参与是不可或缺的和本质性的(Derrida 1967a, 72 [1973, 64])。

这于是表明,我们必须区分纯粹的原印象与现象学的当下——前者只是一种空的先天可能性,一种理论上的极限状况,而后者只有具有内在复杂性才能向自身显现。我们或许可以推测,必须有某种原印象之类的东西,但是我们从不单纯地体验到这种东西。在原印象能够被意识所固定之前,它总是已经成为过去。可被经验到的东西一定不能是瞬时点状的。因而,一切自身觉知的经验都包含着滞留,即不可还原的过去之他异性(alterity of the past)(Derrida 1990, 127-128, 168, 240)。因此,我们必须承认,非呈现在自身觉知中具有一种先验的、即构成性的意义(Derrida 1990, 166; 1967a, 5)。[18]

---

[18] 在《声音与现象》中,德里达还提出了一个略有不同的论证来支持该论断。他论证到,主体性的自身呈现是一种理念形式的呈现(1967a, 5, 60),鉴于理念性须在语言中构成,故此,自身觉知不能脱离于语言:"由于自身意识只能在与对象(自身意识可维持对象的呈现或重复其呈现)的关系中才能显现,它绝非与语言完全无关,亦非先于

更确切地来说，鉴于原印象与滞留的紧密关联，我们必须把自身呈现看作现在与非现在（non-now）之间的原初的差异或交错。意识从不以一种完满的和瞬时的自身呈现的方式而给予，而是穿越现在与非现在的差异而自身呈现给自身。自身觉知因滞留的尾迹（retentional trace）而得以可能。它以非同一性为背景而出现，它为不在场之他异性所缠绕，总是预设了他异化（othering）（Bernet 1994, 216, 235, 283）。用莱维纳斯的话说，主体性的自身显示蕴含着时间性的退行（dephasing）；它是穿越原初断裂的自身呈现（Levinas 1949, 162; 1974, 51）。

一旦承认，在原印象与原滞留所共处的原初性的区域中，有着现在与非现在、知觉与无知觉的连续性，我们就会同意，在瞬时（Augenblick）的自身同一性中有他异的存在，在瞬间（blink of the instant [le clin d'œil de l'instant]）中有着非呈现和非明见性。目光闪烁也有延续，也会眨眼。这种他异性事实上是呈现的条件（Derrida 1967a, 73 [1973, 65]）。

在主体与其自身的绝对同一之中，时间的辩证法构成了先天的他异性。主体在自身与他异的张力中原初地自身显现。

语言之可能性"（Derrida 1967a, 14 [1973, 15]）。于是，在此情况中，非呈现或差异（符号、中介或符号指称）被引入了自身觉知的核心（1967a, 15）。我发觉难以遵循这一思路。尽管，我们或可愿意承认，自身觉知中有非呈现，因而蕴含着时间性与交互主体性的可能性，以及对它们的理解（1967a, 40），但是德里达声称自身觉知是一种理念性，而时间性所包含的非呈现与复杂性具有指引性、符号性的特点，这看上去是没有根据的（1967a, 67）。不涉及符号的自身觉知当然可以具有复杂性。

第五章 自身觉知的时间性

先验交互主体性把超越性置入"自我"的绝对内在的核心；这个论题早已得到提倡。意向意识的客观性的最终基础并不是"我"与自身的亲密性，而是时间与他异；时间与他异这两种存在之形式不可还原为一种本质，它们对于理论主体而言有陌生性（étrangère），总是先于理论主体而构成，而同时也是自身之构成与自身向自身显现之可能性的唯一条件（Derrida 1990, 126-127 [2003, 66]）。

这些反思确实佐证了，对有时间结构的自身觉知与绝对的非关系性的自身等同（self-coincidence）做出调和的困难。但是，它们还带来一些令人感到相当不安的后果。尽管，意识因滞留而可能的自身显示是前反思的和非对象化的，但它总是延迟的（delayed），因为意识并非作为其所是、而是作为其刚刚所曾是向自身显现。因而，主体性的内核中看来有一个盲点，即呈现之场域环绕着一个处在中心的根本不在场：起初，意识是无意识的，它只有通过滞留的样态变换才能随后（nachträglich）获得自身觉知（Bernet 1994, 287-288；1983, 50, 52）。

如果德里达的这些反思意在说明自身觉知之本质的话，它们就面临着第一章和第二章的讨论所呈现出来的一些问题。

首先看来，德里达对原印象与滞留之关系的描述显得有些误导性。尽管我们可以把原印象与滞留的关系刻画为内部差异的问题，但是，严格说来，以"延迟"和"不在场"等字眼来描述它们的关系却是错误的。上文指出，滞留与前摄并不是相对于原印象而言的过去或将来。它们与之"同在"，因而，伸展的意识之自身显示具有完整的原印象-滞留-前摄结构。因此,滞留本身并不是过去或不在场,在滞留中给予的、保持的东西才是过去的或不在场的。然而,涉及纵意向性方面,德里达的描述还是有一些可取之处的。正是在这一语境下,我们尽管明知这样的表述可能有不幸的潜在误导性,但是实际上还是不可避免地要说,意识流的现时阶段保持着它向后沉落的阶段;基于此,我们能够声称,时间性的自身显示的发生贯穿了原初断裂,它包含着过去之他异性。

然而,如果意识的自身显示仅仅在滞留之样态变换之中、并通过后者而发生,那么,这意味着,自身觉知只能是对意识流之刚刚过去阶段的觉知;而意识的起始阶段只有得到滞留的保持才能成为有意识的。但是这又如何与我们所确立的信念相一致,即我们事实上在经验发生之时就觉知到它们?如果不能对照着对当下在场的东西的觉知,我们又怎么能觉知到某些作为过去的东西呢?如果自身呈现只能在滞留与原印象的差异中构成,那么,就没有其他什么东西来解释这一差异了,或者更确切地说,就没有其他什么东西来解释我们对这一差异的经验。这个差异就成了一个没有体验基础的单纯假设。因而,自身觉知最终将变成无意识的差异所产生的结果(Frank 1984, 307, 314, 321-322, 335)。

德里达对滞留之作用的描述未能拓宽自身呈现的场域,反而有从内部破坏自身觉知之可能性的危险。宣称自身觉知并不是自成一类的显现,而是无意识的结构性差异之去中心化的运作(a decentered play)的结果,就要从根本上再次面临反思理论的一切难题。

胡塞尔本人明确意识到这些问题。他预见到了德里达的思路,

尽管他只是偶尔才认真考虑这些(Hua 10∶83),⑲但是,他最终对之加以明确的反对:

> 关于自身构成的体验之开始阶段呢?它也只能基于滞留而给予,并且如果没有随后的滞留它就是"无意识的"吗?我们必须这样来回应:只有当开始阶段以我们说过的方式在其流逝之后,通过滞留与反思(即再生),它才能够成为对象。而如果它只能通过滞留而成为有意识的,那么我们就无法理解,什么使得它能够被称为"现在"。它至多能以否定的方式与其变换了的样态相区分开来,只能被看作不能先于滞留而被意识到的阶段(die keine voranliegende mehr retentional bewußt macht);但是,它之作为有意识的确实可以从肯定的方面来加以刻画。说到"无意识的"内容,它只有事后才能成为有意识的,这是很荒谬的。意识在其每个阶段都必然是有意识。正如滞留阶段意识到其之前阶段,但并不以之作为对象,原初材料(Urdatum)不必成为对象,它就已经是有意识的——尤其是以"现在"这种特定的时间形式(Hua 10∶119 [1991, 123])。

---

⑲ 贝奈特经常指出,胡塞尔对原印象与滞留之关系的描述绝不是一以贯之的。它既包含对在场形而上学的确认,也包含对它的克服(Bernet 1983, 18)。一方面,滞留被解释为对原印象的派生性的样态变换,另一方面,胡塞尔还说,不可能有不含带着滞留与前摄视域的意识,没有滞留就不可能有现在(Hua 11∶337-338),原印象只有得到滞留保持时才是其所是(Ms. L I 15 4a;亦见 Ms. L I 16 12a;Ms. L I 15 22a;Hua 11∶315)。胡塞尔显然也纠结于此,不可否认(可能也难以避免),他有时候采取了一些很成问题的解释。我再举数例。在《观念 II》中,胡塞尔把滞留刻画为对象化的内在知觉(Hua 4∶14);在手稿 L I 15 22a 中,他声称,纵意向性具有间接的本质。

因此，胡塞尔的分析并不意味着承认，意识只有通过滞留才能觉知到自身。胡塞尔明确坚持，滞留的样态变换以印象性的（impressional）（原初的、原生的和直接的）自身显示为前提，这不仅是由于意识就是如此给予的，还因为对无意识内容的滞留是不可能的（Hua 10：119）。滞留所保持的是刚刚显现的内容，而如果没有任何东西显现，那么也就无从保持什么（Hua 10：110-111，119；11：337）。因此，滞留预设了自身觉知。在 P(t) 转变为 $Rp_{(t)}$ 的过程中，自身觉知经历了滞留的样态变换。给予的声音并不仅仅是刚刚发生的，而且还是刚刚被体验到的（Hua10：117）。

通过如上所做的澄清，我们可以对印象性的自身显示与纵意向性的关系给出定论。我们所处理的不是两种独立的和分离的前反思自身觉知，而是对同一种基本现象的两种不同描述。上文提到，胡塞尔以纵意向性一词来指意识的绝对自身显示，而这种自身给予并不仅仅涉及流逝的阶段，而是以直接的印象性的自身显示作为出发点。反过来说，这一印象性的自身显示拓展开，把滞留中的给予囊括进来。胡塞尔写道："在这方面，我们认为，印象性的意识尽可以扩展到仍是活生生的滞留所达致的地方"（Hua 11：138［2001，184］）。

第五节 亨利论感受性

德里达争论说，胡塞尔未能充分认识到他对滞留样态变换的发现所蕴含的意义，然而，我们在亨利的工作中看到了恰恰相反的批评；亨利认为，胡塞尔赋予滞留的作用以过高的重要性。

第五章 自身觉知的时间性

胡塞尔之后的现象学曾经认为，胡塞尔对内在性与超越性之关系的解释有所失衡，即他对外在性（exteriority）的漠视，因而通常致力于纠正这一失衡；但是，亨利却指责胡塞尔，从未能够以一种完全彻底和纯粹的方式揭示主体性的真正内在性（interiority）。所以，在亨利看来，胡塞尔现象学的根本问题并不在于，它在某种程度上仍未能摆脱内在性，而是相反，它总是把外部因素引入对内在性的分析之中。亨利甚至指出，指责胡塞尔倡导一种纯粹在场的哲学完全是荒谬的，因为胡塞尔从未能构想一种脱离了视域性的呈现/在场（Henry 1989, 50）。

亨利把意识看作完全是感受性的，这并不是说，它总是受到感受印象的触发，而是说，它本身的存在就是由它的感受性（impressionality）所构成，即由它的纯粹的和直接的自身显示所构成（Henry 1990, 33-34）。* 如我们上文看到的，胡塞尔有相似的主张。胡塞尔也采用了印象性的/感受性的自身显示的概念，并且宣称，我们以感受到经验的方式意识到经验，在这种意义上，经验就是印象/感受（Hua 10：89, 110-111, 119；11：337；13：25）。尽管

---

* "Impression"在英文、德文和法文中均"印象"与"感受"的含义。该词两个含义之间的细微差异，多少体现了胡塞尔与亨利思想之间的分歧。考虑到胡塞尔在使用该词刻画意识时，蕴含着他异性材料对意识的触发，并且照顾到"Urimpression"一词的翻译（"原印象"），所以，对有关胡塞尔文本的讨论，译者把该词翻译为"印象"。然而，至少在字面的论述中，亨利把意识生活理解为纯粹自身感受性的活动，自身触发是完全绝对内在的，自身意识不能掺杂受他异性材料的触发而产生的印象。故此，对有关亨利文本的讨论，译者把该词翻译为"感受"。不过，还是请读者注意，"印象"与"感受"都是对西文"Impression"的翻译，这里的两个含义也有着内在的关联，印象是有自身感受性者受触发而感受到的，而感受性在本质上也可以被描述为触发及其效果。——译者

胡塞尔确实认识到，感受性是自身显示的基本样式，亨利还是指责他把这种感受性看作在时间之流中构成的显示类型（Henry 1990, 32）。他批评胡塞尔并未把感受性理解为真正地内在的、非视域的和非绽出的自身显示，而是将之作为在内时间意识中的给予，这种给予在根本上束缚于原印象-滞留-前摄的中心绽出结构。而在亨利看来，这种构想摧毁了我们对感受性的正确理解；因为，这意味着，原初的自身显示要以滞留为中介，于是把完全异于其本质的断裂与外在性置入感受性："于是，感受在内时间意识中的绽出给予取代了它在感受性中的自身给予，而关于感受的问题则迷失了方向"（Henry 1990, 49-50［2008, 35］）。了解到这一点，我们也就不会感到奇怪，亨利强烈反对德里达对原印象与滞留之间关系的解释。在亨利看来，断言原印象的自身显示依赖滞留的介入，而主体性只能在时间性的侧显中才得以自身呈现，无异于对主体性的彻底虚无化。亨利当然承认，滞留的双重意向性以绽出的方式发生于内时间意识中，但是，与其他现象学家相反，他并不认为内时间意识是主体性的原初的自身显示；相反，他将之理解为最初的自身对象化（Henry 1990, 107）。实际上，滞留的双重意向性预设了感受性的自身显示，因而感受性才是主体性之自身构成的主要问题。为此，亨利可以指责，传统的现象学过于执着于对先验生活的自身对象化的分析，而忽视了自身显示的真正的基础层面（Henry 1990, 130）。

根据亨利的观点，原初自身显示的维度是非绽出的、非时间性的、非视域性的（Henry 1963, 576, 349）。它是非视域性的，因为这一显示并不预设或蕴含与任何超越者或不在场者的关系。它是

第五章 自身觉知的时间性

非绽出的,意思是,生活着的自我从不跨到回忆或遗忘的一侧来向自身显现,它既非间接的、也不延迟,而是严格意义上直接显现。最终,我们面对的是自身触发,其特征是完全统一的自身粘附与自身等同(Henry 1963,858),这种统一性既不是(由别的东西)构成的,也不延展到前摄与滞留中(Henry 1965,139)。因此,与海德格尔和梅洛-庞蒂不同,亨利认为,自身触发发生于自身时间化之前,而不是时间性的自身设定。山形赖洋(Yamagata)指出,感受性的自身触发的被动性绝不能与滞留的样态变换的被动性混为一谈;后者拓展出了真正内在性所缺失的视域与断裂(Yamagata 1991,183)。实际上,绝对主体性并非变动不居的印象之流,其自身显示也不会因为这个流的流变本质而一再消失和重现。生活的当下总是保持同一,不含有间距或差异:"正是那个从未变化和从未疏离的东西才成为感受;这是生活的本质。生活就像一条湍流海峡,一直在变动;但是,穿过它的变换不定,它作为绝对意义上的生活从不戛然而止。正是这同一个生活、同一个自身体验从不停止体验其自身,它总是绝对的同一者,唯一的同一个自身"(Henry 1990,54[2008,38])。这个保持同一者并不是空洞的和形式性的康德式"我思",而是彻底的和具体的生活之自身触发。当我们的经验推移时,永恒的自身触发既不改变,也不消失(Henry 1990,54)。

亨利并不一以贯之地坚定宣称,主体性的自身显示完全是非时间的;这让问题复杂化了。他承认,自身触发概念并不是静态的、而是动态的概念。作为进行触发与被触发的过程来理解,自身触发并不是对象意义上的严格自身同一性,而是主体的运动(见 Sebbah 1994,252),这一运动最好被描述为主体性的自身时间化。但是,亨利补充说，我们在此面对的仍然是一种独一无二的时间化形式，它是绝对内在的、非绽出的和非视域性的（Henry 1994, 303-304, 310; 1996, 201-202）。我们讨论的是触发的时间性，尽管这看上去卷入了一种永恒的运动和变化，但是没有东西被改变。生活着的自我并不拥有过去、将来或当下。它总是同一个触发着自己的自身。或者，更确切地说，自身无外乎就是这个触发性自身显示的永不改变的运动（Henry 1994, 311）。

尽管德里达与亨利最终都批评胡塞尔的内时间意识理论，他们却都深受其影响。[20] 在一定程度上，对于胡塞尔的一些核心主张，他们甚至比胡塞尔本人做出了更为清楚的表述。然而，同时，他们终究又各自辩护着自己过于激进的立场。因而，我们要考虑的问题是，胡塞尔本人的理论能否避免亨利与德里达的两个极端，为我们提供一个更合理的立场？

我在上文提到了德里达的立场看来要面对的几个问题。毕竟，他的论证包含一个令人费解的张力。一方面，他希望强调原印象与滞留之间的紧密联系与连续性，把它们说成孤立的和分离的则是一种错误的抽象。然而，另一方面，他还试图把滞留描述为与原印象不同的和异质的东西；只有如此，他才能把感受性的自身觉知说成借助滞留之他异性而构成的。

至于亨利，我并不认为，他与胡塞尔的观点之间的差异像亨利自己所认为的那么显著。胡塞尔当然也会接受，感受性的自身显示

---

[20] 无怪乎，亨利在《质料现象学》中把《内时间意识现象学》说成上世纪最为优美的哲学著作（Henry 1990, 31）。

是直接的,而不是间接的或延迟的(Hua 10:111)。他想必也会接受亨利对体验的绝对维度所具有的恒定不变特征的描述。而剩下的关键问题在于,这一显示场域是否具有绽出的结构。胡塞尔说是的,否则,我们就无法说明反思与回忆的可能性;我认为,这一点是正确的。但是,当亨利承认了自身触发具有动态的甚至时间性的本质之后,二人之间的龃龉也大为缓和。[21]

单论原印象,它也不是无意识的;否则,难逃反思理论的桎梏。言及此处,就需要立即说明,单论原印象只是抽象与理论上的极限情况。它从不孤立地给予。生活的当下的具体与完整结构是原印象-滞留-前摄(Hua 11:317,378;Ms. C 3 8b,76a)。这正是前反思自身觉知的结构。它"直接地"作为绽出的整体而给予,而不是渐进的、延迟的或间接的自身展开的过程。前反思自身觉知有内部的差异与结构、原初的复杂性,而说它是间接的或延迟的,则仍然囿于把原印象与滞留看作两个不同的独立要素的构想。我们必须规避关于瞬间的、非时间性的自身觉知的观念,还要拒绝完全碎裂的时间意识的概念,因为那会使得对当下的意识、对意识流整体的意识难以理解(Frank 1990,62-63)。

---

[21] 在第七章中,我会回到构成分歧之真正原因的问题,即造成胡塞尔与亨利在自身显示与他异显示之关系上的观点冲突的问题。

第六章　身体

我们关于自身觉知的分析尚未涉及身体。但是，这一缄默可以接受吗？或者，这是否也表现了一种错误的抽象？我在早些时候提出一个问题，即如何调和第一人称视角与第三人称视角：我自己作为主体的、避匿的维度与作为交互主体可通达的世界中的对象之间有什么关系？我认为，要想破解这一难题，我们必须对身体做出考察，必须回答如下两个问题：我们何时觉知到自己的身体，以及如何觉知它？

我们已经看到，"我"的用法不能为任何物理描述所替代，但这是否意味着，它所表达的自身觉知是无身体的、无形体的主体之自身觉知吗？我们的身体是否仅仅是外在的附属物，抑或，我们的主体性必定是具身的呢？接下来的分析将展示，身体能够以相当不同的方式显现，而自身显示与他异显示之间、自身觉知与对象觉知之间、第一人称视角与第三人称视角之间的关键差异并不对应着传统的心灵与身体之间的区别。身体本身能够以第一人称的方式显现，而对澄清自身觉知的结构与本质而言，对这种身体性的自身显现的研究是不可或缺的部分（Hua 13∶253）。关于身体显现的不同形式的分析不仅会契合和印证前文对前反思的和反思的自身觉知之关系的分析，而且还会进一步深化对这一关系的阐明，为理解我们何以能够向自己显现为世界中的对象、何以能够在公共的世界中与他人互动提供必不可少的洞见。

第一节　知觉的身体

在第四章结尾,我简要提到,胡塞尔揭示前反思自身觉知之本质的努力不仅导向了时间性,还导向了对身体的考察。尽管大家都知道,胡塞尔对意识的意向性结构进行了系统的和全面的分析,他在研究不同类型的意向活动之间的奠基层级时,赋予知觉以优先的地位,但是相对鲜为人知的是,早在1907年的《物与空间》(*Ding und Raum*)的讲稿中,正是伴随着对知觉的更为丰富的分析,胡塞尔就已经在处理身体的构成性作用的问题了。

胡塞尔的知觉分析有个显著特色,即他对(时空中)知觉对象之侧显(adumbrational)给予的思考。对象从不给予其全体,而总是从特定的角度显现。对这一显而易见的寻常事实的细致考察揭示出了若干重要意义,这与理解胡塞尔对身体所赋予的重要性直接相关。

每个视角性的显现总是某物向某人的显现;换句话说,显示总是具有属格和与格。那么,对于理解对象向之给予的主体的本质,对视角性显现的考察能为我们提供什么线索吗?视角性地显现的事物总是有方向地(oriented)显现。这一点是很明显的,因为对象总是从特定的角度、与观察者处于特定距离而呈现。不存在纯之又纯的(pure)视角,也没有无所从来的视角(view from nowhere),只会有具身的(embodied)视角。主体只有作为具身的主体,才能知觉对象,使用工具。对于无身体的精神存在而言,咖啡机显然没有多大用处;听一段舒伯特的弦乐四重奏,当然也是从某视角、某位置来欣赏它,或者在音响前面,或者在楼座,或者在前排,等等。每个视角性的显现都预设了,经验主体本身是在空间中的,而主体只有通过具身化才能具有空间位置(Hua 3:116;4:33;13:239)。胡塞尔论证道,空间对象只能向具身主体显现,只能由具身主体构成。然而,这一论题不仅仅是说,对象的视角性给予预设了身体的存在,而且还预设了一种特殊的**身体性自身觉知**。设想一下,我坐在餐厅里,我想开始吃饭,于是我拿起了叉子。我是如何做到的呢? 为了拿起叉子,我需要知道它相对于我的位置(Perry 1993, 205)。即是说,我关于对象的知觉必定包含一些关于我自己的信息,否则的话,我不能对之采取行动。坐在餐桌边,我看到叉子在(我的)左边,看到餐刀在(我的)右边,看到盘子与酒杯在(我的)前面。每个视角性的显现都意味着,具身知觉者本身作为零点(zero point)共同给予,它是绝对的索引性的"这里",每个显现对象都在与它的关系中得以定向。作为经验的、具身的主体,我是指涉关系的基准点,我的每个和所有知觉对象都与之处于独特关系中。我是中心,围绕这个中心,(以自我为中心的[egocentric])空间在与我的关系中展开(Hua 11:298;4:159;9:392)。于是,胡塞尔宣称,身体性的自身觉知是空间对象之构成的可能性条件,一切涉世的经验都借助具身性而得以可能(Hua 14:540;6:220;4:56;5:124)。① 我们在梅洛-

---

① 诚然,我的知觉对象在视域中的显现(以及所蕴含的呈现与未呈现的方面之间的差异)与我处于中心点的"这里"相关(Hua 4:158);并且,由于任何知觉主体在原则上不能同时既处于"这里"又处于"那里",对象只能在视域中给予。然而,从这种考察

第六章　身体

庞蒂和萨特那里也发现了这种论证（尽管与胡塞尔相比，他们也像海德格尔那样，更加强调原初空间性的实践本质）：

> 知觉场涉及一个中心，这个中心由指涉关系而客观地得到界定，并位于这个围绕着它进行定位的知觉场之中。我们只不过没有看到，这个属于相关的知觉场的结构的中心；我们就是它……因而，我在世界之中，唯因此而实现了世界，而我的在世界之中的自身向自身表明，它是由于它所实现的世界而在世界之中。情况必定如此，因为，除了在世界之中，我的存在别无他途以进入与世界的联系。如果我不在其中，或者世界对于我只是静观沉思的纯粹对象，那么我就不可能实现世界。正相反，我只有沉落于世界之中，世界才存在，我才能超越世界。因而，说我进入了世界，"来到这个世界"，或者有一个世界，或者我有一个身体，这些都是同一回事（Sartre 1943, 365-366 [1956, 317-318]；亦见 Merleau-Ponty 1945, 97; 1964, 177）。②

这些思考有关身体功能作为知觉意向性之可能性的条件，而认识到知觉与行动如何内在地相互交织会把这些反思推向彻底化。

中我们不能得出结论，认为对象的视域性给予仅仅表明了观察者的局限性——并且，我们也知道，胡塞尔拒绝对视域结构的任何人类学解释（见 Sartre 1943, 354）。归根到底，对象的存在论结构（它的超越性与世界属性）决定了，它只能给予某个处于"这里"的主体。胡塞尔在《观念Ⅰ》中宣称，即使是上帝，也必须通过对象的侧显来知觉对象（Hua 3∶351）。

② 有关萨特对身体的分析的启发性讨论，见 Cabestan 1996。

不唯行动预设了知觉,我们的知觉也不是被动的接受,而是主动的探索。身体的作用不仅是作为固定的定向中心,它的运动性(mobility)对知觉实在性的构成至关重要。它不仅仅是我们的视点,还是我们的出发点(Sartre 1943, 374)。吉布森指出,我们以灵动的眼睛来看,眼睛所在的脑袋可以转动,而脑袋又可以随身体移动位置;静止的视点仅仅是流动的视点的极限情况(Gibson 1979, 53, 205)。与此类似,胡塞尔提醒我们注意,身体运动(眼睛的运动、手的触摸、身体的步伐等)对于我们关于空间、空间对象的经验具有重要意义(Hua 11:299)。他最终声称,知觉与运动着的身体的自身感觉与自身触发相依随。一切视觉显现或触觉显现的给予都与动觉或动觉经验相关(Hua 11:14-15; Ms. D 13 I 4a)。当我触摸苹果的表面,苹果的给予结合着手指运动的感觉活动。当我看着鸟儿飞过,飞鸟与眼睛的运动感觉活动一起给予:

> 如果我们现在只关注事物的物质形体方面,那么很明显,它是在看、摸、听的活动中,从视觉、触觉和听觉等方面而呈现于知觉。显然,我们的身体以及相应的"知觉器官"(眼睛、双手、耳朵等)必定参与其中,它们在知觉场中从不缺席。它们在意识中一直发挥非常重要的作用,它们与同属于我的运动能力、即所谓的动觉一起在看、听等活动中发挥作用。所有的动觉、每个"我运动"、"我行动"等都相互结合在一个整全的统一体中,其中动觉上的保持静止也是"我行动"的一种样式。显然,在知觉中显现的任何物体的侧面展现与动觉之间并不是相互并列发生的过程,相反,二者共同作用,侧面之能够具有

第六章 身体

作为物体侧面的存在意义或有效性，乃在于动觉以及动觉-感觉的整体局势——即整体动觉通过施行某个具体动觉而变位出来的动态局势——持续要求它们如此，而它们相应地顺应和充实了这样的要求（Hua 6：108-109［1970，106］）。

在传统上，研究者曾区分了外感受器（exteroceptors）（眼睛、耳朵、鼻子、嘴与皮肤）为我们提供来源于外部的感觉、本体感受器［proprioceptors］——接收来自肌肉、关节与肌腱的刺激、以及内感受器（interoceptors）（内脏器官中的神经末梢）——为我们提供内部器官的感觉。但是重要的是，我们不要把胡塞尔对动觉的分析与感觉生理学或神经生理学中关于本体感受（proprioception）的讨论混为一谈。③ 胡塞尔对动觉经验的生理构造并不感兴趣，无意探讨它是否依赖位于肌肉、肌腱和关节中的接收器。他集中关注的是，与我们的视觉或触觉相比，动觉以一种极为不同的方式参与构成了我们对知觉实在性的意识（Hua 16：161）。

胡塞尔的思考在很多方面都预见了吉布森后来的工作，但起初是为如下的问题所引发：什么让我们把诸多不同的显现作为同一个对象的显现？什么让我们能够在变换的显现的系列中知觉到同一个对象？自不必说，这些显现必定共有某些内在性质。餐桌底部的显现与草垛正面的显现如此不同，以至于难以被作为同一个对象的显现。然而，即便是性质上的契合也只是它们关涉同一个对象的必

---

③ 有关诸如"自传入感觉""肌肉感觉""前庭感觉""本体感觉"和"动觉"等不同术语的讨论，见 Gibson 1982, 164-170。

要条件，而不是充分条件。毕竟，一张纸的正面显现与另一张纸的背面显现很完美地契合，但我们还是把它们把握为两张不同的纸的显现（Hua 16：155）。还有一个必要的条件，即显现要被经验为属于同一个连续体。只有当不同的显现在连续的综合中给予，即它们之间有着平滑的过渡，才能向我们呈现出同一个对象。在胡塞尔看来，这种连续性通过动觉而构成。只有通过身体运动，对象才能在综合统一的显现系列中呈现其自身。

胡塞尔并不仅仅宣称，当我们探查对象时，即当我们寻求更多朝向对象的视角、知觉它的诸多方面的时候，动觉才发挥重要作用；他甚至还断言，每个关于视角性地显现的对象的知觉，包括对一所静止的房子的正面的静态知觉，也预设了动觉的贡献，以及身体性的自身觉知。这不仅是由于房子的正面在我面前显现，它指向我的索引性的"这里"，而且还在于动觉系统与视域意向性的内在关系。

我已经提到，胡塞尔的意向性理论中的一项最为基本的内容涉及意向对象的超越性。某物只有超越了它的实际显现而给予才能作为对象。对象恰恰是能够不只以一种方式显现、不只通过一个活动而给予的东西。严格地说，唯当我们面对同一个对象的多重的不同显现的时候，对象的超越性才得以构成。只有如此，对象才能作为穿越了差异的同一者而显现，才能作为不可还原为它的实际显现的东西。

然而，即使承认对象对于意识活动具有超越性，我们还会面临一个反驳，即我们实际上能够并且确实一下子就经验到对象。如果观看一所房子，我直接将之经验为超越的对象，无需首先转换我朝向它的视角，无需记住刚刚的所见，从而穿越视觉的和时间的侧显，

第六章 身体

建立起它的同一性。这种理解是正确的,不过忽略了视域意向性的固有贡献。每当知觉对象时,我们以视域的方式觉知到它未现的侧面。即便一眼看去,我们也是把对象作为拥有许多共存的侧面的事物而朝向它。当然,或许接下来发现,我们犯了错误,所看到的房子的正面实际上只是幻景、视觉错觉。但是,这种错误的可能性并不影响我们的核心观点,即朝向某个作为对象的东西就是朝向作为超越之物的对象。

那么,这与身体性的自身觉知有什么关系呢?当我观看某东西的时候,伴随着我的不仅仅有对我身体的当下位置的觉知,并且,我拥有一个运动系统,我能够进行运动,形成当下位置的视域,从而影响着我的所见。我刚刚指出,我从特定视角知觉对象的能力预设了,我同时以视域的方式觉知到共存但未现的对象侧面。未现的侧面与呈现的侧面有一种特定的关系。它们都是能够通过我执行特定运动而呈现的侧面。呈现的侧面与我当下的身体位置相关,而未现的侧面全都与我能够采取的位置相关;即它们与我的动觉系统相关。如果我不具有"我能"这种形式的身体性自身觉知的话,那么,我就无法朝向对象的未现的侧面,从而也根本无从知觉到对象。

让我们分析一个知觉对象,来说明胡塞尔的思路。一把扶手椅实际显现的正面与我身体的特定位置相关,而这把椅子的一同被朝向但此刻未现的方面(背面与底部等)的视域与我的动觉视域、即我能够运动的能力相关(Hua 11:15)。未现的方面与意向性的如果–那么的关联(intentional if-then connection)相关。如果我以这种或那种方式来运动,那么,这个或那个方面就将被我看到或触摸到。椅子的背面就是我现在面对的同一把椅子的背面,因为如果我做出某个特定的身体运动,它就可以进入我的视野:"作为空间对象,某对象的所有可能侧显形成了一个系统,这个系统与动觉系统、作为整体的动觉系统相协调,其方式是,'如果'某个动觉进行了,那么与之相应的特定侧显也'必然'运行起来"(Hua 9:390;亦见 Hua 6:164;13:386)。假设我们面对着一个静止对象,如果动觉 K_1 在时间段 t_0-t_1 之间维持着,那么知觉显现 A_1 也保持着。如果在下一个时间段 t_1-t_2,K_1 转变到 K_2,那么知觉显现 A_1 就相应地转换到 A_2。我们因而可以说,K 与 A 之间有着功能上的(但非本质上的)依赖。A_1 的给予并不总是与 K_1 相关,但是 A_1 总是在与某个 K 的相关关系中给予(Hua 16:179-180,269)。因而,胡塞尔认为,知觉包含一种双重运作(double performance)。一方面我们有动觉经验的系列,另一方面是被动觉经验系列的功能所引动的相关知觉显现的序列。尽管动觉经验并不被把握为属于知觉对象的,它们单凭自身并不带来对象的呈现,但是,它们构成了身体性的自身觉知,构成了对象呈现所不可或缺的统一体和构架,借此对象才能以视域的方式或在综合统一的显现系列中呈现自身(Hua 16:159,187-189;11:14-15;4:58,66;6:109)。④

总结一下胡塞尔的观点,知觉意向性所需的运动只有具身的主体才能执行(Hua 16:176)。这里的关键点并不在于我们能够知觉到空

---

④ 胡塞尔对这种相关关系的描述有些摇摆不定,他有时候说动觉与质料性感觉(在此语境中经常是指与事物感性特征相关的感觉[Merkmalsempfindungen]或事物某方面的感觉材料[Aspektdaten])之间的相关关系,有时候说动觉与知觉显现之间的相关关系。我采取后一种说法,因为这更有助于我们从意向相关项方面来解释质料(hyle)。

间中运动的对象,而是我们关于这些对象的知觉本身就是一种运动。⑤

第二节　身体的自身显示

胡塞尔的分析让我们注意到知觉的涉身方面,但是,在上述的介绍中,两个不同的议题或多或少地相互交错。一方面,我们发现了先验论证,证明身体性的自身觉知是知觉意向性中的弥漫的和必要的因素(Hua 4:144;11:13);另一方面,我们发现了揭示身体性自身觉知的确切本质的努力。从现在开始,我们更明确地关注第二个议题,从我们何时觉知到身体的问题转向对我们如何觉知到它的讨论。

亨利指出,对身体的现象学澄清必须从身体的原初给予开始(Henry 1965,79)。但是,当我们知觉到对象的时候,身体到底是如何给予的呢?它是否属于在知觉中呈现的对象之列?当我观看一幕歌剧的时候,在盯着歌唱者的活动之时,我通常并不注意我的头部的转动,在我仔细观察女主角的特征之时,也不会注意到自己目不转睛。当我停止正常观看,来找我的观剧小望远镜的时候,手的运动也处在我的意识焦点之外。当我朝向对象,为之吸引的时候,知觉活动与它在身体中的基础通常悄然经过,把注意力让于知觉对象;即我的身体在它对意向目标的朝向中隐身了(Behnke

---

⑤　总而言之,胡塞尔对空间之构成的分析非常丰富细致,但也高度技术化。到此,我只说明了一些与相对于主体的拟像空间(the subject-relative phantomspace)之构成相关的要素,尚未触及客观空间的构成。有关胡塞尔的这一理论的其他方面的简要讨论,见 Drummond 1979—80。

1984)。这也是一种幸运,如果我们像以关注的方式觉知到对象那样觉知到自己的身体运动,那么身体将过高地索取意识的注意,势必会扰乱我们的日常生活。打乒乓球的时候,我的身体运动并不作为意向对象而给予;我的肢体并不与乒乓球争夺我的注意。如果是那样的话,我会受到严重的阻碍,无法有效地打球。习惯性的动作并不会过高地索取我们的注意,它们在特定程度上是自动的。身体宛如有其自己的生活,而无需任何的监控。但是,自动的活动并不一定是无意识的。⑥ 如果我不加思考地进行运动,这不一定是由于这些动作是机械的或无意的;相反,它们可以是运作着的意向性的构成部分,可以直接地和前反思地自身给予(Henry 1965, 128; Merleau-Ponty 1945, 168)。因而,尽管我的运动或许不作为意向对象而呈现,但是它们并不在任何绝对的意义上缺席。用亨利的话来说,运作的身体与对它的觉知之间没有间距或分离,因为它在自身中并通过自身而给予。因而,我们原初的身体觉知可以被描述为

---

⑥ 只有当我们采纳了一个过度狭隘的意识概念,把意识等同于主题性的对象意识的时候,它们才会是无意识的。相关争议很大程度上在于术语。在《身体图像与身体图式的概念澄清》一文中,加拉格尔论证到,体验者的运作着的身体以一种缄默的、无意识的、前反思的方式运行。不过,他称这种运行为无意识的主要理由是,"它不是呈现给我的意识的意向对象","它无需成为意识的对象才能进行其工作"(Gallagher 1986, 548-551)。在多篇文章中,加拉格尔都强调过,身体图式与身体图像之间有着重要区别(前者是运动潜能、能力与习惯的非主题的、前意识的系统,能够执行运动和维持姿势;后者是对自己的身体的主题性的和意向性意识),并批评许多早期研究者在他们的著作中将二者混为一谈。然而,他自己的身体图式概念看上去也含有歧义。它既包含对在意识的关注之外发生的运动所做的非主题的控制和协调,即一种前反思的身体觉知,也包含完全发生于意识之外的无意识、或更确切地说非意识的生理过程(Gallagher and Cole 1995, 371, 377)。我认为,最好把这两者区分开,而不是把它们都纳入身体图式的概念之下。

第六章 身体

自身感性(self-sensitivity)、自身触发(self-affection)，或感受性的(impressional)自身显示："运动为其自身所知；它并不是为其他东西所知道，比如通过反思的目光，或者朝向它的意向性"(Henry 1965, 80［1975, 58］)。

我们已经论证到，譬如一个叉子的视角性显现同时向我提供了对我自己位置的觉知。当知觉世界的时候，我的身体同时展现为处在世界的中心、却不被知觉到东西，所有对象都面向这个中心(Merleau-Ponty 1945, 97)。当然，除了通过视觉，我们还有其他方式来觉知到自己的身体。通常情况下，我无需观察我的胳膊就可以觉知到它在运动。当我想运动身体来拿起叉子的时候，我可以直接就这么做。我不需要首先确定手的位置，不需要查明它在客观空间中的位置，再对叉子进行定位，然后操纵着手跨过中间的距离。

尤其要重点强调，动觉并不仅仅是对一个身体位置或运动的经验。它是对我的身体位置和运动的经验，通常是对我所执行的运动的经验(Hua 16:158)。即是说，动觉经常包含对自己作为行动者的觉知。这种(能动性的)要素的出场又进一步辩护了身体性的自身感性或自身触发的说法。可以说，我不仅仅是从内部体验到一个特定的身体；我体验到的是作为我自己的行动的身体运动。当然，胡塞尔并不是想说，每一个运动都是我明确地发起和有意地执行的。我关于自己运动的觉知可以划分为三类:(1)我不自觉地运动，或者是由于某人推搡我，或者是因为身体的痉挛抽搐;(2)我有意地控制我的身体运动，比如，我站在跳板上，决定跳水;(3)还有，在绝大多数情况下，我的习惯性的运动在没有我的监控和明确控制的情况下发生。在胡塞尔看来，最后一类运动仍可以划作自由行动。

它们属于"我能"的领域。它们是我应允的运动，我也可以决定阻止它们(Hua 14：447；4：58,152；亦见 Merleau-Ponty 1945,160)。

我们能够感受到自由运动与被迫运动之间的不同，但是，如果没有伴随着动觉的自愿感受(在另一种情况下正是缺失这种感受)的话，我们是无法做到这一点的。事实上，动觉与自愿这两个要素让我们能够分辨出自愿的自身运动，因为我们在这里同时体验到自愿与动觉；而在非自愿的自身运动的情况中，只有动觉经验，而没有对自愿的经验；而在其他物理运动中，既没有体验到自愿，也没有体验到动觉(Hua 16：76；亦见 Stern 1985,80)。[7] 需要明确的是，我关于运动着的异己对象的经验确实包含动觉要素，但是我并非以动觉的方式觉知到运动的对象；相反，我在动觉中觉知到的是我自己的身体，并因而能够知觉到物体的物理运动。如果我们没有能力

---

[7] 我顺便提一下，最近关于婴儿的研究表明，婴儿的运动伴有自愿感受与本体感受，并且由于这些要素，婴儿具有自身能动的经验，让它能够区分自身生发的行动与他人的行动和运动。斯特恩讨论了一个在一对四个月大的连体双胞胎手术分离之前进行的实验。这对双胞胎没有共享器官，各自拥有独立的神经系统，但是以一种面对面的方式相连体。这对双胞胎最后经常会吮吸对方的手指，斯特恩在她们吮吸自己手指和吮吸对方手指的时候，把她们的手指从嘴里拽出来，从而对比她们的抗拒反应。当爱丽丝吮吸自己手指的时候，她的手臂表现出了对拉拽的抗拒，而她的头并没有随着被拉拽的手臂而前倾。而当爱丽丝吮吸贝蒂的手指，贝蒂的手臂被轻轻拽走的时候，无论是爱丽丝的手臂还是贝蒂的手臂都没有抗拒，但是爱丽丝的头却向前倾。因而，当爱丽丝自己的手臂被拽走的时候，爱丽丝试图通过把手臂放回嘴里来继续吮吸。当贝蒂的手臂被移开时，爱丽丝试图以她的头来跟随贝蒂的手臂以便继续吮吸。因此，对于谁的手指属于谁，身体的哪个部分是她可以自主控制的，爱丽丝看上去没有任何混淆。有几次，爱丽丝与贝蒂同时相互吮吸对方的手指。这种情况下，也进行了相同的实验，得到了相同的结果。尽管双胞胎姐妹同时具有吮吸手指和手指被吮吸的经验，她们仍然可以毫不费力地把自身与他人区分开来，斯特恩认为，这对双胞胎能够做出这种区分的原因之一在于，她们具有自愿体验与本体感受反馈的经验(Stern 1985,78-79)。

第六章 身体

区分知觉场中由自己的行动(眼睛、脑袋或身体的运动)所带来的变化与那些不是由自己所引发的变化(鸟的飞行或火柴的燃烧),⑧如果我们没有能力区分对象的变化与位置的变化的话,那么,我们构成对象实在性的能力就会严重受损。⑨

即便习惯性的运动,比如打字、散步,也含有自愿的要素;这点在一些案例中愈发明显,比如当这些行动受阻,或者其他一些不能如愿的情况。更一般地来说,我们通常倾向于把习惯性的或熟练的运动描述为行动(actions),比如"我奋力击球"或"我弹奏了一首贝多芬的奏鸣曲",而不是描述为"胳膊(或手指)改变了空间位置"。在这样的情况中,运动必须在某种程度上是有意识的运动。它们是有目的的(teleological)行动,指向它们的目标对象(Merleau-Ponty 1945,161)。为了理解这些行动,我们不能简单地给出对物理空间中的客观变化的描述,还必须说明行动所发生的生活实况(the lived situation)(Straus 1966,44)。因而,我们的运动展现出

---

⑧ 我们不应该低估物体移动、观察者位移与头部或眼睛运动所引起的光流信息的差异。吉布森写道:"眼睛的运动是一种具体的总体形制的纯粹换位——一方面增加了新的细节,另一方面失去了旧的细节,这种信息通常被如实地载入"(Gibson 1982,168)。物体的移动通常只会引起视野内的部分变化(背景保持稳定),而观察者的运动通常改变整个视野(Gibson 1982,180-193)。

⑨ 有论证指出,除非我们能够再次辨识对象,否则就不可能设想超越对象,即超越于其当下给予的对象,或在没有我的即时经验的情况下能够继续存在的对象。但是,除非我们能够理解不在场的对象的概念,否则就难以区分一个对象被再次辨识的情况与两个性质相同的对象在两个不同场合被知觉的情况。然而,谈论不在场的对象就是谈论可以通过空间位置的变化而呈现的对象,而为了理解这样的事情,我们需要客观空间的概念(Strawson 1959,36-37)。然而,谈论客观空间的前提是能够区分和再次辨识空间中的位置,根据胡塞尔的观点,这种能力植根于动觉。空间中的两个位置能够因其相对于我的位置的不同而区分开来(Hua16:275-276;11:14-15)。

原初性的意向性。原初性的意思是说，这种意向性内在于运动（这个问题并不是简单地把运动解释为有意向的），它是一种特定形式的意向性，是涉身于（bodily engagement）世界，远比在理论态度中所遇到的更为原初和根本（Merleau-Ponty 1945, 444）。

在这点上，我对身体运动的前反思自身显示的论证至少面临着一个明显的反驳。身体是知觉经验之可能性的一个条件。只有以身体之存在为前提，知觉经验才能发生，但这并不等于说身体本身必须被体验到。相反，有人可能会说，只有当观察身体或以其他方式注意它的时候，我们才意识到身体。这一思路可以诉诸如下的思考。通常，对前反思自身觉知之存在的间接论证会诉诸反思的可能性。如果对经验的主题式的、反思的把握是可能的，那么，经验必须已经具有在先的、非主题的前反思自身觉知的特征。然而，当进行习惯性的活动（刷牙、散步、打字、弹琴等），当这些活动发生并流畅运作没有受到打断的时候，我们通常并不能够把经验主题化，也很少能够在事后回想起每一个运动细节。因而，由于我们缺乏这种能力，所以也不能下结论说，运动已经前反思地给予了。这一事实是否会让我们迟疑，甚至迫使我们承认，尽管本体感受确实提供了关于身体的重要的和本质的信息，但是，在大多数情况下，这些信息却以无意识的方式运行？

但是，这种考察真的很中肯吗？尽管，或许难以辨别和以主题的方式离析出我们的每一个运动细节，我们仍然觉知到自己正在做什么。我们能够在给予极小注意的情况下，执行习惯性的活动，但是这并不会使得这些运动是无意识的。当打字的时候，我对手指的运动不加关注，但是不需要低头看我的手，我也当然觉知到它们在移动。假若我的手指突然变得僵直，情况立马不同了。所以，我们可以反问，那个反驳是否混淆了两个不同的描述层次？它想当然地认为，身体是身体各部分的组合而前反思地给予，并且坚持认为，除非我们有能力分辨每一部分的运动，否则无法谈论前反思的身体觉知。但是，真实的情况难道不是，我们的运作着的身体主要是作为不可分割的场域、作为统一体而给予的，而把身体分割并置于空间中的不同部分恰恰是后来的对象化的结果（Merleau-Ponty 1945, 114）？梅洛-庞蒂指出，如果我站在书桌前，双手支撑俯在上面，只有双手承受压力，但是我的整个身体就像彗星尾巴一样随附其上。我并非完全没有觉知到肩膀与后背的着落，只不过它们沉落到了我双手的位置上（Merleau-Ponty 1945, 116, 168）。

运作着的身体以如此根本的和普泛的方式呈现，以至于只有当我们与世界的通畅互动被扰乱时，我们才明确地注意到它，比如通过一些主动的反思（哲学的反思，或者自恋地盯着镜子），或者在疾病、疼痛、疲劳等极端情况中被迫反思自己的身体状况（Gallagher 1986）。在最近关于神经疾病的研究文献中，有若干案例可以说明这一点。萨克斯、科尔和帕拉德都曾描述过一些病例，他们失去了的大部分的肌肉本体感受（Sacks 1990, 43-54; Cole 1991; Cole and Paillard 1995）。当这些病人在紊乱刚刚发病后不久，仍然努力运动肢体或整个身体的时候，他们能够发起运动，但却不能控制运动的肢体的前进方向。如果他们将手伸向某东西，他们的手可能会不听使唤地错过或越过事物，除非注视着自己的手，否则他们的手会不知所措地"乱窜"，甚至可能会"丢失"。即是说，双手不再处于病人自以为它们所处的位置，只有通过注视，它们才能再被找回来。于是,这些病人学会了控制他们的运动,但是也只有通过集中精神注意和持续的视觉监控才能做到。他们要学着依赖视觉本体感受与对肢体运动的视觉知觉的结合,这样才能让他们四处活动;但是,他们对自己的身体的觉知完全变样了。每个个别的运动都必须在注意之下才能进行。即使想要平稳地坐到椅子上,他们也要在持续的注意下才能不坐歪。其中一个病例只有在看着自己的双脚的情况下才能站立,如果她闭上了双眼或者突然处在黑暗之中,那么她就会摔倒。另一病例在走着路打喷嚏的时候,他的精神注意受到干扰,他也会摔倒。身体失去了其自身感性的关键部分,有些病人觉得自己的身体死了,或者不真实了。有一个病人自己说:"我感觉不到我的身体。我感到很奇怪——没有形体。""我感到,我的身体对自己又聋又瞎……它感觉不到自己"(Sacks 1990, 45, 51)。这些病人几乎完全被剥夺了他们的弥漫的、前反思的身体性自身触发或自身感性,而我们在日常生活中把这些看作是如此自然而然的,以至于有时候会倾向于否认其存在。但是,否认其存在无异于宣称,我们全都与萨克斯、科尔和帕拉德所描述的病例一样。

让我再补充几个简单评论,以避免从这样的例子中得出错误的结论,即对空间对象的知觉终归不需要预设动觉经验。首先,吉布森曾指出,本体感受(或动觉)既非依系于某个单一的感官,也不等同于某种特殊的身体感觉。它是全部知觉系统所共有的一种整体性的功能。所有知觉都含有自身感性,所有知觉都涉及对自身与环境的共同知觉(co-perception)。于是,吉布森区分了肌肉、关节、前庭、皮肤、听觉和视觉动觉。对于视觉动觉,他论证到,正是视光信息的流动模式向我们提供了对自己的运动与姿势的觉知:"随着头部的运动,世界不断彰显和隐匿,世界彰显和隐匿的方式恰恰也表明了头部的运动轨迹"(Gibson 1979, 118;亦见 Gibson 1979, 115, 126;1966, 36-37, 200-201)。尽管,共同知觉这一说法多少有些不恰当,暗含着我们对自己进行知觉(而非以前反思方式觉知到自己),但是吉布森的理论为一系列的实验所证实,例如"移动房间的实验"。被试者站在平稳的地板上,但其周围的墙壁却是吊在天花板上的没有底部的小盒子。如果墙壁轻微移动,被试者会摇晃或者摔倒。眼前的墙壁向前方移动,这带来的视光流会给被试者造成印象,让他/她觉得自己向后退却了。而为了补偿明显的摇摆所采取的肌肉调整通常会导致被试者摔倒(Neisser 1988, 37-38)。全景屏幕提供了另一个例子,比如,戴着VR眼镜模拟坐过山车时的体验。其次,尽管科尔与萨克斯所考察的病例缺失了大部分的肌肉本体感受,他们全都通过眼睛运动而进行的有意控制明显获得了本体感受性。如果没有这种最低限度的控制,他们很可能就没有机会通过视觉反馈来监控身体其他部分的运动(Cole 1991, 127-128)。(很遗憾,萨克斯的记录缺失了一些信息。他写道,他的一个病人几乎患有完全的本体感受缺陷[Sacks 1990, 46],但是他没有确定哪个部分还保留着功能。)再次,我们需要强调,这些病人并非天生如此,毫无疑问,他们获得掌控其身体运动的能力,以及仍旧能够知觉空间对象的能力,关键得益于当他们尚具有完整的身体觉知时所获得的能力(Cole 1991, 123, 149)。我们只能推测,如果从出生就缺乏肌肉本体感受,那么他们还能有怎样的能力;不过,黑尔德与海因的一项经典实验提示了一种可能的结论。8对小猫从一出生就在黑暗中饲养,直到8周和12周,这时它们达到了参与如下实验的大小和协调能力。每对小猫都被放在一个装置中，其中一只能够自主运动，而另一只则被固定住，无法自行运动。给予其中的每只小猫以相同的视觉刺激，但是，对自主运动的小猫，视觉变化是它自己运动产生的结果，而对于另一只小猫，视觉变化则是以等效的运动范围而被动地传输给它的。在之后对小猫进行的测试中发现，在每一组小猫中，与能够自主运动的小猫相比，被固定的小猫则在空间知觉与协调能力方面表现出了严重的缺陷（Held and Hein 1963）。

第三节　身体的自身对象化

就身体发挥零点功能、提供对世界的知觉视点而言，身体本身并不被知觉到。萨特甚至用怪异的表述写道（我们稍后还有理由再回到这点），身体不可见地呈现，因为身体是体验的而不是被认识的（Sartre 1943, 372）。我的身体是我面对世界的视角，但它不属于我的视角所朝向的对象之列；否则的话会面临无穷后退（Sartre 1943, 378；Merleau-Ponty 1945, 107）。当胡塞尔说运作着的身体的位置与运动时，这显然不是指空间物体的物理运动，或客观空间中的某个位置（正如时间意识本身不是时间对象）。如果是后面那种情况的话，胡塞尔就犯了范畴错误。在原初意义上，身体从不改变其位置。它总是"这里"，总是位于处境的中心；其他物体相对于身体而变换位置。我的身体的"这里"是绝对的"这里"，与我现在所占据的空间位置相比，它永远不会成为"那里"（Hua 4：158-159；15：265；Merleau-Ponty 1945, 162, 164, 173）。最后，"这里"与"那里"的距离并不是空间度量的问题,因为"这里"并不是客观空间中的点位,而是显示的维度。在原初意义上,即在前反思意识的层面上,身体并不通过视角而给予,我并不作为存在于客观空间之中的空间对象而给予我自己(因此,本体感受也不应被错误地理解为对自己作为物理对象的内省觉知[Hua 13∶240])。否则的话就错失了具身性的现象。

身体及其与意识的关系问题经常被这样的实际操作所搅乱,即身体从一开始就被设定为具有自身规则的特定的物(chose[thing]),能够从外部被界定,而意识则需要通过专属于它的内部直观来达到。事实上,如果通过一系列的反思活动而在其绝对的内在性中来把握"我的"意识之后,我再试图将之与特定的有生命的对象统一起来,这个对象由神经系统、大脑、各种腺体、消化、呼吸、血液循环的器官所构成,这些器官的物质又可以被化学分解为氢、碳、氮、磷等原子,那么,我会遭遇到无法克服的困难。然而,一切的困难都来源于,我要将之与我的意识相统一的并不是我的身体,而是他异(autres[others])的身体。事实上,我刚刚那样描述的身体并不是我的身体,不是自为(pour moi[for me])的身体(Sartre 1943, 350[1956, 303])。

萨特立即指出,我们要小心,对身体(lived body)的理解不要因循外部的生理学视角(不管是我们自己的身体,还是他人的身体),那种视角根源于对躯体(corpse)的解剖学研究(Sartre 1943,

398；亦见 Merleau-Ponty 1945，403）。

体验的身体优先于被知觉的身体。在原初意义上，我并没有任何关于(of)我的身体的意识。我并不知觉它，我就是它(Sartre 1943，355，370-371，376)。然而，这显然不是身体显现的唯一方式。正如有不同类型的自身觉知，也有不同类型的身体觉知。所有这些方式最终都有关于我向自身显现的方式(Sartre 1943，388)。因此，胡塞尔强调了这个重要的区分：(1)前反思的、非主题性的身体觉知，它伴随着所有空间经验，并使之得以可能；(2)关于身体的主题性的意识。我们必须区分运作着的、主体身体(Leib)与主题化的、对象身体(Leibkörper)，并厘清它们之间的奠基-被奠基的关系。我的原初身体觉知并不是一种对象意识，不是以身体作为空间对象的知觉。相反，后者是一种随后的举动，它正如每一种其他的知觉经验一样，依赖前反思地运作的身体觉知，并借此而得以可能："在这里，我们要注意，在所有关于物体的经验中，身体作为运作着的身体(而非单纯物体)而一同被经验到，而当它本身被经验为物体时，它以双重方式被经验到，即这同一个东西既作为被经验到的物体，也作为运作着的身体而被经验到"(Hua 14：57；亦见 Hua 14：457；15：326；9：392)。

一方面是对主题化的身体与运作着的身体之间关系的描述，另一方面是对反思的自身觉知与前反思自身觉知之关系的典型的刻画；这两方面之间的共性清楚地表明了如下结论：身体作为对象的构成并不是由无身的(disincarnated)主体所主动地执行的活动，后者借此而获取一个妥切的载体。我们必须把作为对象而构成的身体理解为身体的自身对象化(self-objectification)。它是由业已具身的主体来实现的。那么,这一转变何时、如何以及为何发生呢?

根据胡塞尔的观点,客观空间的构成与身体的自身对象化之间有着紧密的联系。客观空间就是被构成为独立于我的定向与运动而存在的空间。只有当空间的坐标系不再依赖我的索引性的"这里"时,我经验到的才是客观的空间。然而,只有通过身体的对象化,把它看作对象之列的对象时,它的索引性才能被超越或被悬置;我们在行走时,有穿行(through)空间的经验,就已是这类情况(Hua 14:62)。在这点上,我们看到,胡塞尔的思想中有个越来越突出的论题,即构成活动具有相互性(reciprocity)的特征,进行构成的行动者本身是在构成的过程中被构成的。这可以说明,胡塞尔有时候为何会说,空间、空间对象的构成与自我、身体的自身构成相互依赖,以及他最终为何宣称,世界的构成必然蕴含着进行构成的主体的俗世化(mundanization)与自身对象化(Hua 1:130;5:128;15:546)。[10] 在后面对自身触发与他异触发之关系的讨论中,我还会回到这些问题。

我在前文提到,我的身体原初地作为统一体而给予。只是在随后,动觉系统与身体感觉活动(bodily sensing)才被抽象地分离,被把握为属于特定的身体部分,也只是在这之后,感受活动才定位于身体的部分,我们才遇到手指、双眼、双手等经验活动的子系统(Hua 4:56,155;5:118;15:296;Ms. D 12 III 37a;Ms. D 12 III 15)。[11]

---

[10] 有关胡塞尔对这方面的思考的进一步讨论,见 Zahavi 1996。

[11] 在《身体的哲学与现象学》中,亨利批评了动觉感性的概念,并声称,关键是不要混淆这一被构成的层次与真正原初的身体性的主体性(Henry, 1965, 124-125)。但是,在我看来,亨利自己就未能区分原初的动觉统一体与其随后的定位。

当我触摸桌面，当我的手在上面滑过，我知觉到桌子的硬度、光滑与广延。然而，我也能够转变注意力（进行反思），不再专注于桌子的性质，而是把我触摸的手作为关注的主题，于是，我觉知到按压与运动的感受，它们并不被把握为手的客观性质，但是这些感受仍然定位于我的手上，它们显示了我的手作为体验着的（experienc*ing*）器官的功能（Hua 4∶146；Ms. D 12 III 24）。

当感觉活动定位于身体的某个部分时，动觉也实现了定位。当这发生的时候，当动觉与在知觉中给予的身体的运动相关联起来时，这就有可能对同一个运动作两方面的理解，既是有意志的意向活动，也是空间中的运动。⑫ 由此，我们可以把动觉把握为知觉感官的空间运动在第一人称视角的给予，比如感受着的手指的运动（Hua 15∶279；4∶151）。⑬

重要的是不要误解定位的过程，尤其是考虑到胡塞尔的表述有时候带有危险的歧义。胡塞尔经常写道，对相同的感觉能够以两种不同的方式来把握，即作为感觉（感觉到的东西）（Empfindung［sensed］）与作为感觉活动（Empfindnis［sensing］）。当我触摸到冰凉的桌面，凉的感觉既可以被理解为被触摸的对象的感性性质，也可以被理解为定位于我进行触摸的手中的感觉（Hua 15∶302；

---

⑫ 我们暂时可以这样来说明这两种类型的运动的区别，或者更准确地说，对同一运动的两种不同把握的区别：我们来对比有关做某个手势的视觉经验与感受经验。视觉经验把手进行了对象化，把空间呈现为独立于手势而存在的东西，作为手穿行于其中的东西，而动觉向我们提供的空间经验则不能独立于手势经验。在后一种情况中，空间恰恰是被经验为手的运动场所。

⑬ 在《指称的多样性》中，埃文斯也在努力解决一些相关的问题，他简要地提到了我们把自己定位于客观空间中的能力，即把自己思考为诸对象中之一个对象的能力，与我们把自己的动觉理解为空间中运动的能力之间的关系（Evans 1982, 163）。

13:273；5:12, 118-119, 123；4:146-147)。然而，这种说法可能会暗示，桌子与我的手之间的区别只是两个对象的区别，就像在一幅很有名的两可图片中，相同的线条一会儿被看成高脚杯的形状，一会儿又被看成人脸的轮廓，相同的凉的感觉可以被交替地理解为桌子的性质和手的性质。然而，胡塞尔很清楚，被触摸的对象与进行触摸的手以完全不同的方式显现：感觉活动并不是手的物质性质，而是属于具身的主体性本身的方面。物质对象的性质以侧显的方式构成，但是定位于身体的感觉却并非如此(Hua 4:149-150)。胡塞尔非常恰当地指出，"触摸的感觉并不是像一片片机体组织那样嵌在皮肤之中"(Hua 13:115)。因此，与其说感觉具有双重性，可以用两种不同方式来理解，不如说感觉包含两个极为不同的维度，即感觉活动与被感觉到的东西之间的区分，我们可以分别予以注意。⑭

当我意识到，我的手正在感受着或运动着，我的脚踝在抽动，或者我的背疼，我把感觉活动定位于身体的不同部位。定位本身必须首先被看作是主题化活动(thematization)而不是对身体的实物化(reification)。当我用手触摸桌子，当我把注意力放在触摸活动上，我觉知到正在体验着的感官，而不是作为空间中的对象的肢体。胡塞尔写道，"如果我确实具有它们[被定位的感觉]，这并不是说这

---

⑭ 克莱斯格斯指出："如我们已经看到的，感觉在动觉意识中得以可能，也必然从属于它；感觉本身双重化为被感觉到的东西与感觉活动，它是属于身体觉知的要素，不能与之相分离。然而，身体觉知本身具有意向活动项-意向相关项的双重结构。因此，感觉不能被划归到意向活动项-意向相关项二者中的任一者。相反，我们应该说，被感觉到的感觉(对感性特征的感觉)应该被置于意向相关项一侧，而感觉活动应该被置于(动觉)意识的意向活动项一侧(Claesges 1964, 134-135)。

个物体的内容现在更为丰富了,而是说,它成了身体,它在感觉着"(Hua 4:145 [1989,152])。⑮因而,定位并没有悬置或否定身体的主体性。然而,如果定位切实发生,如果确实有什么东西能够承载感觉活动的定位,那么,这些以视觉或触觉形式显现的身体部分也必须得以构成。因此,与感觉活动的定位同步,视角性地显现的身体外表也在触觉或视觉上构成,比如通过一只手触摸另一只手,或通过眼睛注视着脚等。胡塞尔指出,身体同时也以视角性显现的方式(perspectivally)构成,即作为有广延的物体(res extensa),也作为机体(organization),即作为定位了的知觉器官的综合体(Hua 15:302;14:282)。

胡塞尔明确强调了身体的这种独特的两面性(Hua 9:197;14:414,462;4:145)。我的身体作为内在性给予,作为意志的结构与感觉活动的维度而给予(Hua 14:540;9:391),它也作为在视觉和触觉上显现的外在性而给予。胡塞尔所说的"内在身体性"(Innenleiblichkeit)与"外在身体性"(Aussenleiblichkeit)之间有什么关系呢(Hua 14:337)?在这两种情况中,我面对的都是自己的身体。但是,在视觉和触觉上显现的身体究竟为什么会被经验为我的身体的外在性呢?我们先考察我的一只手触摸另一只手的情况,进行触摸的手(进行体验的感官)有一系列的感觉,这些感觉可以被对象化地把握为被触摸的手(被知觉的感官)的性质,更具体地说是被触摸的手的表面。然而,当我触摸自己的手的时候,被触摸的手不单单作为对象给予,它也感受到自己的触摸,而这种触摸的感

---

⑮ 有关一些相关的观察,见 Henry 1965,170。

觉活动并不作为对象性质而属于被触摸的手,而是作为感觉活动定位于其中(Hua 4:145)。触摸自己的身体与触摸其他事物(无论是无生命的对象,还是他人的身体)之间有根本的差异,前者具有双重感觉。触摸者与被触摸者的关系是可逆的,因为触摸者也在被触摸,而被触摸者也在进行触摸(Hua 14:75;Ms. D 12 III 14)。这种可逆性揭示出,内在性与外在性是同一者的不同显示(Hua 14:75;13:263)。

现在,每个感官一方面通过被触摸、通过运作着的动觉而在触觉中构成,另一方面它本身又作为现实的或潜在的进行触摸的活动而构成,因而,在最为原初的触觉经验中,身体既作为躯体也作为身体而出现,我们总是必然发现,进行触摸的和被触摸的感官共同起作用,并且伴随着总是可能发生的转换,即被触摸者转换成为进行触摸者。当这种转换发生时,一直相契合的双重感觉的组对也发生了转换:原先作为定位于被触摸的 A 感官表面而给予的东西,现在发挥着进行触摸的作用而去触摸 B 感官,而原先在 B 感官中发挥进行触摸作用的东西,现在又因 A 感官而被定位于 B 感官(Hua 15:298)。

胡塞尔强调了身体在触觉上的自身构成的重要性,但是视觉上的自身构成呢?看着自己的一只脚,这并不能算作身体性的自身显现或自身觉知,除非我意识到那是我自己的脚。我是如何意识到的呢?尽管我的身体的视觉显现具有奇怪的异常特征——正如胡塞尔在《观念 II》中写的一段著名的话,身体是"非常不完善地构成的事物"(Hua 4:159［1989,167］);我无法知觉到它的所有方面:我无法围观它,也不能趋近或脱离它,它系统性地对我隐藏着某些部分(Hua 14:77)——然而,我的身体与外部对象的视觉显现并非完全地彻底不同。当我无法感受到自己的手,弄错了是谁的手的时候,我可以看见它,却错误地将之归属给其他人。即是说,我们在视觉上的自身显现并不能免于误识的错误。但是,即便被看见的脚事实上没有正在运动,没有正在进行体验,但是它能够运动和感觉,因而也毫无疑问地揭示出其主体性。我的身体部分,鼻子、眼睛、手、脚等,全都作为同一个整体的部分而给予,这并非由于它们的物质组成,而是因为它们全都为同一个自身所感受到、所运动(Henry 1965,171-172)。换句话说,尽管在视觉或触觉上给予的我的身体外表具有一些与世界中的对象相同的性质,例如广延、重量、柔软、光滑,等等,然而它仍然与这些对象有根本的不同(Hua 4:151-152;16:162)。它被体验为我的,因为身体内在性定位于其中,伴随着它,与之关联(Hua 14:4,328-329)。如果被触摸的手或被看见的脚缺少这一维度,那么它也会缺乏身体性的自身觉知,我也不会再把它体验为我自己,尽管我还是会在习惯上相信它是我的。我们枕着胳膊睡过觉的人都会知道,当我们醒来发现胳膊完全麻木了,那是怎样一种难受和奇怪的感觉。当我们触摸那只胳膊的时候,它无法做出反应,我们觉得像是别人的胳膊。

我再次强调,有关身体的自身显现的这整个讨论从属于对自身觉知之结构与本质的澄清。我们现在能够区分身体性自身觉知的几种不同类型。首先是直接的、未明确界分的、前反思的自身感性;其次是对这种经验的主题化和明确界分,将之定位到身体的各部分，比如左手上。当左手开始探查右手（或脚、鼻子）的时候，我保持着我的前反思身体觉知，但是我还获得了一种新型的间接的、进行对象化的自身觉知。在这种情况中，我们可以说，在身体的不同部分之间发生了身．体．性．的．反．思．（bodily reflection）（Hua 1：128；15：302）。这种主题性的自身觉知具有差异性与外在性特征；身体的个别部分相互有别，而通过暴露于世界的外表，它们又获得了相互接触（Derrida 1967a，88；Bernet 1994，73）。

至此，我们仅仅讨论了身体得以展现其主体性的身体性自身显现的类型。而这并不意味着，一个人不可能把自己的身体把握为单纯的对象。我不仅是我的身体，不仅经历、感受和运动我的身体，我还可以将之作为生理器官的复合体，从理论角度来认识它和描述它。在这里，我们面对的也是一种身体性的自身显现，即我尝试从另一个人的视角去把握我的身体。尽管，从生理学的角度来看，大脑、肾脏等器官属于身体的内部，但是从现象学的视角来看，它们要比我的身体的外表更为异己。

如果要去理解我们如何向自己显现为世界中的对象，即理解我们对自己作为避匿的主体维度（既非心灵对象也非世界中的对象）的觉知，与对自己作为交互主体可通达的世界中的事物的觉知之间的关系，那么，很显然，还需要对外在性的身体性自身显现进行更为细致的澄清。然而，我们目前掌握的概念工具尚不足以做出这种澄清。我到第九章再回到这一议题。

第七章　自身触发与他异触发

在前几章中,我多次以自身触发的概念来谈论前反思自身觉知。或许有人会质疑,单纯概念之间的替换并无实效;不过,接下来,我会努力说明,"自身触发"概念实际上非常适用于描述前反思自身觉知,因为它不仅涵盖了前反思自身觉知的决定性特征的全部范围,而且还能让我们获得新的洞见。同时,我将回到第一部分讨论的一个核心问题:把原生的自身显示描述为排除了所有类型的他异性、差异与断裂的东西是正确的吗?让我介绍下对该问题的几种不同回答,首先是亨利的回答,然后是胡塞尔、萨特与德里达的回答。

第一节　亨利论纯粹内在性

我们已经领略过了亨利关于自身觉知的独特性与根本特征的观点。但是,他对绝对的自身显示的揭示绝不是对先验前提的回溯式演绎,而是对生活的主体性中的现实的、无可争辩的维度的描述。亨利有个最为主要的论断表明了这一点,他宣称,主体性的自身显示是直接的、非对象化的和被动的发生,因而将之描述为自身触发最为恰当(Henry 1963, 288-292, 301)。①

---

① 为了强调被构成的对象的显现与构成性的主体性的自身显现之间的原则性差

第七章　自身触发与他异触发

当谈论触发的时候，最重要的是不要混淆了他异触发(hetero-affection)与自身触发的概念。前者表示的是异己的对象的给予或原型-对象(proto-object)的预先给予(pre-givenness)，而后者是自身显示，即没有对象、没有外在性、没有给予与所给予之物的区别的情况。因而，我们应该注意，不要按照康德的观点把自身触发理解为"内感官"(inner sense)，亨利写道，那样做最终无异于否定它作为自身觉知的资格。外部触发是感官与外部刺激之间的关系，蕴含着二者之间的差异。而如果内部触发能给我们提供自身觉知，如果它是一种自身触发，那么它就不能包含类似于外部触发中的差异。

在内部经验的情况中，内感官具有直观能力。但是内感官实际上是一种感官，而根据康德本人的观点，感官总是意味着被异己的内容所触发。因而，呈现给内感官的在原则上是某种相异的东西，它是作为他异性的维度，某种非自我。因此，自身性(ipséité)如何能够产生，如何能够在这种彻底的他异性维度中形成？自我如何能够在这种非自我之中向我们呈现自身？直观的结构先天排除了对自我进行直观的可能性(Henry 1966, 12 [1969, 99])。[②]

异，亨利经常避免谈论自身显现或自身构成。他使用诸如"自身触发""自身显示"甚至"揭示"(revelation)等术语作为替代(Henry 1965, 98)。最后一种说法随后也为马里翁所采用，他在论文"饱和的现象"中论证到，我们可以把自足的、无条件的和非视域性的显示描述为揭示(Marion 1996, 120)。

② 在《纯粹理性批判》中，康德论证到，一切经验性知识都预设了直观，而一切直观都预设了触发。如果想要获得经验性的自身知识，那么我们必须处在与自己的被

对自己进行触发与被自己所触发是自身触发的应有之义。自身触发是直接的，不涉及差异、距离，或者触发者与被触发者之间的中介。鉴于主体性的自身显示具有的这种统一的自身粘附与自身等同的独特性，鉴于它从不经由世界而是直接地给予自身，亨利将之刻画为无世界的（acosmic）和单子式的（monadic）内在性（Henry 1990, 166；1966, 33；1963, 858）。

我们可以回想一下能够支持亨利的论述的一个理由，经验本质上具有主体"感受"（feel）的特征，即某种特定的"像是什么"的性质，或者说，拥有某些经验会"感受到"像是什么。当有意识的时候，我"感受到"我的经验，即觉知到拥有它时像是什么。这种"感受"经验的方式并不预设任何感官或高阶意向活动的介入，而是直接的、即时的自身触发（Henry 1963, 578, 580, 590）。疼痛、窘迫、快乐或倔强就是（自身）觉知到它们。可以说，这既是一种存在的方式，也是一种觉知的方式。这些经验在自身中给予、通过自身给予、向自身给予（Henry 1990, 22）。

> 触发在其整体性中揭示了绝对性，因为它就是与自身的完美粘附，与自身的等同，因为它就是在其彻底内在性的绝对统一之中的存在的自身触发。在它彻底内在性的绝对统一中，存在触发自身、体验自身，其方式是，在其中的东西没有不触发

动关系之中，从内部被触发，因此，康德谈到了内感官，并声称，当我们的心灵状态给予内感官时，我们触发自己。然而，这种自身触发与其说是一个提供新的感性材料的问题，不如说是把我们的心灵状态置入或设定到时间之中的问题。因而，康德可以否认，通过自身触发所获得的自身知识能让我们认识到我们自在地是怎样的。它仅仅让我们认识到，我们如何在时间中向自己显现（Kant 1971, B 68–69, B 153–156）。

第七章 自身触发与他异触发 *181*

它的,没有不为之体验到的,没有超越了其自身内在体验的内容参与构成它。感受(sentiment[feeling])自身呈现为在其存在的所有方面感受它自身(sentir à lui-même[sensing itself]),这也正是感受之所是,其透明性(transparence[transparency])也正是在于此(Henry 1963, 858-859[1973, 682])。

根据迪尔特·亨利希的观点,原初的自身亲知不是一种行为活动,而是非关系性的发生(occurrence)。在亨利这里,我们遇见了非常相似的观点,他也宣称,自身触发无关乎自身自发性(self-spontaneity),而是一种根本的和彻底的被动性(passivity)。自身触发是给予的状态;它不是某人所主动发起或控制的,而是我们无法拒绝、否定或躲避的。我向自己给予自己,但我并不是这种馈赠的发起者。换种方式来说,有自身觉知就是发现自己处于无法逃避或超出的状态。这就是处身于其中(situated)(Henry 1963, 299-300, 422, 585;1994, 305)。③

> 在其原初的存在论的被动性中,自我与其自身的关系关涉(à l'égard de)自身,它与自身的统一性是在彻底的内在性领域中的绝对统一性,与其生活的自身(soi de la vie)的统一性,使其自身既不出离也不碎裂(Henry 1963, 854[1973, 679])。

存在之不完全向自身呈现的不可能性、打破将之束缚于

---

③ 莱维纳斯指出,我的个体性不是有关我自己的选择或行动的问题。它不是自由的自身反思、自身显示或自身触发的产物。它是作为不匹配的和无理由的优待而给予的(Levinas, 1974, 95, 147, 168, 180, 201;1991b, 37-39)。

其自身的关联的不可能性、断开与其自身的关联和出离自身而存在的不可能性，所依系的结构就是非自由(non-liberté [non-freedom])(Henry 1963, 363 [1973, 291-292]；亦见 Henry 1963, 371)。

一些现象学家(我们马上就会看到是哪些)曾经宣称，主体性的自身显示必然蕴含自身异化或自身超越，主体性只有在成为对自身而言的他者(another to itself)的时候才能向自身显示自身。纯粹的主体性曾被认为是如此地不确定，以至于除非借助对象来规定主体性，否则，对它而言自身觉知是不可能的。即是说，纯粹主体的存在曾被认为是非常抽象的，因此它需要限定、阻抗、彻底的他异性才能为自己而存在。因此，自身呈现的本质曾被描述为自身异化，内在性也曾被通过彻底的外在性来界定。有人曾经宣称，分裂、分离与对立是所有类型的显示包括自身显示的结构性要素。换句话说，曾有人宣称，主体性的本质(其可能性的条件)是他异性(Henry 1963, 86-87, 95-96, 138, 143, 262)。

对亨利而言，如上的整个进路从根本上就是错误的。主体性是绝对的，即它在其彻底的内在性中是非关系的、完全自足的。它是内在的，即它的自身显示无需出离自身，无需产生或预设任何断裂或他异性(Henry 1990, 72)。④ 因此，亨利坚持认为，主体性的原初

---

④ 亨利的观点与克劳沃恩在《自我的存在论》中的一些论断有惊人的相似。略举数例；克劳沃恩谈到了自我维度的第一人称自主性。自我维度在自身中通过自身而给予；它在这一意义上是自足的，因而与其他东西无关，或并不依赖其他东西(Klawonn 1991, 79, 154)。我们必须依照它自己的单纯本质，独立于任何类型的二元性和关系，

第七章　自身触发与他异触发

自身显示排除了所有类型的断裂、分离、他异性、差异、外在性与对立:"消除他异性恰恰就是在本质上消除异己因素,消除那些掩盖了本质、让我们看不清真相的因素"(Henry 1963, 351 [1973, 282];亦见 Henry 1963, 352, 377, 419);他还说,我们无论如何不能把它理解为一种关系——这让人联想到海德堡学派的立场(Henry 1963, 58, 396;1990, 111)。主体性的自身揭示并不蕴含任何关系,因为彻底的内在性中不容许有关系性,这种内在性完全为自身显示所充斥,排斥了那种必然伴随着一切断裂或内在间距的空乏(Kühn 1994, 46)。"这种原初显示的内在结构中不包含任何的外在、分离与绽出(Ek-statis)。它的现象学实存是不可见性。从古希腊以来哲学所使用的任何范畴都完全不适用于它"(Henry 1990, 7 [2008, 2])。

尽管亨利主要关注的是主体性的自身触发与自身显示,但是,他并没有否认他异触发与他异显示的明显存在。不过,他宣称,认为他异触发是两个实存物之间的无意识的关系则是荒谬的:一张床不能被一只枕头所触发。他异显示所说的无非就是某事物向某人显示它本身;他异触发所说的也无非是某事物触发某人。这里谈论的是一些关系,这些关系预设了主体自身是其中一个关系项。只有(自身触发和自身显示的)自身才能被其他东西所触发。我们唯有已经给予了自己,才能为世界所触发(Henry 1963, 584, 598-599, 613)。我只有具有自身觉知,我只有觉知到对象由之而得以显现的

来理解它的自身给予(Klawonn, 1991, 117-118)。同样,克劳沃恩还论证到,原初呈现的领域独立于任何时间偏差(Klawonn, 1991, 256)。

经验，才能遇见显现的对象。因而，亨利承认他异触发的存在，只是这种触发预设了自身触发，而不能用以解释自身触发或作为它的基础 (Henry 1963, 576；亦见 Heidegger 1991, 189-190)。

以更一般的说法，亨利宣称，意向性预设了自身觉知，超越性的活动预设了纯粹内在性的绝对自身等同：

> 这种活动 (acte [act]) 表现为独立于其向前的运动、独立于将自身抛掷出自身的运动，它在自身中揭示自身，这种"在自身中"(en lui-même [in itself]) 的方式意味着：不超出自身、不出离自身。这种不超出自身、不将自身投掷出自身，而是处在自身中不超脱、出离自身，在本质上就是内在性。内在性是一种原初的样态，借此超越性本身的揭示得以实现，而揭示的原初本质也得以实现 (Henry 1963, 279-280 [1973, 227])。

如果意向活动已经对自身有所亲知，但其自身显示本身又不是知觉、或意向、或超越性运动，那么它作为意向性的就只能关联于其他的东西。亨利把萨特的论证翻转过来，他坚持认为，对象之所以不能关联于他物的原因并不在于它过于自足或自身同一，而在于它没有真正的内在性。实存之物并不具有自身显示的内在性，因而无法超越它们自身 (Henry 1963, 195, 259, 319, 323, 328)。在此基础上，亨利可以宣称："自身显示是显示之本质" (Henry 1963, 173 [1973, 143]；亦见 Henry 1963, 168-169)。

我的上述介绍容易给人一种印象，亨利对自身显示的理解排除了所有的中介、复杂性与他异性。这在某种程度上是正确的，但是，我们仍然能够发现一些段落挑战了，或者说修正了这种看法。

首先，亨利承认，绝对的主体性确实超越自身而朝向世界。归根到底，绝对的主体性无外乎超越性活动的内在的与非绽出的自身揭示。换句话说，亨利确实承认，我们对主体性的分析发现了存在论上的二元性（dualism）：在一切经验之中，异于主体性本身的东西给予绝对的主体性。这就是显现的它者、非自我："当然，主体性总是生活在超越性存在的呈现中"（Henry 1965, 259 [1975, 187]；亦见 Henry 1965, 99）。谈论存在论上的二元性，区分纯粹内在性与纯粹外在性，绝不意味着接受传统的笛卡尔式的二元论。这只是坚持主体性的绝对维度的存在，没有它的话，一切他异显示都不可能（Henry 1965, 162）。[5]

其次，我在第五章中已经指出，亨利甚至倾向于承认，自我的生活具有某种复杂性与多样性："当我们说自我的绝对生活的统一性的时候，我们绝不是想说，这个生活是单调的；它实际上是无限多样的，自我不是封闭在它的单调重复中的纯粹逻辑主体；它正是无限生活的存在，在其多样性中保持为同一个自我"（Henry 1965, 127 [1975, 92]）。与海德格尔和梅洛-庞蒂形成鲜明对比，亨利并不把自身触发理解为时间化的绽出过程，但是他的确承认，自身触发的概念是动态的、绝不是静态的概念。自身触发被理解为进行触发和被触发的过程，这并不是对象意义上的严格的自身同一性，而

---

[5] 鉴于自我不能被理解为实存之物，自我与非自我之间的差异并不是实存意义上的，而是存在论上的差异（Henry 1965, 51, 163）。正是由于这个原因，意向性与自身觉知（超越性与内在性）是兼容的，而不是相互排斥的选项。

是主体的运动，它最好被描述为主体性之内在的、非视域的和非绽出的自身时间化。我们所面对的是触发的时间性，即使它看上去涉及永恒的运动和变化，但是没有什么发生改变。实际上，把绝对的主体性刻画为意识流是错误的。没有流动，没有改变，总是同一个生活的当下，它没有距离和差异（Henry 1990, 54; 1994, 311）。

这些校正或者修改是否足够呢？我已经指出，亨利与亨利希之间有明显的相似性。最终，亨利的立场看来与海德堡学派的立场有一些相同的力量和弱点。亨利无疑是现象学家，他最关心的是自身显示的问题。他对其现象学意义的阐明在概念上非常清晰，这是亨利的独特贡献。然而，他对这个主题的强烈的（近乎执着）的关注也容易为他招来了那些指向海德堡学派的批评。亨利采纳了绝对自足的、非绽出的、非关系的自身显示的概念，但是他从未提供令人信服的解释来说明，在本质上具有这种完全的自身呈现特征的主体性如何能够同时拥有内在的时间结构？它如何能够同时意向性地朝向与自身有别的东西？它如何能够认出其他的主体（如果它是通过完全独特的自身呈现而亲知主体性的话）？它如何能拥有身体的外在性？最后，它如何引发出现于反思中的自身分裂？总之，他的分析仍有缺陷，仍然未能充分考虑自身显示与他异显示之间的交互作用。

第二节　胡塞尔论自身觉知与触发

我在第五章和第六章中论证过，胡塞尔关于自身触发的讨论主要见于他对时间性与具身性的分析之中。然而，胡塞尔不仅认

第七章　自身触发与他异触发　　*187*

为，自身触发的概念适用于对前反思自身觉知的描述，而且还认为，这一概念还有关于对反思的自身觉知与前反思自身觉知之关系的理解。

反思的自身觉知经常被认为是主题性的自身觉知，它的发起通常是为了把原生的意向活动纳入关注之下。然而，为了解释反思的发生，要揭露出的和主题化的活动必须是（非主题地）有意识的；否则的话，就无从引发和唤起反思活动。这一论证确认了反思之被奠基的地位：它预设了前反思自身觉知。然而，这还需要对引发反思的过程本身进行恰当的分析。

胡塞尔对意向性的总体分析蕴含着主动性与被动性之间的重要区别。我们很容易发现一些主体主动地采取立场的活动，主体在这些活动中进行比较、区分、判断、评价、希望、欲求什么。然而，胡塞尔指出，每当主体主动活动的时候，它也有被动的方面，因为主动就意味着是对什么做出回应（Hua 4：213，337；Ms. E III 2 12b）。一切主动的采取立场都预设了在此之前的触发："所有的'我做'（I-do）都是我与我所意识到的东西的关系。我必须已经意识到什么，才能转向它，没有这种转向（Zuwendung），也就不会采取与该事物有关的行动。转向预设了触发，而只有意识到了的东西才能进行触发，才能对'我'施加或多或少的'吸引力'（Reiz）"（Hua 14：44）。

跟随胡塞尔的进一步分析，我们会看到，他区分了接受性（receptivity）与触发性（affectivity）。他把接受性看作是初始的、最低的和最基本的意向主动活动的类型，包括对被动地触发我们的东西做出回应或予以关注。因而，即使我们把接受性理解为单纯的

"我注意",它也预设了在先的触发。它也预设了,现在被主题化的东西已经触发了和刺激了此前未曾生发注意的自我(Hua 11: 84, 64; Husserl 1985, 81-83; Holenstein 1971, 196)。自我为某东西所触发之际,尚未有对象呈现,而是受到邀请,把注意力朝向施加触发的东西。如果这个东西成功地唤起了对它的注意,触发之物便给予我们,但是,当它尚未被注意的时候,它仍然只是预先给予(pregiven)(Hua 11: 162)。

这一分析与我们当前讨论的话题的关系显而易见。反思并不是独立的、自成一类的(sui generis)活动。它并不凭空产生,正如主体发起的所有活动、所有意向性的主动活动一样,它预设了引发(motivation)。被引发就意味着为某东西所触发、然后对之做出回应(Hua 4: 217)。引发反思的是在先的自身触发。我能够把自己主题化,是由于我已经是被动地自身觉知的。我能够把握自己,是由于我已经为自己所触发(Hua 6: 111; 15: 120, 78)。

> 每当反思的时候,我发现自己与某东西"相关",它或者是被触发的体验,或者是主动的活动。我所相关的东西在经验中是有意识的——它对于我总是已经作为"体验",借此我才能与之相关(Hua Mat 8: 196)。

> 唯其[自我]是一直以被动的方式在一定程度上"预先给予"的自身显现者(尽管不是以侧显的方式呈现的东西),它才能被主动地把握、真正地给予、被思考、被认识、在实践上成为反思地自我期许的主题、伦理上的自我革新的主题,等等

(Hua 14：275)。⑥

当反思开始的时候，它最初所把握的东西就是刚刚流经的东西，即引发反思的前反思经验阶段。我仍为不再处于当下的东西所触发，我因此而有可能对触发做出回应，把经验的正在向后沉入的阶段纳入主题性的考察。

正像我早先说过的，当我们说触发的时候，切记不要混淆了两个触发概念：自身触发与他异触发。我们刚刚讨论了前者，那么关于后者呢？胡塞尔经常明确表示，具体的自我无法独立于异己的东西而被思考（Hua 14：14）。他在意向性理论中就已经阐明了这一点：

> 意向关系（正是意识与意识对象的关系）的本质在原则上意味着，意识、即每个我思活动（cogitatio），都是关于非其自身之物的意识（Hua 13：170；亦 Hua 14：51；13：92）。

> 脱离了与自我意向性地相关的非我（Nicht-Ich），自我就是不可设想的（Hua 14：244）。

然而，与想当然相反，原初的触发并不是由对象所施加的。成为对象，就是要给予（并且，不仅仅是预先给予），就要具有超越于意识活动的同一性。但是，在充分完整的对象得以构成之前，就已经有

---

⑥ 因此，胡塞尔还提醒注意见于良知现象中的特殊类型的反思（Hua 8：105）。

前实存的（pre-ontical）统一体施加了吸引力，即由呈现于原印象的质料素材（hyletic data）所施加的吸引力。这些素材是最为原始类型的预先给予的材料，所有的自我论意义上的主动性都预设了它们（Hua 11∶150；4∶214；11∶168；Ms. E III 3 3a；Ms. E III 2 22b）。胡塞尔写道：

> 自我的主动性预设了被动性——自我的被动性，而这二者又都预设了最终的质料基底形式上的联想与前意识（Vorbewußtsein）（Ms. C 3 41b-42a）。

> "印象"一词仅适用于原初的感觉；这一词恰当地表达出了自身原初地"在那里"的东西，即预先给予我的东西，以作为异己的（ichfremd）触发之物的方式呈现给我的东西（Hua 4∶336［1989，348］）。⑦

> ·意识无法脱离印象。当某内容延续的时候，从 a 转入 xa′，又从 xa′ 转入 yx′a″，等等。意识本身所产生出的仅仅是从 a 到 a′，从 xa′ 到 x′a″ 的过程；而 a, x, y 并不是由意识所产生出来的。这些是原产物（Urgezeugte），是"新的东西"，作为异于意识的（bewußtseinsfremd）东西产生，为意识所接受，与之相对的是

---

⑦ 然而，胡塞尔也指出，虽然所有的意向主动性都需要触发，但不必然是感性触发。触发还可以来自"第二感性"（sekundäre Sinnlichkeit），即来自通过积淀的过程所获得的习惯、倾向、联想等的整个复合体（Hua 4∶337）。

通过真正的意识的自发性所产生的东西。然而,意识的自发性的特性并不是创造"新的东西",而是促进这些原产物的生长与发展(Hua 10:100 [1991, 106])。

胡塞尔认识到,每个构成活动都蕴含和预设了事实性(facticity)的要素、原初质料性事实的触发(Hua 15:385;11:164);这一点影响甚远,显然有助于澄清自身觉知与他异性的关系、自身触发与他异触发的关系。特别是鉴于胡塞尔经常把质料作为一种他异性:

> 在内在性之中的最初的"异己之物"(Ichfremde)、预先给予纯粹自我的、触发自我的……即是质料性的东西(Hyletische)(Ms. E III 2 22a;亦见 Ms. C 6 4b)。

> 于是,我们必须说,具体的自我在其作为意识生活的生活之中一直有个质料内核、非自我但本质上属于自我的内核。没有预先给予的领域,没有作为非自我而被构成的统一体的领域,自我就是不可能的(Hua 14:379)。⑧

胡塞尔在此明确说,主体性依赖他异性,渗透着他异性。然而,

---

⑧ 胡塞尔之所以把质料说成被构成的统一体(而不是所有构成都预设的材料)是由于,这一术语有时候可以进行扩展,从而包含任何能够提供材料以让我们把握的东西,涵盖范围从感觉到世界本身。正是在这一语境之下,胡塞尔区分了原质料(Urhyle)与后续形式的质料,正如他也区分了原触发(Uraffektion)与后续形式的触发(Ms. C 3 62a;Ms. C 6 4b5a;Ms. C 16 46b)。

对质料的这种刻画如何与胡塞尔对质料作为内在内容的更出名的描述相契合,他将之描述为经验的实项(reell)成分,只有经过对象化的把握才能获得意向指向性(Hua 3:192)？对此,胡塞尔经常受到批评,因为他采用了无形式的、无意义的、非意向性的感觉材料的概念;有人声称,这一概念只不过表明,胡塞尔借用了英国经验论的感觉论,而不是取自真正的现象学分析。这一批评在某种程度上是合理的,但是并不全面。胡塞尔的质料性感觉(hyletic sensation)的概念是出了名的含混,在他一生的思想中有所变化。正如"侧显""显现"等用语,这一词既能在意向活动方面,也能在意向相关项方面来加以解释。当我们说感觉的时候,既可以指感觉活动的过程,又可以指感觉到的东西。不言自明,我们是以之来说自己的感性中的印象片段,还是以之来说某个超越之物的感性呈现,这是显然不同的(Sokolowski 1974, 91; Hua 5:10-11; 16:148)。胡塞尔在《逻辑研究》中声称,被感觉到的东西与感觉活动之间没有区别,但他后来放弃了这一观点(Hua 19:362;对照 Hua 10:127, 333-334),这就为从意向相关项方面来解释质料留下了余地。这让胡塞尔能够有理由说"在扩展了的意义上,质料可以作为世界一侧在印象上或知觉上的显现"(Ms. C 3 62a)。我们可以简要参考胡塞尔对触发与动觉的分析来支持这种解释,这也说明,胡塞尔最终(特别是在发生现象学中)把质料看作具有内在意义的(Holenstein 1972, 86-117; Franck 1984, 138; Depraz 1995, 255; Sokolowski 1970, 210-211)。

我们已经提到,胡塞尔讨论了质料性的触发。然而,这种触发不是由孤立的、未分化的、无意义的材料所施加的触发。如果某东

第七章 自身触发与他异触发

西要触发我们、施加它的影响、唤起我们的注意，它必须有足够的强度。它要比周围环境更为显眼，它必须以某种对比、异质和差异的方式凸显出来，才能迫使我们注意它（Hua 11∶149-151；Husserl 1985, 80；Ms. B III 9 18a）。而胡塞尔说，"凸显（Abhebung）进行触发，借此，自我以特定方式关联着整个场域；突出之物与其背景相对比而凸显"（Ms. D 10 IV 11；亦见 Hua 11∶138）。归根到底，孤立的质料性的触发只是一种抽象的说法。触发总是由某个作为整体布局（configuration）之部分的东西所施加的触发，总是从被动地组织起来的结构场中发出来的触发。用米沙拉的话来说：

> 并不是刺激本身，而是它相对于任意给定时刻在场域中呈现的其他质料性的刺激而具有的"相对"强度，规定了它施加于自我的吸引力的量度……"触发"综合是那些作为凸显结构的顶点而"穿破"形态体表（topological surface）从而到达意识的综合。"前触发"（preaffective）综合是那些在任何特定时候都没有"穿透到"自我觉知（egoic awareness）的综合。它们形成了相对于更为突出之物的"凸起的显著性"（凸显）而言的谷地和背景（Mishara 1990, 38-39；亦见 Schües 1998）。

字母"A"如果是单独写在一张白纸上就会凸显出来，而如果出现在一份满是字母的报纸中则不会。如果被某些异常的东西所触发，我们的注意力会被快速唤起，比如用胡塞尔的例子，一位女士房间中的汽油味（Ms. C 16 42a）。当然，如果质料的触发力度部分地依赖它与周围环境的区别，那么，质料材料不能是未分化的，因为杂多的无意义的材料之间是不可能建立起对比的。

正如贝特森写道,信息是一种制造出差异的差异(Bateson 1972,453)。而某东西是否产生出差异,经常并不仅仅由于其内在性质,还在于它与我们当前的兴趣的关系——兴趣又在很大程度上受先前经验的影响。因此,在《交互主体性现象学》(第三卷)中,胡塞尔区分了三种不同类型的触发。一、某些东西由于正中我现实的兴趣而能吸引我注意。如果我正在校读一篇文本,寻找印刷错误,我要比单纯浏览文本更能注意到其中的错误文字。二、有些东西由于与我过去的经验有关而吸引我注意。如果我曾经因吃了自制的寿司而导致严重食物中毒,或者我正在一家日本餐馆做厨师,那么我会更为注意生鱼的品质。三、有些东西,比如爆炸,可以就是由于其本身势不可挡的、突兀的特征而吸引了我的注意(Hua 15：54-55)。

胡塞尔对身体的研究清楚表明,我们必须区分两种非常不同类型的感觉。一种是必须在意向活动项方面来理解的动觉。它们构成了身体性的自身觉知,并不指涉任何对象。另一种是质料感觉,胡塞尔有时候也称其为特征性感觉(Merkmalsempfindungen)或侧面感觉材料(Aspektdata),它们可以从意向相关项方面来理解。它们并不是无形式的、无意义的,总是浸透了意义,在与动觉场的关联中构型。⑨ 胡塞尔把质料感觉划归为非自我论的,把动觉划归为

---

⑨ 因此,胡塞尔可以写到,纯粹被动的感觉世界的说法是一种抽象。只有关联着主动的动觉,才能够理解它们(Hua 11：185；亦见 Claesges 1964, 71, 123, 131, 134-135；Landgrebe 1963, 120)。

自我论的,这一划分支持了这种理解(Ms. C 3 41b)。作为被感觉到的东西(sensed),质料材料不是内在的或与世界无关的内容或性质,也不是主体性与世界之间的中介。我们的感觉活动(sensing)已经是朝向世界开放的,即使这尚不是对象的世界,而质料材料就是世界之超越性的原初形态的显示(Hua 14:379;4:130;15:287;23:266)。⑩ 由于胡塞尔把质料描述为一种他异性,那么很显然,他不再简单地将之等同于意识。

然而,这些考察并不保证得出结论,让我们否认质料性的触发与对象显示之间有任何差异。我们仍然能够区分听到渐高的声响与听到趋近的对象,区分感觉到身体某处疼痛与感觉到针刺。质料是未被规定的,只有将之把握为或理解为某个东西,才能构成充分完整的对象。为质料所触发,就是为某种尚未与主体性相分离、尚未构成为对象的东西所触发。因而,胡塞尔把质料说成是内部的(interior)非自我论的维度,它环绕着自我,触发自我(Ms. E III 2 22b)。它是一种内在(immanent)类型的他异性,直接在主体性中显示自身,内在地属于主体性,为主体性所不可或缺(Hua 15:128,375;13:406,459;14:51-52,337;4:356;Ms. E III 2 5a;Ms. E III 2 23a)。然而,质料仍然是异己的。它不是由我所产生的,而是一个脱离了我的掌控的领域。它是一种事实性,在没有自我的任何主动的参与和贡献的情况下,被动地预先给予(Hua 13:427;

---

⑩ 有关胡塞尔从意向相关项方面对显现进行解释的段落,见 Hua 13:117,377,412-413;14:250;4:168,201;Husserl 1985,88。我发现,胡塞尔的成熟观点与吉布森在"感受性的有用维度"一文中所提出的感觉理论之间有惊人的相似(Gibson 1982,350-373)。

11:386)。⑪当胡塞尔把质料称为"内在的"和"内部的"时候,他只是在强调,我们尚未遇到已构成了的超越对象的他异性,而是一种内部的他异性,对自身显示的主体性的存在具有本质意义的他异性。⑫胡塞尔1931年文本中的一段话表明了这一观点:

> 不同的世界层次、时间层次上的存在之物(Seiendem)的构成有两个原初的预设,从时间上(在一切时间性中)一直"作为其根基的"(zugrundeliegen)两个源泉:首先,我的原初自我(urtümliches Ich)作为运作着的自我,作为其触发与活动中的原自我(Ur-Ich),带有其所属形态中的所有本质结构;其次,我的原初非自我(urtümliches Nicht-Ich)作为原初的时间化之流,甚至作为时间化的原形式(Urform),构成了时间场、原初事物性(Ur-Sachlichkeit)的时间场。然而,这两个原初基础是统一的、不可分割的,只能以抽象方式分别考察(Hua Mat 8:199,强调为作者所加;亦见 Ms. E III 2 24b)。

在同一份研究手稿中,胡塞尔还谈到,原初流动的非自我以颇为独立于自我的任何贡献的形式构成了质料世界(即所有的意向性把握所预设的原初预先给予的场域),尽管自我"总是在那"(dabei)

---

⑪ 有关被动性与他异性之间关联的思考,见 Ricoeur 1990, 368。
⑫ 然而,我们不应该夸大其词,声称胡塞尔对质料的描述非常清楚和一致。仅举一例,他写到,质料作为生活的本质相关项而属于生活(Hua 14:46)。六页之后,在同年(1921年)写就的文本中,他又写到,质料"本身呈现为与自我的内容实项地(reell)相统一"(Hua 14:52)。

(Hua Mat 8∶200)。胡塞尔说道,这两个根基是不可分离的,二者都是构成过程、使之显现的过程中不可还原的结构性要素。

鉴于胡塞尔有时候把非自我等同于世界(Hua 15∶131, 287；Ms. C 2 3a),因而与他在著名的(亦可谓臭名的)《观念1》第49节所试图取消的客观现实性概念相比,采纳了更为根本的世界概念,我们从而可以做出如下的可能解释：主体性是显现之可能性的条件,但并不是唯一的条件,因为胡塞尔还发现,我们必须把世界称作先验的非自我(transcendental non-ego)(Ms. C 7 6b)。归根结底,构成是一个在世界/意识之结构中发生、并展开自身的过程。[13] 因此,构成既不应该被理解为对无意义的感觉的任意激活,也不能被理解为从无世界的主体性中先天地演绎出或提取出世界、质料或实存之物的努力。

尽管胡塞尔克服了那种构想一个无世界的自我作为构成活动的唯一和最终基础的绝对唯心主义,然而,我们不能把这种克服简单地解释为对经典的二元论的复辟。内部与外部、主体与对象、自我与世界之间的分离是后续的、被奠基的区分的结果,这一区分也只是表现了它们的现象学根源与共同基础,即运作着的意向性的有差异的统一性(Brand 1955, 28；Hart 1992, 12)。[14]

如上的讨论确证了主体性与他异性之间的内在关系,但是它们并没有专就自身触发与他异触发的关系而做出说明。我们再次考

---

[13] 其实,这一解释还是过于抽象,因为它忽略了第三个构成性原则。对胡塞尔来说,构成最终表现出主体性、交互主体性与世界的三重结构(Zahavi 1996)。

[14] 鉴于主体性包含自身与他异性,我们因此可以理解,先验现象学为何有时候被刻画为是对唯心论与实在论之对立的超越(Seebohm 1962, 153)。

察胡塞尔对时间与身体的分析,从而表明这一关联。

在《被动综合分析》中,胡塞尔明确说,内时间意识单就其本身而言是纯粹的、但也是抽象的(abstract)形式。于是,他把内时间意识现象学界定为一种抽象的分析,所以必须以联想(association)现象学来补充,后者处理的是支配着涉及内容的综合的基本规则与形式(Hua 11:118,128;1:28;Husserl 1985,76; Ms. L I 15 3a)。具体而言,没有质料材料就没有原印象,而离开质料性的触发,就没有自身时间化。而没有时间内容,也就没有内时间意识,没有前反思自身觉知。时间意识从不以纯粹形式的方式显现,总是作为弥漫的感性(sensitivity),作为对感觉的感觉活动:"我们把感觉活动看作对时间的原初意识"(Hua 10:107[1991, 112];亦见 Husserl 1985,191;Levinas 1949,154)。基本上可以说,这就是胡塞尔坚持横意向性与纵意向性之不可分离性的原因(Hua 11:138;Ms. A V 5 7a;Ms. L I 17 9b;Ms. C 3 42a):"因此,两个密不可分地相统一的意向性彼此需要,就像同一枚硬币的两方面,相互交织在一个、独一无二的意识之流中"(Hua 10:83[1991,87])。我对刚刚过去的声音的意识,依赖我对与这个声音相关的意识流阶段的觉知。脱离了我于当下对我曾觉知到它的(隐性的)觉知,我就不会觉知到,刚刚过去的对象阶段是过去了的。但是,对曾经觉知到该对象的觉知,恰恰需要拥有在时间上延展的自身觉知(Brough 1972,321-322)。延续的声音与连续的流动一同给予,并且只能以相互依赖的方式显现(Hua 10:118)。(或许,把胡塞尔的论证与康德在《纯粹理性批判》中对唯心主义的驳斥相比较,也不是毫无可取之处。康德论证道,我对自己在时间上的确定存在的意识，预设了外部对象的存在[Kant 1971, B xl-xli, B 275-276]。尽管胡塞尔不会声称，自身觉知预设了超越对象的存在，但是他确实坚持认为，它蕴含着某种他异性的同时给予。)

我们发现，在身体性的自身觉知这里，有一种相似的自身触发与他异触发之间的相互依赖关系。上文提到，胡塞尔讨论了，空间对象之构成与身体之构成相互依系。探索对象、对象的构成蕴含着同时进行的探索自身与自身构成。这并不是说，原初的身体性自身觉知具有对象意向性的形式，或者，我们的自身感性仅仅是他异感性的一种特例，而是说，它既是自身超越的意识，也是有自身觉知的意识。情况并不是，身体先被给予了我们，然后我们用以探索世界。世界随着身体对它的探查给予我们，而身体在它对世界的探查中展现给我们(Hua 5:128;15:287)。⑮ 我们正是在知觉之时觉知到我们自己，我们正是在受触发之际向自己显示，即是说，正是作为袒露出来的和自身超出的主体，我们才给予我们自己(Benoist 1994, 57, 61; Bernet 1994, 321; Ricoeur 1990, 380)。换言之，我们通过觉知到自己的身体，以及身体与对象如何互动，从而觉知到知觉对象；即，除非有相伴随的身体性自身觉知(无论是主题的还是非主题的)，我们不能知觉到物体对象(Hua 4:147)。反之亦然：身体唯有关联着其他东西才能向自己显现，或者作为他者而向

---

⑮ 兰德格雷贝写道："众所周知，小孩子很早就学习了控制自行运动的能力。这使得经验具有两个向度，一方面是关于自身及其身体功能的经验，另一方面与之密不可分的是不断拓展的关于其周围世界的经验。每一种新习得的运动都同时拓展了可经验到的东西的视域。我们从世界中获得的每一种新的经验，也同时是关于自己的能力的新经验"(Landgrebe 1982, 67)。

自己显现（Hua 13：386；16：178；15：300）。胡塞尔写道，"我们知觉到身体，但是与之相伴的还有我们'借助身体'而知觉到的东西"（Hua 5：10［1980，9］）。在触觉领域，自身触发与他异触发之间的这种交互性应该体现得最为明显——我们的手在不被触碰、不给予自己的情况下就不能进行触摸。换言之，触摸和被触摸在同一个过程中构成（Hua 14：75；15：297，301），在胡塞尔看来，我们的感性普遍是如此。这一点不仅明显体现在他对横意向性与纵意向性之不可分离性的描述，还表现于他对动觉与质料性感觉之间关系的解释："动觉系统并非先行构成；相反，它的构成与它总是趋向的质料对象的构成一起进行"（Ms. D 10 11a）。

在更一般的层面上，或有人问，自身触发是否总是揭示出了多于自身的东西？我们是诞生出来的，而不是自我创生的，即是说，这是我们的既定状态，而不是我们自己谋求或发起的，它超出了我们自己，这还意味着，主体向自身显现为受触发者，为异己的东西所触发。被触发即是活出（live outside）自身，其根本特征就是开放性。莱维纳斯说，据其应有之义，主体在本质上就意味着具有接受性或感性，简言之，暴露于触发之下。而这种具身感性也是一种易损性，一种向他人的暴露。因此，只要意识是感受性的，我们就可以像莱维纳斯那样合理地追问，它是否也为他异性和事实性所侵占，具有一种根本的不安和不满的特征（Levinas 1949，162；1974，30，85，92，120-121；1991b，41）。[16]

---

[16] 如果从欲求（desire）的角度解释触发，我们还可以把触发描述为对他异性的渴求（Yamagata 1991，189；Barbaras 1991，108）。

第七章 自身触发与他异触发

如果触觉的自身给予与被触摸者的显示不可分离，或更一般地来说，如果自身触发总是渗透着来自世界的触发，而如果内时间意识预设了质料内容，预设了由某种不是意识产生的东西所引起的触发（Hua 10:100），那么，我们就不应该把奠基-被奠基的关系引入自身触发与他异触发，因为，这二者之间是不可分离、相互依赖的关系（Barbaras 1991, 97-98, 104）。⑰ 每种触发都揭示出了触发者与被触发者（尽管是以不同的方式）。

在此基础上，我们显然必须质疑任何企图把自身觉知刻画为纯粹的自身等同与自足的非关系性的做法。反思的自身觉知是如此，前反思自身觉知亦是如此。用胡塞尔的话来说，反思的自身觉知预设了非自我，自我朝向它，又可以从它那里返回自身（Ms. B III 9 105b）。至于前反思自身觉知，胡塞尔明确写到，一切经验都具有自我的维度和非自我的维度（Ms. C 10 2b）。这两方面可以被区分出来，但是不能被分离开："自我并不是为了自己（für sich）的东西，诚如异己的东西不是与自我相分离的东西，二者之间并没有背道而驰的空间；相反，自我与异己者不可分离"（Ms. C 16 68a）。

我先前提出了一个问题，可以这么说，鉴于意向性与自身觉知的不同导向，它们之间是否互不相容。而正如利科所指出的，意向性与自身觉知看似不相容的意思是说，我们要么如此执着于自身以至于切断了与世界的一切关联，要么完全地出离自己以至于知觉也成了无意识的，但是，这种想法基于对意识的一种比拟空间的

---

⑰ 然而，当巴巴拉斯从它们的不可分离性推断出它们的同一性与不可分辨性，并且补充说，自身触发中的自身仅仅是世界在其自身上的褶痕时，他就走得太远了（Barbaras 1991, 107）。这个见解忽视了每个自身觉知所具有的不可还原的第一人称视角。

(quasi-spatial)和完全不充分的理解：如果我朝向外界，我就不能同时朝向我的内在（Ricoeur 1950, 363）。显然，确实会有些属于此类的平常情况，比如我们很难做到，一边对自己的知觉结构进行反思的主题化，一边又全神贯注地观看曲棍球比赛。但是，这种情形的冲突只发生于当我关注我自己时候，而非发生在前反思自身觉知的层面。

因此，我们不能把自身觉知理解为对自身的过分执着，以至于排斥或阻碍了与超越存在的接触。相反，主体性本质上就朝向非自身者开放，朝向世界中的事物或他人，而正是在这种开放性中，主体性向自身揭示出自身。因而，我思所揭示的并不是封闭的内在性、纯粹内在的自身呈现，而是朝他异性的开放、永恒的外在化与自身超越的运动。我们通过呈现给世界来呈现给自己，而我们也是通过给予自己来意识到世界（Merleau-Ponty 1945, 344, 431-432, 467, 485, 487, 492; 1966, 164-165）。当然，这并不是说，我们关于对象的意识以自身觉知为中介，或者我们的自身觉知以关于对象的意识为中介。自身显示与他异显示完全相互依赖、互不分离、同等原初。归根结底，它们是相同经验的两个不同维度。用斯特劳斯的话来说，"在感觉经验中，我总是同时经验到我自己与世界，并非直接经验到我自己，通过推论来经验他者，并非先于他者而经验到我自己，或只经验到我自己而无他者，亦非只经验到他者而无我自己"（Straus 1958, 148）。

尽管，有人可能会为了限制该论题的有效性而诉诸幻觉或幻想——即缺少实际存在的对象的情况，或者诉诸恶心、晕眩与焦虑等经验——即具有明显自身觉知但完全无意向对象的情况，但是，我认为，这样的意图不会成功。我们应该注意，不要对异己者与超越者的概念采取过于狭隘的理解。恰当地说，它所涵盖的不仅限于现实存在的对象，还有幻觉对象与想象对象——正如所有对幻觉与想象的意向性分析会所揭示的那样。鉴于质料材料来源于非自我，不是由意识本身所产生的要素，所以，即便是质料材料，也能被刻画为一种他异性。就像我接下来对反思的分析将要揭示的那样，意识与自身之间的反思关系也可以被描述为自身他者化（self-othering）；即使意识能够把注意力完全朝向自己，排除掉所有其他东西，它依然无法摆脱与他者（Otherness）的遭遇。[18] 最后，关于晕眩、焦虑或恶心等状态，我们可以这样来论证，在这些情况中，我们面对的绝不是些单纯的附随现象（attendant phenomena），而是一些展现的基本形式。我们总是处于某种情绪之中。即便中立的远观也有其本身的色调，用海德格尔的话来说，"情绪总是已经揭示了作为整体的在-世界-之中，并且首次使得自身朝向某东西成为可能"（Heidegger 1986a, 137［1996, 129］；亦见 Sartre 1943, 387）。因此，尽管我们必须区分意向性的情感——例如对苹果的欲求或对某人的赞赏，与更一般的弥漫的情绪——例如愉悦、悲伤、无聊、伤感或焦虑的情绪，但是后者并非没有关涉世界。它们不是对象意向性的类型，全都缺少意向对象，而在前反思的状态中，它们本身也并不作为心灵对象而给予。但是，它们并不把我们封闭于自己，而是作为弥漫的氛围为我们所经历，深深地影响了我们与世界相遇

---

[18] 见第十章和附录的讨论。

的方式。⑲ 试想一下诸如好奇、紧张或高兴等情绪。

经过如上的讨论，胡塞尔关于自身觉知、时间性、触发与具身性之间的内在关联的观点变得清晰起来。我们无法把前反思自身觉知与内时间意识分离开来，后者呈现出原印象-滞留-前摄的中心绽出的三重结构。然而，没有质料内容就没有原印象，因而没有质料性触发也就没有自身觉知。我们原先指出，单纯的内时间意识只是抽象的形式。具体而言，它是弥漫式的感性，即对感觉的感受。感觉的显现并非无中生有，它们关涉着身体感性（Hua 15：324，293；13：292；4：153；Ms. D 10 IV 15；亦见 Landgrebe 1963，116-117）。于是，我们达到了与卡斯塔涅达的论题相呼应的现象学洞见，即先验的基础就是"我在此时此刻"（I-am-here-now）。

这一结果让许多现象学家强调时间化与空间化的内在关系——世界的外在性介入了时间化的运动之中（Derrida 1972a，14，65；1967a，96）⑳，让他们坚持自身觉知、身体觉知与世界意识的不

---

⑲ 胡塞尔说道："如果我们开心，那么我们的目光所及之处，皆显得友好、温润、可爱"（Ms. M III 3，95；亦见 Ms. M III 3；Ms. II I 29-30；Ms. C 16 30b，33b）。在更一般的层面上，胡塞尔声称，质料所施加的触发具有情感性质："所有质料都如此，质料是对自我而言的质料，它在情感中触动自我。这是它在活生生的当下为自我而存在的原初样式。感受，既然是作为感受，无外乎就是从质料方面而言的'触发'"（Ms. E III 9 16a）。"正是感受……引发（触发）了主动的自我，'吸引'它或使它'反感'；'吸引'对应着'趋向'（Hin-Wollen），'使反感'对应着'拒斥'（Wider-Wollen）"（Ms. C 16 28a；亦见 Ms. B III 9 79a-b；Lee 1998；Landgrebe 1963，118，121）。

⑳ 德里达把显现的最终条件看作自身差异化的过程，进而论证它具有双重本质：一方面是分离、差别和断裂，另一方面是迂回和延迟。前一种是同时、共存的差异，可被理解为空间化；后一种是历时的差异，可被划归为时间化（Derrida 1972a，8，19）。显现正是在时间化与空间化的相互交织之中构成。因此，显现的条件并不是单纯的和无差异的，而具有细微的分裂和双向度结构的特征。

第七章 自身触发与他异触发

可分离性：

> 自我意识……只有是先天地关于自身的意识才能作为思维意识，因为它同时是对自身运动之自发性的运作空间（Spielraum）的意识。自我意识先天地包含着对属于我自己的运作空间的意识。它是通过我的运动而充实的可能性的运作空间，使得事物得以显现的可能空间。这个运作空间是什么呢？它就是我们的经验世界，首先是紧邻的周围世界。因而，如果自我意识的可能性，即作为"思维主体对自身能动性的表征"，不可或缺地包含着对"我自己运动"的自发性的意识，如果意识包含于自身中的运动的运作空间又无外乎是世界，那么这就表明，自我意识同时也是世界意识，于是这便是感性触发之可能性的基础……这便澄清了，把感觉活动理解为在世界之中存在的方式的应有之义，以及如何只有以这种方式才能获得合法的、有现象学证据的感觉活动的概念，才能正确理解感觉活动与所谓的更高级的认知贡献的关系（Landgrebe 1963, 120；亦见 Landgrebe 1982, 81；Hua 6：255；Straus 1956, 241-243, 254-255, 372；Claesges 1964, 100, 123, 131, 143；Brand 1955, 47；Rohr-Dietschi 1974, 87；Richir 1989）。

借用兰德格雷贝的核心论点来说，在质料性触发中，我们所遇到的既不是对象世界也不是无世界的主体性，而是它们的先天的统一。我们经验到自己在世界之中（这里的"世界"既不是指文化语境，也不是指客观的实在性，指的主要是意义的非自我的来源［Hua

15:131, 287]）。既然，没有质料内容就没有原印象，而没有身体也就没有质料内容，我们必定可以得出，如果对自身觉知之结构的讨论忽视了身体，那就是一种错误的抽象；割裂了时间性与具身性，那就不可能充分理解它们的本质(Franck 1984, 141)。我们所讨论的是具身性的和时间性的前反思自身觉知，只有它才使得反思的自身觉知得以可能。

为了防止一些误解，我需要补充说明，我并不是在论证，胡塞尔会认为所有类型的经验都是身体性的经验，或者，所有类型的自身觉知都是身体性的自身显现。我只是在声明，胡塞尔认为身体对于感知经验是必不可少的，因而对于其他类型的经验具有至关重要的(奠基性的)意义。胡塞尔写道：

> 当然，从纯粹意识的角度来看，感觉是所有基本类型的意向活动项所不可或缺的质料基础(Hua 5:11［1980, 10］)。

> 如此，在特定意义上，一个人的全部意识是通过质料基础而与身体结合起来的，当然，意向体验本身却并非直接地精确定位在身体上；它们并不构成身体上的一个层次(Hua 4:153［1989, 160-161］)。

借此，我们可以断定，每一种知识都在身体中有其根源；这一观点后来为梅洛-庞蒂所接纳。

第三节　萨特论意识的空虚性

尽管萨特当然承认前反思自身觉知的存在，但他拒绝沿着海德堡学派的思路来进行理解，否认它是绝对非关系性的自身等同、自身同一或绝对的自身呈现。他最根本的论证涉及意向性与自身觉知的关系。萨特不仅相信，二者都是意识的本质性的和决定性的特征，而且还认为，二者纵然有根本的差异却是相互依赖的（Sartre 1936, 23-24; 1943, 17, 19, 28）。我曾提到，萨特论证了意向性蕴含着自身觉知的观点，但是，他也论证了反向的蕴含关系：意识只有以设定的方式（positionally）觉知到（of）某东西，才能以非设定的方式觉知到自身；它唯当意识到超越的对象，才具有自身觉知（Sartre 1943, 212; 1936, 23-24）。对于此论断的有效性，可以有个最为简便的论证：如果我没有意识到某东西，我就没有意向经验，也就没有意向经验的自身觉知。然而，萨特寻求一种更为根本的关联，他宣称，意识的自身透明（self-transparency）在本质上依赖它的自身超越（self-transcendence）。因此，萨特对意向性的极为彻底的解释非常有名。确认意识的意向性就是否认其中存在任何内容。[21]意识中空无一物，既没有对象，也没有心灵表征。它完全是空虚的（empty），并且，正是由此，它才完完全全是自身觉知的和自身透明的（Sartre 1943, 18, 20, 23; 1948, 63）。[22]因而，否认意

---

[21]　当然，这也是萨特强烈反对胡塞尔的质料概念的原因（Sartre 1943, 26, 363）。不过，萨特的批评是否基于对胡塞尔的正确理解，则须另当别论。

[22]　让人感到惊讶，这一表述显示出，萨特的理论与亚里士多德在《论灵魂》中的

识的意向性也会导致对其自身觉知的否认，因为把任何心灵内容引入到意识之中，将会使其负载上严重的不透明性，从而扰乱、阻塞、并最终摧毁其透明性。

然而，声称意识具有意向性的特征，意味着以多种方式来确认其根本的空虚性（emptiness）与非实体性（non-substantiality）。在萨特看来，意向意识的存在就在于它对超越性存在的揭示，以及向超越性存在的呈现（Sartre 1943, 28）。有意识（to be conscious）就是设定超越的对象，即设定异于自身的对象。它面对着非其自身的东西，这蕴含着对这一差异的觉知，即对自身并不是（not being）它所意识到的东西的前反思自身觉知。萨特说："意向性与自身性之基础中的结构是否定，这是从自为（pour-soi [for-itself]）到事物的内在（interne [internal]）关系。自为从外部（dehors [outside]）构成自身，即从事物那里而作为对事物的否定；因而，它与自在（l'être en soi [being-in-itself]）的首要关系就是否定；它以自为的方式而'是'（est [is]），即作为自身向自身揭示为不是存在（n'étant pas l'etre [as not being being]）从而散落出存在（existant dispersé [separated existant]）"（Sartre 1943, 162 [1956, 123]）。㉓ 因而，意识不是其揭示的超越对象，而这正是意识之所是。正是在这种强烈的意义上，意识需要意向性，需要与异于自身的东西相遇，才能

观点颇为相近。萨特在《自我的超越性》中写到，意识是虚无（因为其中无对象），也是一切（因为它能意识到任何东西）；这就更显得与亚里士多德的观点相似了（Sartre 1936, 74；参见 Aristotle 1984, 424a17, 429a18, 429b30）。

㉓ 如果萨特在这点上是正确的，它就进一步论证了所有意向意识都必定蕴含自身觉知的观点。否则，意识就无法觉知到对象与它自身的区别，也无从觉知到作为对象的对象（Sartre 1943, 214）。

成为有自身觉知的；否则，它将失去所有的规定性，而消散于纯粹的空无(Sartre 1943, 27, 214-215)。

否定因而是明确的，构成了知觉对象与自为之间的存在纽带。自为无外乎就是近乎透明的无(rien[nothing])，即对所知觉之物的否定(Sartre 1943, 179[1956, 140]；亦见 Sartre 1943, 213, 258；1936, 28)。

自为呈现其存在，这意味着，自为在其存在的呈现中表明了自身不是存在(n'étant pas l'etre[not being that being])；自为呈现其存在，是自为之不是(en tant qu'il n'est pas[in so far as the For-itself is not])意义上的呈现(Sartre 1943, 161[1956, 122])。

因为，意识只能作为对自在(en-soi[in-itself])的虚无化(néantisation[nihilation])而向自身显现(Sartre 1943, 178[1956, 139])。

用罗森伯格的颇令人惊诧的表述，确实可以说，根据萨特的观点，意识只能通过一种否定(via negativa)才能自身给予自身。原初的自身觉知是对自身之不是它同时意向性地意识到的对象的前反思自身觉知(Rosenberg 1981, 257)。

至此，我们坚持自身觉知与自身超越之间的相互依赖，针对把自身觉知等同于单纯的自身呈现的企图做出了批评。主体性的自身觉知依赖它与异于自身之物的关系(Sartre 1943, 28-29)。[24] 然而，萨特不仅宣称，前反思自身觉知不能被理解为自足的对自身的执着，他还声明，自身觉知与严格的自身同一是不相容的，主体性的自身觉知依赖它与自身的差异。让我努力澄清这一令人费解的论断，从而最终进入根本性的问题，即前反思自身觉知的内在差异化。

我们刚刚看到，萨特认为，呈现概念蕴含着二元性，因而，至少有一种虚拟的分离(Sartre 1943, 115)。在萨特看来，不仅关于超越对象的知识是如此，我们的前反思自身觉知亦是如此：

> 向自身呈现……假定了一个细微的裂痕滑入了存在。如果它向自身呈现，这是由于它并不完全是自身。呈现是等同(coincidence)的直接的破裂，因为它预设了分离(Sartre 1943, 115-116 [1956, 77])。

> 我们从不会发现，作为存在样态的非主题的意识，恰恰是由于它向自身呈现，而不同时以某种方式出离自身。现在，向自身呈现预设了与自身的细微距离，细微的出离自身。这种出离与呈现的永恒作用(jeu [play])看上去难以存在，但我们却永远牵涉于其中，它恰恰表现了意识的存在样态(Sartre 1948, 69 [1967, 127]；亦见 Sartre 1948, 68；1943, 112, 115-116)。

---

[24] 在这一点上，萨特声称，他为独立于心灵的实在之存在提供了存在论的证明。自不必说，这个"证明"有些可疑，因为相异与独立是两件不同的事情。

第七章 自身触发与他异触发

对非主题的意识的考察揭示了一种特定的存在类型,我们称其为生存(existence)。生存是与自身的疏远、岔开(décalage [separation])。生存者是它之所不是、不是它所是。它"虚无化"(néantise [nihilates])自身。它不与自身相等同,它是自为(Sartre 1948, 50 [1967, 114])。

对象的存在特征是坚固、肯定、自足与自身同一——一张桌子纯粹就是不多不少的一张桌子;它不会知道他异性,也不能与他者相关(Sartre 1943, 33),但是,主体性的存在却不是如此。我的经验并不仅仅存在着,而是为自身而存在,即它有自身觉知。然而,觉知到自己的知觉,即便是前反思地觉知到,也不再仅仅只是去知觉,而是退出、转离或超越了知觉。有自身觉知也即与自身之间有距离,涉入了存在论上的自问(ontological self-interrogation)。自身觉知与自身同一是两个互不相容的规定,因而,在对主体性的理解上,萨特质疑同一律的有效性;他写道,自身觉知预设了在意识的存在中有细微的裂痕、分离,甚至二元性。正是这种断裂产生了自身(Sartre 1943, 115-116; 1948, 66, 69; 亦见 Merleau-Ponty 1964, 246)。

在前反思的层面上,我们就发现萨特所说的"二元性的模式"、"反思的游戏",或存在于意向性与自身觉知之间的"二重性"(dyad)。意识的这两个要素严格地相互依赖和密不可分,但是它们的功能却不相同,它们并不绝对地等同。二者都指向了作为它所不是的、而又对之依赖的彼此。它们共存于纷扰的(troublée [troubled])统一体、统一的二元性之中,而意识生活正发生于这个

永恒的交叉互指之中(Sartre 1943, 14, 117; 1948, 67)。㉕

当萨特说在意识的存在中有裂痕或分离的时候，他显然不是指，某-物(some-thing)使意识从其自身那里分离出来，因为引入任何实存的不透明性都会把意识一分为二，以两个相分离的对象的二元性来取代它的二重统一性(dyadic unity)。对萨特而言，意识通过虚-无(no-thing)而与自身相分离；即，确切地说，这种分离是内在的差异化或否定。然而，萨特还宣称，把意识与其自身相分离的虚无正是根源于时间；当我们转向时间性的时候，当我们通过时间来理解主体性的永恒的自身差异化、自身疏离与自身超越的时候，萨特对意识的结构的描述会更有说服力。意识在时间性上以散开的(diasporatic)形式而存在。意识在全部三个时间维度中展开，它总是与自身保持距离而存在；它的自身呈现总是渗透着离场，这种独一无二的存在样态无法通过自身同一性的范畴来把握。相反，时间性是永恒的自身超越的运动，从开端就阻止了绝对的自身等同(Sartre 1943, 116, 141, 144, 175-177, 182, 197, 245; 1948, 76)。㉖

萨特的思考批评了把前反思自身觉知理解为严格非关系性的企图，我们因此可以把它理解为对海德堡学派的打击。但是，当萨特说意识的内核中有个裂痕，或在信念与其自身觉知之间有个细微的距离的时候，我们可能立即会想到一个反驳。他难道不是自相矛

㉕ 在前反思层面，意识具有映现-映照(reflet-reflétant)的二重性特征，在反思的层面上，意识具有反射-反照(réflexif-réfléchif)的二元性特征。

㉖ 尽管萨特也强调时间，认为前反思自身觉知的二重结构构成了时间性的根源，但是他把这个结构本身理解为非时间性的(Seel 1995, 141-142)。

盾吗？我在第四章介绍过，在他先前对反思的自身觉知与前反思自身觉知之区别的议论中，萨特声称，反思才具有二元性的特征。他论证道，在意识的内核中引入二元性将会导致疑难后果，于是他得出了结论，在前反思层面，意向活动与其自身觉知是同一个东西，不可能将二者分开。然而，现在看来，他重新把二重性引入前反思自身觉知的结构之中，这一二重性最终破坏了反思的自身觉知与前反思自身觉知之间的差异，从而使得后者容易遭受成功地攻击了反思模型的批评的威胁，因而也威胁着自身觉知的可能性。因此，正像一些批评者所论证的，萨特未能坚持他关于前反思自身觉知之特征的洞见，未能使自己摆脱传统的主体-对象模型。他仍然把一些知识和认知要素引入对自身觉知的描述，因此破坏了其统一性与透明性（Wider 1989 and 1993；Klawonn 1991, 116；Frank 1990, 83）。

从萨特对反思的描述中，也可以看出，他对前反思自身觉知与反思的自身觉知之间的差异的解释最终也难以让人满意。纵然萨特有时候把反思描述为一种设定的意识，但是，他仍坚持认为，反思活动与一般的意向活动极为不同。我们已经知道，意向活动蕴含了虚无化；意识到一把椅子就是设定这把椅子并不是自己。萨特说，认识就是使自身成为他者；但是，这种典型情况不能属于反思性的认识，至少不能不加修饰就以之刻画反思。因为，反思的自身觉知毕竟是自身觉知，这要求反思者必须就是被反思者。鉴于萨特关于自为与自在之差异的观点，反思的自身觉知不能被描述为一种绝对的同一，也不能直接是那种在前反思层面活跃的纷扰的统一性，因为那会抹消反思的自身觉知与前反思自身觉知之间的差异。于是，萨特在理解反思时面临着困难，即如何以一种兼顾统一与分离的方式来把握反思，而他的解决方案是把反思描述为意识中的基本架构的变形（infrastructural modification），归根到底，反思加深或加剧了已经存在于前反思的二重性中的断裂。就像我们已看到的，萨特认为，前反思地自身觉知的知觉具有一种二重结构。当反思的时候，我们碰到了前反思地自身觉知的反思活动，它意识到被反思的前反思地自身觉知的活动，于是这种二重结构便翻倍了。尽管，这两个二重结构的端点（poles）在反思意识中是不可分离的（只有在对被反思者进行反思的时候，反思活动才存在，我们很快会在萨特对自我论的意识的批评中看到，被反思者在反思的过程中发生了变样），但是它们倾向于更高程度的自主性，而不像前反思意识活动中的二重要素那样相互依赖。因此，萨特声称，与对二重性中的两个相互依赖要素进行分离的虚无相比，分离反思活动与被反思活动的是更为深刻的虚无，即反思的自身觉知涉及更高级别的虚无化（Sartre 1936, 28-29；1943, 143, 176-177, 191-192；1948, 78）。

最终，萨特宣称，反思的过程蕴含着三重的虚无化：分裂反思意识与其自身的虚无，分裂被反思的意识与其自身的虚无，以及分裂反思意识与被反思意识的虚无。鉴于所有这些，如下的问题看来还是很有道理的：我的反思的自身觉知真的表现出这种错综复杂的结构吗？萨特真的如实描述了这一现象吗，或者，他被辩证思辨所牵引而背离了事情本身吗（Wider 1993, 741）？曾经在某个阶段，萨特似乎意识到了这个问题，他甚至承认，他对前反思的我思之结构的描述事实上有些用词不当（Sartre 1943, 106）。但他从未能够成功地做出更令人信服的解释，而我也认为，他很难逃避相关的批评。

即便如此，这种批评并不意味着，萨特对把前反思的我思描述为非关系的自身等同的异议是没有根据的或无关紧要的,只不过表明,他用以理解前反思自身觉知中的差异、断裂和距离的概念框架和具体手段有些不充分。毕竟,在意向性与自身觉知之间、意识活动与它们的自身显示之间、经验与经验活动之间做出抽象的区分是一回事,而以断裂和内在否定的方式来理解这一区分又是另一件相当不同的事情。

第四节 德里达论折返之中的裂隙

在本章的结尾,让我再简要讨论一下德里达,因为他也曾以自身触发来理解自身觉知。德里达提出过一个问题,自身触发的特征是纯粹同一性,还是一种二重结构?表面上看,自身触发承诺了彻底的和自足的内在性,净化掉了所有外在性和他异性的干涉。这种净化和排除是本质性的,自身触发从而在事实上提供给我们直接的和完整的自身呈现。然而,仔细考察一下它的结构会发现,它要是能够运作的话,就必须蕴含着一种极小的分裂或断裂。自身触发含有触发者与被触发者之间的结构差异。在一些不同类型的身体性自身触发的情况中,这表现得尤为明显:当我看到自己身体的某个有限部分,或者当我触摸自己时,我面对着一种类型的自身触发,但是其中已经遭到了侵染(contamination)。身体的各个部分依然分离,通过暴露于世界的外表而又重获接触。[27]那么,我们于时间

---

[27] 对于那些无需世界介入的身体性自身触发,比如胃疼,德里达把它们划归为经验上的异类,不具有普遍性的意义(Derricla 1967a, 88)。

性中发现的那种最为基本的自身触发呢(Derrida 1967c, 33; 1967a, 77, 93)？我们已经看到，德里达声称，意识从不在充分的和即时的自身呈现中给予，只在与退场的相互交错中才自身向自身呈现。由于滞留的样态变换必须被理解为一种自身异化，所以，即便是时间性的自身触发，也突破了纯粹的内在性。因而，德里达论证道，由于自身触发必然蕴含着极小的自身差异化与自身分裂，为自身触发所界定的主体性不可能是未分化的和自身封闭的(Derrida 1967a, 89, 92)：

> 自身触发之可能性显示为如此：它在世界中留下了自己的踪迹。指示痕迹寓居在世界之中，会变得异常稳固。书写的东西保持下来，触摸-被触摸的经验让世界作为第三方参与进来。在那里，空间的外在性是不可被还原掉的。在自身触发的一般结构中，在让自己呈现或愉悦中，触摸-被触摸的运作在区分了施动者与受动者的细微差异中接纳了他者。而身体的外表、暴露的表面永恒地指示着、标志着塑造了自身触发的分裂(Derrida 1967c, 235 [1976, 165])。

于是，把前反思自身觉知理解为自身触发就意味着承认，呈现之中有着极小的差异，它作为转向自身的铰链。主体性只有在返回自身的时候才能自身呈现，但是这种折返(re-tour[(un)folding])带入了一个裂隙，从而永远拒绝简单的、直接的或完全的自身等同(Derrida 1967a, 73, 76; 1972b, 299, 336)。如果有什么向自身显现，它必定要经历双重化或自身分裂。而这种折返的断裂使得显现者既在自身内部，也在自身之外。由于这种折返，空间在内在性中建立起来。它还带有外在性和他异性的色彩，因而无从弥合裂隙、收回自身。(Derrida 1972b, 219, 259, 264)。所以，根据德里达的观点，自身触发的一般结构阻碍着它进行自身封闭，达到完美无缺的自身呈现。承认自身呈现预设了自身触发，就是承认自身呈现永远不可能是纯粹的，因为差异性使得自身呈现本身得以建立，也使得它永远与自身不尽相同。自身触发必然突破了自身封闭的内在性，构成了有断裂的自身觉知，因而，自身触发并不仅仅总是伴有他异触发，它本身就是一种他异触发(Derrida 1967a, 92；1967c, 221, 237)。

在德里达看来，自身触发并不是由业已存在的自身所施行的；它恰恰是产生自身的过程。但是，从自身触发中产生的自身被构成为分裂的、异于自身的自身。这种自身作为他者的差异或关系是使得自己向自己折回的角度，但是这种构成性的差异也永远会阻止自己完全与自己相等同，使其永远无法达到完全的自身同一。它使得自身只有同时分裂自身才能成为自身(Derrida 1967c, 235；亦见 Gasché 1986, 194, 232-233)。"自身触发(auto-affection)构成了正在分裂自己的自己(même[auto])。呈现中的缺失正是经验的条件，也即是呈现的条件"(Derrida 1967c, 237 [1976, 166])。既然自身是这种差异化运动的结果而不是其发起者，那么我们也不要错误地以为，折返自身者是单纯的、在其自身显示之前是同一的。没有单一的起源，总是已有散布、分裂、空隙和时间化(Derrida 1972b, 259, 299-300, 303)。

第五节　自身显示的分化架构

全都与亨利相反，胡塞尔、萨特与德里达的论证都支持了，自身触发与他异触发之间有某种相互依赖性。然而，仔细的考察会发现，他们的论断也并不是像一开始看上去的那么相似，他们实际上在一些关键点上相互背离，论证着不同的立场，有的较为温和，有的非常极端。他们或者声称，正是在与我们之所不是的东西的遭遇中，我们才是有自身觉知的；或者声称，正是通过遭遇到我们之所不是的东西，我们才获得了自身觉知。自不必说，宣称我的主体性在其对世界的探索中展现给我，与宣称我经由（via）世界而意识到我自己，二者之间有着细微的、但是关键性的区别。第一种论断较弱，它声称，自身觉知与自身触发永远不能脱离了他异触发而单独发生。自身显示总是伴有他异显示，与之不可分离，无法独立发生。尽管这个温和的论断已经对自身觉知的自足性构成了挑战，但是它所辩护的结论并不是自身觉知的结构含有断裂，而仅仅是说，自身觉知总是伴有断裂，即在自身与他者之间、内在性与超越性之间的断裂。

在这点上，更为极端的立场发出了声音。如果自身觉知无法单凭自己而显现，那么我们有理由怀疑，它是否真的能够保持其纯粹性、完整性与独立性？如果自身触发与他异触发不可分离，那么这难道不意味着，它们事实上相互交织、相互依赖或者终究不可区分（Barbaras 1991, 107）？因而，有人宣称，自身觉知不仅为他异性所伴随，而且还借助于他异性，为其浸染。这种极端立场可能貌似很有诱惑力,不过我们不要低估了它所遭遇到的问题。宣称自身觉知不是一种自成一类的显示,而是有中介之介入的结果,就要从根本上再次面临反思理论的所有难题。更有甚者宣称,自身触发总已经是他异触发,而自身觉知是无意识的结构性差异之离心作用(decentered play)的结果,然而,这种立场无异于主张消解和抹除要研究的自身意识,而不是致力于澄清这种现象。

尽管德里达的表述过于激进,无怪乎他有时候遭受指责,他把自身触发解释为一种对象意向性形式(Yamagata 1991, 179),然而这种极端的论断仍有其可取之处。毕竟,前反思自身觉知不仅总是伴有他异显示,它还有内部的界分、有分化的架构。因而,我们不要忘记了前反思自身觉知的完整的中心绽出结构:原印象-滞留-前摄。原印象面向多重他异:它面向质料触发;它"张开双臂奔向未来"(Hua 15:349);滞留伴随着它,为我们提供了"对最原初形式的他异性的直接的、基本的直观"(Sokolowski 1976, 699; Brough 1993, 526)。时间性的自身显示是呈现与离场的绽出统一体。我们在自身触发中发现的不是静态的自身同一性,自身触发作为自身时间化,可以说让我们面对着一种根本的不安与不等同(Levinas 1949, 223)。它是暴露和差异化的进程,而不是闭合与总体化的过程。

由于前反思自身觉知具有这种内部界分的特征,那么难怪一些现象学家会说,在前反思自身觉知的内核中,存在着前时间性的(pre-temporal)间距、离场甚至原始反思(proto-reflection)。例如,布兰德把前反思自身觉知中的永恒自身触发描述为"反思的发端"(Reflexion-im-Ansatz)(Brand 1955, 74; 亦见 Seebohm 1962, 126-

127；Hart 1989, 58）。与对象的坚实的自身同一性不同，主体的有意识的自身呈现已经包含了萌芽状的间距或离场。于是，这种说法就不奇怪了。即便承认反思不能是自身觉知的主要类型，但是我们仍然有必要去解释，它如何能够缘起于前反思自身觉知。就像萨特警告我们的，这个问题的关键并不是要找出一些前反思自身觉知的例子——因为例子比比皆是，而是要理解，我们如何能够从这种构成了意识之存在的自身觉知过渡到奠基于其上的反思性的自身知识（Sartre 1948, 63）。

萨特无意否认反思的自身觉知与前反思自身觉知之间的差异，但是他坚持认为，两种自身觉知的样态之间一定有某种类同、某种结构上的相似性。否则，我们就不可能解释，为什么前反思的我思能够致使反思的发生（Hua 10：115）。日常体验可供反思之用，这是它的一个重要的规定，而自不必说，若一种自身觉知的理论只能解释前反思自身觉知，那么它也像反思理论一样是有缺陷的。换句话说，我们谈论的恰恰是前反思的自身觉知，这不是一种巧合。语词的选用意味着二者之间有关联。（有意思的是，亨利认为，反思的我思与前反思的我思之间的区分是模棱两可的，他本人并不把"前反思"一词作为原初的自身显示的标签［Henry 1965, 76］。这想必是因为，这一概念表露了对反思范式的某种依附性；即把自身觉知称作"前反思的"意味着仍然以反思的自身觉知为准绳。）反思之所以总是一直可能，正是因为反身的裂殖（reflexive scissiparity）可以说已经存在于前反思的我思之结构之中（Sartre 1943, 113, 194）。正如德里达说的："如果呈现的这种与自身的非同一性（non-identité à soi）不是原初的，如何能够解释每个经验在本质上都包含着反思与再现(re-présentation)的可能性呢"(Derrida 1967a, 76 [1973, 67-68])？实际上，反思只是表达了生活的当下的有分化的统一性(Ms. C 3 69a)，胡塞尔有时候把这种有分化的统一结构称为意识的内在反身性(Hua 15：543-544)。㉘正如黑尔德所述：

> 在这种事后性(Nachträglichkeit)(反思作为"事后觉知")中表现出，总是预设了三个方面：首先，行动者与自身的差异性，借此它才能对自己进行主题化，或者像胡塞尔所说的"实存化"(ontifizieren)；其次，行动者与其自身的统一，借此它能够在自身主题化中与自身进行同一化；最后，在自身的差异化中与自身相统一的涌动(Bewegtheit)(Held 1981, 192)。

> 它不容许被理解为对象同一性，或者首先作为完全的统一性，因为，对内在的自我多样性的思考与对其统一性的思考一样，对于最原初地理解真正的自我而言都是本质性的(Held 1966, 169；亦见 Held 1966, 65, 170, 172)。㉙

㉘ 我们有时候会见到反思(reflection)与反身性(reflecxivity)之间的术语区分。格鲁-索伦森做过这个区分(Grue-Sørensen1950, 133, 138)，莫汉蒂也做过；莫汉蒂把反身性定义为意识的前反思的透明性，区别于作为高阶意向活动的反思(Mohanty 1972, 159, 164, 168)。

㉙ 我们可以看到，芬克宣称，反思只是把前反思主体性已然固有的多样性(plurality)展露出来，进行明确界分："自身意识总已是反思着的——我们要正确理解这个表述，这意味着，并非起初只是单调的、简单的自我，随后才在一再拔高的反思层次的完善中出现诸多统合起来的统一自我；相反，自我原初地已见分裂，但仍统一；它是多重统一体，它并不是在自身中发现了多样性，它只要'存在'就持续地产生着多样性。自我的存在恰恰在于它的多重性和统一性"(Fink 1992, 128)。

于是，我们最终得到了这个洞见，前反思自身觉知一定不能被理解为一种简单的、静态的、自足的自身呈现，而是一种朝向他异性的动态的和差异化的开放性。承认这一点，本身并不是要把反思的自身觉知所具有的那种断裂置入自身觉知。尽管我们必须避免把前反思自身觉知解释为一种自身关系，或者作为意识活动把自身作为自己的对象的情况，我们还是不要忽视了体验维度中的内在界分。

第八章　自我中心性的不同层次

现在，我们把讨论的焦点转到自我的话题上面来。我在第三章已经指出，关于自身觉知的理论必须做到对一系列不同问题的澄清。其中一个问题涉及，无主体的或非自我的自身觉知的说法是否言之有物，即我们应该选择自我论的意识理论，还是非自我论的意识理论？自我论的理论会说，当我听约翰·柯川（John Coltrane）的一首曲子的时候，我不仅意向性地朝向这支曲子，不仅觉知到所听见的曲子，而且还觉知到是我在听它，即我在听这支曲子；而非自我论的理论会说，自身觉知仅仅是意识对其自身的亲知，因而更正确的说法是，有一个关于听这支曲子的觉知。自我论的解释和非自我的解释，与自身觉知的反思理论和前反思理论，相互交叉组合，于是，我们得到四个基本的立场：

	非自我论的	自我论的
反思的	I	II
前反思的	III	IV

基本上，对此可以这么发问，我们要把自身觉知理解为对某个自身（a self）的觉知，还是某个具体经验对它本身（itself）的觉知？然而，仔细一思考，这种提问方式有误导性。首先，它摆出的是错

误的选项。自身觉知既不是对某个自身的觉知,也不是某个经验对它本身的觉知。相反,我们必须认识到,自身觉知有各种不同的类型。我可以前反思地自身觉知到我当前的知觉,也可以对这个知觉进行反思和主题化。而我也能够对自己作为意向行动者与经验主体进行反思;即我可以反思到正是我自己在思考、谋虑、决断、行动与承受。如果我比较在两个不同的反思活动中给予的意识活动,比如关于啁啾鸟儿的知觉与关于一次漫步的回忆,我可以关注其中改变的东西,即意向活动,而我也可以关注保持同一的东西,即经验的主体。其次,自身觉知这一表述可能会显示出,如果自身觉知是经验关于自身所具有的觉知,我们面对的就是一种非自我论的或无主体的自身觉知的类型。但是,我们最终会清楚地看到,这一看法是错误的。

这些初步的思考表明,我们需要对作为自我意味着什么做出更为专门的讨论。胡塞尔关于意识的自我中心结构的分析可以为我们提供一些洞见,他采用了若干不同的关于自我的形式性(formal)概念,或更确切地说,涉及了若干不同的相交叠的自我论层次。我马上就要对其中最重要的一些做出区分和讨论,不过,我先从别的地方开始,简要讨论一下萨特对选择非自我论的著名辩护。

第一节 萨特论非自我论的意识

基本上,萨特的《自我的超越性》一书的思路使用了三个不同的论证。首先,他质疑传统的观点,论证了自我是冗余的。传统哲学经常假定,如果没有处于中心的和非时间的自我发挥统一、综合与个体化的功能，我们的心灵生活将会离散，成为一堆混乱的、无结构的、分裂的感觉。但是，萨特指出，这一推断误判了意识流的特征。意识流无需任何超越的统一原则，因为它本身就是绽出的流动统一体。意识正是通过时间化来统一它本身。它也不需要任何外在的个体化原则，因为意识本身就是个体化的。因此，关于时间意识的充分解释会取消自我介入的任何必要性，使其失去存在的理由(Sartre 1936, 21-23; 亦见 Merleau-Ponty 1945, 466, 481)。①

其次，萨特宣称，由于一些根本性的原因，自我也不能够成为意识的一部分。我们已经看到，在萨特描述中，意识具有彻底的透明性与空虚性的特征。它的存在就在于自身觉知，因而，其中没有任何部分能够在任何时候是隐藏的或晦暗的。然而，自我却极为不同。自我这种东西看上去，它的本质只能逐步地显露，并且总是包含着有待揭露的方面。自我从不整体性地给予，也从不充分性地给予，因此，它不具有意识的透明性。

有人或许可以反驳，萨特混淆了世界中的自我与先验的自我。然而，他会回应道，一切自我都是世界中的，而试图把自我作为形式原则引入到先验意识的结构之中，也必定会引入来自世界的不透明因素，因而摧毁了意识的纯粹性与透明性："此外，这个冗余的自我也是一个障碍。如果它存在的话，它会把意识从其自身那里撕裂开来，它会割裂意识，它会像不透明的刀片一样滑入一切意识。先验自我就意味着意识的死亡"(Sartre 1936, 23 [1957, 40]; 亦见

---

① 萨特援引了胡塞尔在《内时间意识现象学》中的研究，他顺带提到，纵意向性统一了滞留的链条，但是他并未对此做进一步的阐述(Sartre 1936, 22)。

Sartre 1936, 25, 37, 74)。

最后,萨特的第三个论证指出,对体验意识的充分现象学描述也压根不会发现,有任何自我居于意识之中或作为意识的所有者。自我既不是必要的、可能的,也不是现实的。我们有时候会说,某人完全沉浸在忘我的状态中;这一说法包含真知灼见。当我沉浸于阅读一本小说,我有对书中所述的故事的意识,拥有非设定性的自身觉知,但是,在萨特看来,我并没有任何关于自我的觉知,也没有觉知到阅读是由我进行的。同样,当我追逐街上的电车,奋力赶上它的时候,我会有必须要赶上电车的意识,以及前反思的自身觉知,但是仅此而已。因此,萨特似乎接受了利希滕贝格对笛卡尔的批评——传统哲学对我思的阐述断言了过多的东西,而这能够确定的并不是"我觉知到这把椅子",而是"有对这把椅子的觉知"(Sartre 1936, 31-32, 37)。[②]

前反思意识不具有自我论的结构。我们只要是沉浸于经验之中,经历着(living)经验,自我就不会出现。只有当我们疏离了生活经验,对之采取了对象化的态度,即当我们反思它的时候,这才会发生。但是即便是那样,我们涉及的也不是自我意识(I-consciousness),而是关于自我的意识(consciousness of I),因为,进行反思的这一端的意识仍然是非自我论的。显现的自我是反思的对象而不是反思的主体:"自我是只会向反思显现的对象"

[②] 萨特采用了胡塞尔对通常的反思与在回忆中的反思的区分。他指出,当我们回忆过去的一件事情时,我们还以非设定的方式回忆起我们以前关于那件事的经验。这一经验可以在反思中被主题化,但是在此之前,每当我们关注过去的事情时,相关经验同时也以非设定的前反思方式而共同给予,因而这会有助于我们洞见到前反思意识的本质,例如,它的非自我特征(Sartre 1936, 30-31)。

(Sartre 1936, 65 [1957, 83]; 亦见 Sartre 1936, 37)。作为超越之物，自我外在于意识，因此，它可以留作客观科学比如心理学的研究对象(Sartre 1936, 35, 43-44, 54-55; 1943, 142)。当我对这个对象进行反思的探讨时，我会把它当作仿佛是另一个人的自我那样来考察它。即是说，我会采纳他人朝向我自己的视角，当然这一视角也绝不会揭示出我自己的主体性的原初自身给予(Sartre 1936, 69)。因此，萨特可以写道："兰波(Rimbaud)的著名诗句(在《通灵者的书信》[*Lettre du voyant*]中)恰当地表达了这种反思态度：'我是一个他者'"(Sartre 1936, 78 [1957, 97])。

让我概述一下萨特对自我之显现方式的解释。当反思的时候，我们把至此尚是前反思地自身觉知的经验(比如对一把椅子的知觉)进行主题化。在主题化的过程中，知觉继续意识到其对象，即那把椅子，但是却经历了特定的样态变换。它转变为(准)心灵对象，被经验为是某个自我所拥有的。然而，说主题化的知觉获得了自我论的结构是什么意思呢？这当然不能是说，自我显现为知觉活动的实在组成部分，与这个活动一起出现和消失。如果是那样的情况，那么有多少个意识活动就会有多少个自我，但是，"我"在每次反思的时候，显然并不总是遇到一个新的自我。真实发生的情况是，反思把经验置入了自我论的语境之中。反思把经验解释为属于自我论之总体的显示着的状态、特征与品质。正如若干个别的经验，如嫌弃、厌恶与反感等，可以被看作是针对某人的更持久的态度的表现，态度显现为超越的统一体、把许多不同经验相互关联和组织起来的机制，而自我也可以被看作囊括所有的心灵状态、特征与品性等的统一体。即是说，自我总是被经验为超越个别心灵活动或状态的东西，这并不仅仅是因为人们所认为的，当某个活动或品性消失了而自我还继续存在，而且还由于自我还被认为与其他活动和心灵状态相关联。同一个自我听见顽童的呼叫，品尝法国苹果白兰地，聆听柯川的曲子，担忧着中东的和平进程，醉心于日式禅意花园，立志研究哲学，等等。因此，自我并不包含在任何被反思的经验（心灵对象）之中。它超越了每一个经验，它的给予飘忽不定，因为，就像萨特说的，它只在眼角余光之中闪现。自我是被反思经验的视域与理想化的意向相关项统一体；我们若注目直视，它便消失了（Sartre 1936, 58, 70）。

萨特的论证显然支持了海德堡学派的立场。但是这真的能令人信服吗？把自身觉知归属给无人称的和非自我论的意识流是否真的恰当，或者，如果我们坚持以严格的非自我论方式来谈论意识流，难道不是把经验还原为某种第三人称的事物吗？人们显然能够按照萨特的方式谈论自我，即把自我理解为具有习惯、性格特征和持久信念等的人格自我（亦见 Hua 14：419）。但是只能如此做吗？我已经提到，我们不一定要把自我设想为超越的经验所有者；我们还能够把经验之第一人称给予的样式描述为自我中心性的最基本形式。在这种情况中，自我不再是从意识流中脱离出来的或与之相对的东西，而是其结构的本质部分。

所以，我们需要质疑萨特与梅洛-庞蒂对我思的重新释义。看来，把我思解释为"有对一把椅子的知觉"或"某人知觉到一把椅子"（Merleau-Ponty 1945, 249, 277），都是不充分的。这两种做法都忽视了一个重要的细节。当亚当与本杰明同时知觉到一把椅子的时候，这两个前反思的知觉都可以是匿名的，即缺少对所涉自我的明确的主题化。③ 但是,匿名的意思并不是无差异,不论这里的"无差异"说的是纯粹数量上的同一性(在此,两个意识流会重合),还是仅仅指性质上的同一性。相反,这两个个体化的知觉之间有着关键的不同。其中只有一个知觉以第一人称呈现的样式给予亚当,如若不然的话,亚当无法知觉到这把椅子。我认为,这一论证是对非自我论的意识理论的决定性的和充分的反驳。④

因此,萨特的论证的问题在于,他采用了过于狭隘的自我概念。不过,有人会指出,萨特自己最终也意识到了这一不足。比如,萨特在《自我的超越性》中把前反思的、非自我论的意识领域描述为无人称的(impersonal),而在《存在与虚无》和《自身意识与自身知识》中,他把这一观点视为错误的。并不是自我将意识人格化;正是意识凭借其根本的自身性(ipséité)而使得自我显现:"如果意识在直接的和非反思的层面上没有自我,它仍然是属人的(personnelle)。它之所以是属人的乃是因为,它无论如何都是向自身的折回"(Sartre 1948, 63 [1967, 123];亦见 Sartre 1943, 114, 142-143, 284;1936, 19, 78-79)。在此,我们可以仅仅反对萨特

---

③ 自不必说,对自我的主题性经验的缺失与对自我之缺失的主题性经验之间是有区别的。在前反思层面,应该没有对经验之我的明确觉知,当然也不会觉知到(即使前反思地)经验之不属于我。不过,这一论证仍然局限于正常知觉的层面。我很快会讨论,是否存在缺乏这种自我中心性特征的深层的或异常的(精神病理学的)意识。

④ 斯坎伦在批评萨特对回忆的解释时指出,"如果我把自己在反思的回忆中所记起的东西付诸表述说,'我昨天看到火车窗外的风景',我并不是用'我'来指称昨天看见风景的某个不确定的个人。如果是那样的话,我会说,'有人昨天看到火车窗外的风景'。我也不会借用反思式的回忆来支持那个陈述。我用'我'来指称一个确定的个人,即那同一个昨天看到火车窗外风景与现在以反思方式回忆起我经历此事的人。换句话说,这里的'我'被认为不仅属于被反思的经验而且还属于反思的活动"(Scanlon 1971, 339)。

的用语；更为合理的做法是承认，意识本身在原则上具有自我中心性的特征，而把"属人的"这一用语留给更高的自我论层次。不过，很显然，我们必须细致地区分不同的自我概念。胡塞尔当然认识到了这一点。

第二节　第一人称给予的自我中心性

在《逻辑研究》中，胡塞尔最开始主张非自我论的意识概念（与萨特在《自我的超越性》中所持的概念相近），但是，他后来放弃了这一立场。正如马尔巴赫所示，这一转变的主要原因之一在于，胡塞尔在进入对交互主体性的现象学分析时，他的理论遭遇到了困难（Marbach 1974, 77, 90）。作为对交互主体性进行研究的可能性条件，我们所采用的主体性概念要容许把一个意识流与另一个意识流界分出来，即容许意识流的多数性。⑤ 然而，只要胡塞尔还在坚持非自我论的理论，其中匿名的经验不属于任何人（Hua 16：40），把

---

⑤ 关于梅洛-庞蒂的交互主体性理论，有个常见的问题，即他有时候近乎违反这一原则。梅洛-庞蒂写到，我们的知觉活动具有前个人的结构，它们本质上具有根本的匿名性特征。因而，一切知觉和每个知觉都在普遍性的氛围中发生，即以"某人"（das man）的样式发生（Merleau-Ponty 1945, 249, 277）。梅洛-庞蒂甚至说，我们的知觉内核中有种去个人化（depersonalization）（Merleau-Ponty 1945, 159），他声称，这里也不会有他者的问题，因为既非自我亦非它在知觉，只有在我们这里生发的匿名视觉（visibilité）（Merleau-Ponty 1964, 187）。在对发展心理学的研究中，梅洛-庞蒂得到了相似的结论，他指出，交互主体性的问题仅只是对成人而言的问题。在生命之初，既不能说自身觉知，亦无从言及对别人的经验。在这个共享的和匿名的生命阶段，还没有那种差异化（Merleau-Ponty 1945, 407；1960b, 32-33）。不过，梅洛-庞蒂有时候看似也认识到，这种解释模式并没有解决交互主体性的问题，反倒因为取消了所有多数性而有消解该问题的危险（Merleau-Ponty 1945, 408-409；1947, 125；1988, 42-44）。

意识的统一性看作无外乎所有毗邻经验的总和，他就会面临着如下的困难：如果我遇到一个哭泣的儿童，我们会说，我经验到的不是我自己的悲伤，而是其他人的悲伤。然而，只要我还选择非自我论的理论，就无法把握到这一区别。马尔巴赫说："对现象学经验的分析实现了一个关键的区分：我有着我称为'本己的'（eigene）意识经验，我还有关于不是'本己的'而是'异己的'（fremede）意识经验的意识经验。为明确起见，我们不能再说'无人的'（niemandes）经验"（Marbach 1974, 100）。⑥ 在我对那个孩子的悲伤的同感共现中，我既有自身觉知，也觉知到其他人。我意识到两个不同的主体。什么使得我区分出我自己的（同感）经验与他人的（悲伤）经验呢？我自己的经验以第一人称呈现的样式原初地给予我，而那个孩子的悲伤显然不是以同样方式给予我的。⑦ 我为何从不会混淆自己的

---

⑥ 胡塞尔发现通过双重反思（double reflection）而能把异己经验进行主题化之际，实现了这个关键性的突破。正如我在回忆中能够把当下进行回忆的自我与过去进行知觉的自我主题化一样，同感让我能够对我自己作为同感的自我与他人作为同感所指向的自我进行反思。因此，现象学的描述通过反思不仅可以通达自己，而且还可以通达他人（Hua 13：456）。

⑦ 在《共情的本质与形式》一书中，舍勒论证到，对情绪的分析确证了多数性的（Vielheit[pluraility]）主体的存在。如果我们考察爱与共情时，会发现真正意义上的超越自己而去把握某人。真实的意向超越是显易易见的，于是，根据舍勒的看法，我们的共情经验可以作为反驳唯我论的直接证据（Scheler 1922, 57, 69, 81）。鉴于这类情感表明有许多主体，舍勒继续批评一些论证意识之超个体统一性的存在的理论。从现象学视角来看，我们面对的是情感性的意向活动，它们的结构抗拒着对主体间真实差异的取消（Scheler 1922, 75）。"因此，同情（Mitgefühl[fellow-feeling]）并不像叔本华和冯·哈特曼所讲的那样表明了人们之间的本质同一性，它事实上预设了他们之间具有纯粹的本质的差异（这也是他们在现实中的差异性的最终基础）。同情根本不会是在某种超个体的精神或普遍意识中发生的情感，仿佛两个人一起参与其中，在其中那样相合并。我们看到，如果真正的共情经验的贡献在于，驱散唯我论的幻象，把握到另一个人作为另一人所具有的同等地位，那么它就不能同时是模糊不清的认知，仿佛，既不是自

经验与他人的经验也是很清楚的（Hua 9:416）。⑧ 我根本不能通达他人经验的第一人称给予。这就是为什么他人具有根本的他异性与超越性特征的原因。这也说明为何他人作为另一个人而给予我："如果能够直接通达属于他人自己本质的东西，那么这些东西也将不过是我自己的本质的要素，最终他本人与我自己将会是一样的"（Hua 1:139［1960, 109］；亦见 Hua 15:12）。⑨

当胡塞尔意识到这一点时，他抛弃了他的非自我论的理论。每个意识经验都属于某个主体，即要么属于我，要么属于其他人。它不可能不属于任何人。一个特定的经验是否被体验为我的经验，并不依赖该经验之外的东西，而取决于经验的给予。如果这个经验以第一人称呈现的样式原初地给予我，那么它就被体验为我的经验，否则的话就不是我的经验。显然，这种形式的自我中心性必须区别于卡斯塔涅达讨论的自我意识。我们在此尚未讨论到对为我们所拥有或属于我们的经验的主题性觉知。现在讨论的是经验的独特

我，也不是其他真实的存在者，而是某个超乎个人的第三者，而我们个人只是其中发挥作用的因子"（Scheler 1922, 76［1954, 65-66］）。

⑧ 用詹姆斯的话来说："没有思想能够像在自己的意识中那样，进入另一个人的意识中直视其思想。绝对的绝缘、不可还原的多元主义就是法则。看来，基本的心灵事实并不是思想、这个思想或那个思想，而是我的思想，每个思想都有所属（owned）。无论是同时性，还是空间上的接近性，抑或性质与内容的相似性，都不能把思想融合在一起，思想属于不同人的心灵这一屏障阻隔了它们。思想之间的隔断是自然世界中最为绝对的隔断"（James 1890, 1:226）。

⑨ 超越的他人的概念对于胡塞尔至关重要。我在别处表明，胡塞尔最终断言，我关于客观有效性的经验因我对异己主体性之超越性（与不可通达性）的经验而得以可能。胡塞尔认定这种超越性是最初的实在的他异性，是所有类型的实在超越性的源泉，它赋予世界以客观有效性："这里是唯一一名副其实的超越性，而所有其他名曰超越性者，如客观世界，亦有赖于异己主体性的超越性"（Hua 8:495；亦见 Hua 17:248；14:277；15:560；1:137, 173；Zahavi 1996）。

的初始呈现，而不是某些使得它是我的经验，并将之区别于他人所拥有的经验的特定内容。⑩ 简言之，所有我对之有自身觉知的经验都必然是我的经验。它们是我的经验，完全是我的经验，因为只有我才能对它们有自身觉知（Hua 8：175；13：307, 443, 28, 56）。

> 心灵的统一性——就所有属于该心灵的东西而言的统一性——源于它本己的、只有它可通达的原初经验（Hua 9：415）。

> 最原初的属我的东西就是我的生活、我的"意识"、我的"我做与我承受"，其存在正在于，它原初地预先给予我，给予运作着的自我，即以原初性的样式、以它-自身可以被经验的、直观的方式而给予我。所有我的生活都是我可以原初地直观的，它或者是运作着的、因而匿名的生活，或者是现时地被直观到的、因而主题性的生活（Hua 14：429）。

最终，胡塞尔倾向于把(1)第一人称给予样式、(2)自身觉知与(3)自我中心性的特定的基本含义与(4)意识生活本身相等同（Husserl 1985, 193；Hua 13：184；4：252, 350；14：151；Ms. C 3 32a）。⑪

前文介绍了波塔斯特反驳自我论的自身觉知理论的论证：如果自我被理解为某种处在经验之外或之上的东西，那就难以理解，为

---

⑩ 克劳沃恩尽管不是最早指出了这点，但却对此做出了非常彻底和明确的辩护（Klawonn 1991）。

⑪ 有关对胡塞尔的生活概念的深入研究，见 Montavont 1999。

什么自我对经验的觉知应该作为一种自身觉知。不过，胡塞尔对我们自己的经验的原初给予的讨论所揭示出的自我或自身概念，不是处在意识流之外的某个东西，而就是它的给予的结构性要素。它就是经验的第一人称呈现样式，经验的自身显示或自身触发，构成了最基本形式的自身（Henry 1963, 580-581；1965, 53；1989, 55）。同理，通过指出前反思自身觉知是先于所有自我论主动性而被动给予的状态，从而反驳自我论的自身觉知理论也是不可取的（Henrich 1970, 276）。对于我们的自身性，也完全可以这么说。在最根本的意义上，成为自身是一种馈赠，是事件发生（Ereignis）的结果，而不是我们所决定成为的东西（Henry 1966, 31）。

鉴于共同的给予样式使得两个经验属于同一个主体，或者说，鉴于它们展现在相同的原初呈现的场域，这个场域使得不同的经验属于同一个自身（Klawonn 1991, 5, 136），我们就可以回答第三章提出的一个问题：即自身觉知如何桥接不同经验之间的时间距离，什么使得我能够把以前的经验作为我的经验而回忆起来？回想一下胡塞尔对两种不同类型的反思的区分：当我回忆起一场过去的对话，我所关注的主题是这场对话，而不是我关于它的以前的经验。但我总是有机会进行反思。我能够反思我当下对过去对话的回忆，也能够反思我关于对话的过去经验。在后一种情况中，我的当下经验与过去经验的关系并不能比作同一条项链上的两颗珍珠之间的关系。我们可以做到只观察个别的珠子，而不去管它们之间的关系或者与项链的关系，而为了确定它们是相互连接的，我们需要查明它们事实上由一条完整的线串起来，但是对于两个经验来讲则不是这种情况。为了确定某个过去的经验是否真的是我的经验，我直接就可以做到,而不需要首先查明我现在的反思与过去的经验之间有着未中断的时间连续性。或者,更确切来说,我什么都不需要做,因为这里不涉及有标准的自身同一化辨识(Strawson 1966,164)。如果某经验是我能以反思的方式在回忆中通达的,那么它必然自动地作为我的过去的经验而给予。因而,通过指出意识流中所谓的中断(比如无梦的睡眠、昏迷等)而反驳心灵的统一性是徒劳无功的,因为那样做是基于错误的假设,即两个经验之间的连续性使得它们成为相同主体性的部分,而不是由于它们共有的给予方式。

更一般地来说,我去回忆某个生活场景并不仅只是想到某事物,也不仅只是想到在过去发生的事情。回忆是对发生于我的过去、我经历其发生的事情的再呈现。回忆某件事情就是回忆曾经呈现给我的过去的事情。布拉夫说,"被回忆的东西曾经呈现在这个时间统一体中,而回忆现在真实地发生于这同一个时间统一体中。套用自我论的说法,被回忆起的东西是我自己的生活的流逝了的状态,又被生活的现时当下的部分所重新捕获"(Brough 1975,42)。因此,说我回忆起某事但是并没有回忆到这是我所曾经历的事情(尽管我在通常的回忆中并不关注这一事实)是毫无意义的,我也不能一边回忆起过去的事件,一边怀疑是否是我原初地经历了它(Hua 14:275)。然而,回忆对误识的免疫并不意味着,回忆到的经验是必然如实的,也不是说回忆排除了所有类型的错误。我们当然有可能混淆和混杂了多个不同的过去经验,就像我们有时候会把过去曾经读到、听到或梦到的东西回忆成在真实生活中曾经经历的事情(Hua 10:34)。所以,如果我回忆起貌似发生于十年前的生活场景,我并不能由此推论出我十年前存在过,只能说明我曾有过以前的经验。⑫

当然，有人可以反对说，有多种不同类型的记忆。我不仅能回忆起我昨天参加的对话，还能记得如何开车、丹麦女王的名字或者布匿战争的年代，而这显然并不蕴含着，我必定回想起我第一次学会这些事情的生活场景，或者我亲身经历了那个历史事件。不过，我想回应，首先，我们上述的这个论证只应该适用于所谓的场景（episodic）记忆（与所谓的语义[semantic]和程序[procedural]记忆相对）；其次，难道我们不应该更恰当地说，我们知道丹麦女王的名字、布匿战争的年代，以及如何驾驶汽车，而非回忆起这些事情吗（Ayer 1956, 136-137）？

我只有以隐性方式回忆起我对某场景的过去经验，我才能回忆起那个过去的场景，而我只有在那个经验原初地发生时对之有自身觉知，才能够做到这些。⑬弗兰克对此说道：

---

⑫ 近来有人声言，鉴于未来可能实现某些高级的脑部移植手术，某人在原则上可以拥有以第一人称样式呈现的真实记忆，而这些记忆又不必然是对自己的经验的记忆。在此种情况中，某人可以相当合理地说："我看来确实生动地回忆起聆听那首曲子，但是我不知道，究竟是我还是我的供体伙伴听过它"（Parfit 1987, 221）。然而，这个例子看上去违反了回忆概念。即便可能有某种诸如类记忆（quasi-memories）的东西，这既不会损害我们对正常记忆之特殊不可错性的假设，也不会呈现出无人称的经验之类的东西。埃文斯曾经指出，某人明确记得着火的大树，即是在他看来有一棵树着火了，在他看来他本人看见了着火的树。关于看见着火的树的明确记忆必然是对某人自己看见着火的树的明确记忆（Evans 1982, 246-248）。最后，帕菲特的断言看来预设了，记忆嵌入大脑的方式容许它们能通过脑部移植而实现转移。对此，威尔克斯指出："这整个路径真正错在把记忆（以及信念、思想等）当作仿佛是口袋里的弹珠：我们能够只从大脑中'拿出'一颗，它们是离散的和可分离的"（Wilkes 1988, 40）。有关对该种思想实验的其他反驳论证，见 Wilkes 1988, 1-48。

⑬ 假定能够谈论无意识的知觉，如果此种知觉随后突然进入了意识，那么它们也不会显现为是过去的知觉，它们的对象也不会显现为过去的对象。

为了回忆起是我刚刚完全沉醉于思考中，伏于纸案，奋笔疾书，我必定在那时已经对这些事情有意识。并且，这个意识必须对自身已有亲知，否则的话，我无法于事后再回到它，再回到这个仍可称作我的意识的意识（Frank 1986，90；亦见 Frank 1986，51；Schmalenbach 1991，316）。

第三节　自我作为集中注意的原则

胡塞尔对意识的自我论本质的论证并不仅止于上述论证。毕竟，意识的自我论本质不仅仅是它的第一人称给予。我们还发现，胡塞尔一再把自我描述为行动与触发的极点或中心，这些描述突出了自我作为结构化的原则的功能（Hua 4：310；9：315）。因而，考察的重点从把自我看作场域（field）转变到将之视为集中注意（focus）的原则上来。这在一些经验中很明显，比如，全神贯注于任务、做出决定、遭受到轻蔑、感到羞耻、责骂某人、预期一件事、或做出反思，等等。这些活动不仅指向对象或目标，而且还关涉作为行动之施动者（agent）或承受者（patient）的主体，因此它们的完整的意向结构必须被写作自我-我思-所思（Hua 4：107；3：179）。

在诸如经历、认知、推理、评价、意愿等清醒体验（Wacherlebnissen）中，我们发现，自我是体验的固有的中心，是其中的活动施行者，也是被动的有意识的承受者。它是同一极点、行动与被动的中心；后者的情况诸如，我感到悲伤，我感到快乐,我享受……在此,自我到处出现(überall dabei),作为活动的经历者和执行者,作为在活动中与被知觉、被判断与被意欲的东西的相关者。自我不是一个盒子,装着非自我的体验,不是一块意识白板(Bewußtseinstafel),于其上图绘再抹除,也不是一个体验复合体、意识流,或者在其中组装成的东西。相反,这里所说的自我在每个清醒的体验或活动体验中都表现为极点,作为自我中心点,因而参与到了体验的真正结构之中,作为体验的发射点(Ausstrahlungspunkt)或聚敛点(Einstrahlungspunkt),尽管不是作为其中的部分或片段(Hua 17:362-363;亦见 Hua 4:105)。

为了澄清作为行动与触发的中心或极点的自我概念,胡塞尔强调了一个区别:(1)我们以注意的方式指向对象的意向活动,与(2)我们关于对象周围环境的视域觉知。假设我在展厅中鉴赏一幅画。我除了以主题的方式朝向这幅画作之外,还意识到我站立的地板,我所穿的衣服、灯光、参观者们发出的声音,等等。胡塞尔说,"我们在对象方面所把握的东西要远多于留心观察与特别意指的东西。这里有很多我们只是附带着注意到,甚至压根没有注意到的东西,尽管它们都是为我而在那里的"(Hua 23:200 [2005, 239])。我意识到周围所有的对象,我可以任意地转移注意来关注它们,尽管我此时只是关注这幅画作。根据胡塞尔的观点,只有后者才构成了明确的自我意识。因此,胡塞尔把注意(attention)看作一种特殊的实行样式(Aktualitätsmodus [actionality mode])的意向活动。自我生活于这种我思活动之中,它们由自我所实行;胡塞尔因此也把注意描述为"自我的射线"(Ichstrahl[ego-ray])(Hua 3:211-215;4:97-98)。我们可以把注意力的样态变换解释为自我的"目光"的变换,即自我将其注意从一个主题转向另一个主题。

当然,意识生活不仅仅包括清醒的我思与专注的、进行把握的和采取立场的自我。专注的自我生活有个底基(underground),这里显然有一些被动的状态,自我在此是不活跃的,它不发挥作用,而是退隐了(但不是消亡了)(Hua 3:73;14:156;4:103;15:305)。比如,对于一些习惯性的活动,它们既是意向性的,也是前反思地自身觉知的,但是没有任何明确的自我涉入(Hua 3:189)。自我并不作为操控的原则介入这些非专注的活动。但是,它们仍然具有隐性的自我关涉的特征,不仅因为它们的自身给予性,还在于它们构成了自我的视域。通过注意的转换,自我总是能够将其注视投向周围环境,从而把控这些经验(Hua 4:108)。

最终,对自我论的意识的充分研究还必须进行更为细致的分类研究,因为不同类型意识活动的自我介入有着各不相同的特征。自我呈现于自愿的活动的方式会不同于呈现于非自愿的活动,正如我们必须区分不同类型经验的自我论特征,包括,自我正式呈现于其中的那些经验(比如专注的知觉或回忆),自我带着情绪介入的、并以快乐、愤怒或怨恨的情感来回应的经验,以及我负有责任的活动和我所发起的活动(Hart 1992,68-69)。当我查看一份法语菜单,当我被一个雪球击中,当我决定去攀岩等的时候,自我以不同的方式呈现。

第四节　自我对意识活动的超越性

胡塞尔在《观念 II》中曾说道，自我作为行动和触发之极点而发挥作用的方式类似于，我们的身体对所有感性现象都作为定位的中心而发挥作用的方式。在《交互主体性现象学》（第一卷）中，胡塞尔问道，如果我们完全忽略掉身体性的主体，那么自我-中心与自我-射线的隐喻是否会失去其全部内容呢（Hua 4：105；13：248)？为了说明这一思路，我们可以参考普凡德尔的《心理学导论》（该书可见于胡塞尔的私人图书馆）中的一段话，在他的描述中，注意与身体之间有着切实的关联：形象地说，我们所意识到的东西本身并不是作为"平面"呈现给意识，而是以凸起（relief）的方式呈现。这个凸起的顶点就是最接近"专注的主体"的点，而它的基座则离得最远。有些对象立于意识的前台，有些对象则处在背景中；处于前台的对象离主体更近，为之注意，而处于背景中的对象则离之较远，不是特别被注意到（Pfänder 1904, 352-358）。

马尔巴赫也曾抓住这一点来论证说，引入作为注意中心的纯粹自我的企图失败了，因为确切来说，这个东西是冗余的。我们可能会在意识中发现注意的中心，但是它不是由纯粹的和形式的自我构成的，而恰恰是由身体性的、动觉的主体性所构成（Marbach 1974, 163, 172）。这并不是说，我们没有任何理由采纳纯粹的和形式的自我概念，而根据马尔巴赫与耿宁的观点，这些理由要到别处寻找，确切地来说，它们可见于对当下化活动的结构的分析中。为了理解他们的论证，我们必须还要引入另一个自我概念。

第八章 自我中心性的不同层次

耿宁曾数次指出，作为注意之中心的自我是意向活动中的结构要素，而不是统一性或自身觉知的原则：

> 这个纯粹自我、胡塞尔的"自我极"与意向体验的自身意识（Selbstbewußtsein）事实上没有任何关系。它既不是意向体验的自身意识的原则，也不表示其自身意识的结构。根据前面的论证，我们不能说自我、意识到了我思的自我，而应该说：意向体验本身就是非对象性的对自身的"原意识"（urbewußt），如果这些意向体验具有我思的形式，即是自我所执行的，那么这些体验对这个自我结构"有原意识"（Kern 1989, 56-57）。

当然，宣称单个的意识活动具有自我论结构是一回事，而声称自我在意识流中具有超越于意识活动的统一性功能则是另一回事。不过，这两个论断胡塞尔都说了。他不仅说，自我极是专注活动中的结构要素，而且还说，自我是超越于活动的同一性极点，为所有属于同一个意识流的经验所共有（Hua 13：248；9：207；4：277）。在后一种情况中，我们遇到的这个自我必须与单个经验区分开来，正如我们先前必须区分，变化的意识活动或经验与恒定的自身显示或体验的维度。自我并不内在地包含于意识活动之中，因为它总是保持其同一性，而单个的意识活动在意识流之中浮现、消逝，在永恒之流中代易更替（Hua 4：98；17：363）。尽管，自我必须与它于其中生活和作用的意识活动区分开来，但是它无论如何也不能独立于它们而存在。它具有一种超越性，但是，用胡塞尔的著名的话来说，这种超越性是一种内在性中的超越（Hua 3：123-124, 179；4：

99-100；14：43；13：246）。

现在，关键的问题是：这个同一的自我是如何被经验到的？它是如何给予意识的？或者，换一种更为清晰方式来提出这个问题，我们实际上要处理的是自我的一个新的方面，而不是简单地回到前文讨论过的第一人称呈现的样式：我的自身觉知何时关涉这个超越于活动的（act-transcendent）同一性？知觉活动具有前反思自身觉知，但是自身觉知只是自我意识的必要但非充分条件。根据耿宁的观点，后者要比单纯的、直接的自身觉知蕴含着更多的东西，它还含有被桥接起来的二元性、差异或者说间距。在一个简单的呈现活动（无论是否是专注的活动）中，我们并不能经验到作为超越于活动的同一性的自我，而只有在当下化和自身移位（self-displacing）的经验中，比如想象、回忆和反思等活动中，才能经验到（Kern 1989，60-62；1975，66）。当下化活动蕴含着裂变：反思活动蕴含着反思的自我与被反思的自我之间的裂变；回忆活动蕴含着当下的自我与过去的自我之间的裂变；想象活动蕴含着进行想象的自我与被想象的自我之间的裂变。⑭ 不过，我们要处理的是一种非常特殊的裂变。它并不会摧毁自我的同一性；相反，它揭示出迄今还是隐藏着的自我之存在的方面：它对活动的超越性。胡塞尔就回忆活动说，当下的自我具有一种显著的能力，可以把自己传递到过去，并在这一双重化中意识到其同一性（Hua 13：318；9：208；11：309；

---

⑭ 因此，胡塞尔指出，如果我想象乡下，那么我的想象必定也蕴含着被想象的主体（对我自己的想象变样），因为想象的乡下必定以视角性侧显的方式给予某主体（Hua 8：131，116）。在想象中，主体性可以不是自己而是他人，由此预示着交互主体性（Hua 15：335）。有关对这种特殊的他者化（othering）的分析，见 Depraz 1995，259-268。

亦见 Fink 1992, 114, 117)。"我不仅现在是,我不仅现在生活着,而且第二重的完整的自我生活也如其过去所是那样而给予意识,映现在我的生活中,即再现于我当下的回忆中……然而,这个自我穿越所有的再生活动而持续保持同一,保持为同一的自我,我在当下的回忆中非常确定地意识到它的过去的真实性"(Hua 11:309-310)。只有当主体性将其自身从它的当下处境中移位到当下化的处境,当它穿越这种差异而觉知到其同一性的时候,才浮现出来真正的自我论的自身觉知。只有当我们意识到自我穿越不同的经验而保持同一性的时候,我们才采纳了经验与自我之间的区别,而只有当采纳了这个区别的时候,我们才能说经验为自我所拥有,为了实现这一点,我们必须把不同的经验联系起来加以比较,而这正发生于当下化的活动之中(Kern 1975, 58, 62, 65)。因此,正如贝奈特曾指出的,我们不能简单地认为,胡塞尔的纯粹自我概念体现和确认了他对在场的形而上学的坚持,因为只是在开始认真考虑具有自身分裂、自身离场与自身异化特征的意向活动时,胡塞尔才引入了纯粹自我(Bernet 1994, 303-304)。

关键是不要误解了这个论证。宣称主体性只有通过它的自身他者化(self-othering),才能在其中获得清晰的自我意识(Marbach 1974, 117-119; Bernet 1985, xliv),并不是要支持关于自身觉知的反思理论的论证,也不意味着要接受萨特关于自我源于反思的论断。当然,我们在反思中遇到一种特殊类型的自我意识,但这要归因于反思(以及其他当下化活动)所揭示出的穿越差异的同一性,而不是反思本身的自身对象化。并且,萨特声称,反思所提供的是关于"自我"的意识,而不是自我意识,因为,在反思中显现的自我是对象，而不是反思的主体；这也意味着，反思的整个过程事实上具有自我论的结构。当我反思的时候，我并非仅仅发现某个不确定的正在知觉的个体。如果是那样的话，我就不会说，"我知觉到一个黑色的台球"，而是会说"某人知觉到一个黑色的台球"。在说"我"的时候，我明确地肯定了，反思的主体与被反思的主体的同一性。这两个经验（进行反思的经验与被反思的经验）都是自我意识的部分，因为，只有穿越这种差异，自我才能展现出超越于活动的同一性（Kern 1975, 65-66）。在某种程度上，我们应该说，只有在现实的意识与被当下化的意识之综合中，自我作为超越于活动的同一性才能显现。它在这个过程中得以构成，即实现其给予。但是这绝不是一种任意的或扭曲的虚构。这只不过是明确了事先已经存在的东西，即自身显示的恒定维度（Hua 9:208）。

至此，我区分了三个（部分重合的）自我概念，以及三个对自我论的意识理论的论证。意识必定具有自我论的特征，理由是：(1)意识的第一人称呈现样式，(2)它常常具有行动与触发的结构性极点，(3)当下化活动也显示了更为具体的自我关涉，即作为超越的同一性原则的自我。

我认为，这三个概念构成了自我中心性的三个不同的、不可还原的层次，此外，这还展示出了奠基-被奠基的关系，即第二个层次预设了第一个层次，而第三个层次预设了第一个与第二个层次。尽管我可以理解耿宁与马尔巴赫为何希望强调第三个层次，但是我并不认为，我们应该追随他们，宣称只有第三个层次才真正是自我论的。至于第二个层次，马尔巴赫的主要论证大致是说，纯粹的自我是冗余的，因为身体性的主体性就足以让我们理解注意力的现象。

但是，这是一个比较奇特的论证。如果数个经验都关涉着作为定位极点的身体性主体，那么，这种情况恰恰支持了对意识的自我论解释，即使身体本身并不是纯粹的自我。

至于第一个层次，我认为，我们不能错误地忽视了第一人称给予样式的重要性，从而把经验（无论是否是专注的经验）描述为匿名的和非自我的经验。毕竟，第一个层次并不关涉作为专注的行动者或超越于活动的统一性原则的自我，所以，为了标识出它与另外两个层次之间的真正区别，我们最终还是要采用自身(self)与自我(ego)之间的区分。因而，我们可以把"自我"这个概念留给第二个和第三个层次，而把经验的第一人称或主体特征确定为自身性的基本形式。⑮

第五节 时间性与人格解体

我们可以说经验是以自我为中心的，其最基本的含义即是第一人称给予样式；当我这样介绍说的时候还补充道，这并不妨碍有人会提出疑问，是否会有某种完全缺乏第一人称给予样式的觉知？或者，是否会有某种觉知拥有超越于活动的自我？对于后一种情况的觉知，我刚刚的讨论已经做出了说明。那么，关于第一个问题呢？我先来考察胡塞尔的一个令人费解的说法，然后转而讨论一些来自现象学之外的看法。

根据胡塞尔的观点，所有综合中最为基本的构成综合，即时间

---

⑮ 有关对后面这种提议的更为坚定的辩护，见 Zahavi 2005, 2014, 2018。

化的过程,是以纯粹被动性方式发生的综合(Ms. C 16 10a)。它为严格的规则所规定,绝不是由自我所发起、影响和控制的(Hua 11：235,323,72；1：125；Ms. C 17 63a-b)。因而,胡塞尔有时候表示,对永恒当下(nunc stans)的研究会导向前自我论的层次,即非自我之流的层次:"对原初当下(urtümliche Gegenwart)(持续的生活之流)的结构分析将我们引向了自我结构,以及为之奠基的非自我之流的恒常底层"(Hua 15：598)。

然而,仔细考察胡塞尔对内时间意识结构的分析会发现,他反复强调,自我实际上在生活的当下中无处不在(Ms. C 16 7b；Ms. C 16 69b)。因此,胡塞尔宣称,离开了作为行动与触发之中心的原初自我极,甚至匿名的意识流也是不可设想的(Hua 15：350；Ms. C 16 68b；C 10 2a)。胡塞尔同时提到了意识流的非自我特征与自我论特征,这说明此处在概念上有些模棱两可。(胡塞尔在这个层次上也谈论自我极,这也表明他并不总是严格遵守自己的概念区分。)当胡塞尔说非自我之流的时候,这里的"非自我"一词并不是指自我之呈现的缺失;首先,它并不表示绝对地前个体化的(pre-individuated)基础。事实上,如果把意识之流的前自我论特征理解为前个体化,将会面临胡塞尔最早的非自我论的意识理论所遭遇的同样问题;那将无从谈起意识流的多数性,因而也无法认识到他人的彻底的超越性(Zahavi 1994)。但是,胡塞尔说道,"一道鸿沟把我的生活之流的时间与我周围人的生活之流的时间分离开来,甚至这一比喻性的说法都尚有不足"(Hua 15：339)。"前自我论"一词的意思是,自我并不以任何主动的或专注的方式参与或襄助这一进程的(自身)构成。因此,胡塞尔用这一词主要是来指意识之流的被动性，即它超出了自我的影响范围（Hua 17:293；Husserl 1985, 122）。统一诸经验的并不是自我；这件事情由时间化进程本身来负责。不过，尽管被动综合并不由我所发起，它们仍然发生于我这里，而不是其他人那里，亦非发生于无人之境。这一进程不由我发起并不意味着自我是缺失的，仅仅是说自我以被触发的方式参与其中。因此，我们可把被动经验的自我关涉看作一种触发的自我关涉（Holenstein 1971, 140-141；Montavont 1993, 135）。[16]

在这点上，现象学的分析遭遇了来自于完全不同的研究方向的一些问题。如果经验的第一人称给予使得它成为我的经验，如果我无从怀疑这一"所有权"，那么我们如何处理一些从精神病理学获知的案例呢，比如，一个人声称他所具有的经验是别人的？在一些所谓的精神分裂症的一级症状中，我们会发现一些可以被宽泛地界定为人格解体的经验（Jaspers 1965, 101）。[17]一些人不仅会感觉到他们的经验是自动发生的、异己的，或为他人所控制的，他们甚至会相信某个其他人而不是他们自己在思考他们的思想。这看上去不仅与舒梅克关于第一人称经验归属免于误识的论题相冲突（Natsoulas 1991-92），而且还与第一人称呈现样式构成了经验的自我中心性的论断相矛盾。在此，从第一人称视角觉知到特定的经验看上去不足以把这个经验体验为是自己的。

有些人可能会指出，这些经验实际上是一些明显的病态经验，

---

[16] 在本书附录对无意识的讨论中，我还会回到这里的某些问题。

[17] 《精神障碍诊断与统计手册》（The Diagnostic and Statistical Manual of Mental Disorders）收录一种名为人格解体（Depersonalization/Derealization）障碍的分离性障碍，但下文主要关注的是发生于精神分裂症中的人格解体经验。

论证说关于自身觉知的理论会被病理学的观点所证伪是很荒谬的,从而对这个反对意见置之不理。但是,"病理性的"这一标签在这里无关紧要。即使我们必须承认,对一些病理现象的理解有赖于先理解正常情况,即使承认我们面对的是一些明显的极端情形,即使大多数正常观察者会认为这些病人的话如果完全无法理解的话就是谬误,我们也不能错误地便宜从事,直接以第三人称视角来取代第一人称视角。显然,对自身觉知的现象学分析必须认真地对待主体体验其自身的方式。尽管,我们不能苛求,对自身觉知的形式性的研究本身就足以解释人格解体经验,包括思维侵入等现象,但是它至少要与这些现象相容,即是说,我们不要提倡一种暗自否认病态经验之可能性的理论。例如,我们尚无法判断,亨利关于绝对无断裂的、自身等同的内在性概念是否会排斥掉一些病理现象,比如人格解体、思维侵入和极端分裂症(亦见 Kimura 1997, 342)。

然而,第一步是要正确地描述和解释病理现象。[18] 显然,认为异己的思想发生于异己的心灵中没有任何问题。只有相信异己的思想发生在自己的心灵中才是病态的和可怕的。因此,尽管遭受人格解体的主体的经验曾被描述为缺乏独特的为我性或属我性等性质的经验,但是,我们应该质疑这一描述的准确性,至少当为我性或属我性等语词被用来指经验的第一人称给予样式的时候。纵然人格解体经验或许显得是侵入的或陌生的,但是主体仍然觉知到是他自己而不是其他人在体验着这些异己的思想。鉴于患者主体并

---

[18] 或许重要的是,不要过于从字面上解释精神分裂患者的说法。当某人对我们说他死了的时候,更可取的做法是认为,他想向我们传达生存的事实而非生物的事实(Laing 1960, 37, 149;亦见 Sass 1994, 30)。

第八章　自我中心性的不同层次

没有混淆发生于异己心灵中的思想与发生于他自己心灵中的异己思想，这里是否发生了任何无效的错误识别也是值得怀疑的。

我们强调，不管患者在面对这些病态经验时感觉到多么地异化或疏远，这些经验仍然具有前反思自身觉知的特征；当然，这样强调并不意味着没有发生异常情况。我们面对的确实是一种基本的自身异化现象。不过，与其将之看作涉及自身觉知的缺失，最好是视之为有关一种变形的自身觉知。诚然，萨斯曾经指出，在某些案例中，人格解体的感受确实会涉及自身觉知的加剧，一种过度反思（ultrareflection）或超反身性（hyperreflexivity）。体验上出现了各种异常状况可能会引发主体努力去反思，更为仔细地把握和审视这些经验。最终，主体可能会非常沉溺于他的经验，这些经验因此逐渐变形、实存化为对象性的东西，因而导致了甚至更为支离、异化和侵入的体验（Sass 1994, 12, 38, 91, 95）。[19]

莱恩做出了相关的解释，他试图以"本体不安感"（ontological insecurity）的概念来理解人格解体现象。根据莱恩的观点，一个本体不安的主体可能会感到，他的自身同一性非常微薄、脆弱和不稳定，以至于他回避与世界和他人的直接接触，从而维持他的同一性，保护自己免受被现实所吞没的威胁。这种回避表现为他内部的、真正自我与他外部的、虚假人格之间的分裂。他的公开表现与社交举止成为一种角色扮演、一件面具、一个外壳。他的社会自我的知觉、感受与思想被一种极端的超然姿态所强制监控，以至于失去了自

---

[19] 有关精神分裂症的思想侵入与自身觉知之关系的进一步思考，见 Henriksen, Gram, Parnas, and Zahavi 2019。

发性,变得无生命和不真实,而他与他人的交往活动被视为如此地机械化和不真实,以至于最终与陌生人的行动相趋同(Laing 1960, 69, 72, 112, 137-138, 140)。主体与他自己的关系转变为人际关系,进行观察的内部自我把被观察的外部人格看作仿佛是异化的呈现或异己之人(Laing 1960, 74, 82, 168)。由于他还可能会依赖过度执迷的自身反思,以维持个人的岌岌可危的本体安全感,我们可以引用一位患者的话来说明这种情况:"我有天晚上在冰雪嘉年华上把自己遗忘了。我如此痴迷于观看那场活动,以至于忘记了当时的时间,忘记了我是谁,忘记了我在哪里。当我突然意识到,我竟然没有想到我自己的时候,我害怕得要死。不真实的感受出现了。我必须片刻也不能忘记自己"(Laing 1960, 109)。

面对关于人格解体的这些描述,我们并未发现与我们关于自身觉知之本质的基本观点相矛盾的现象。相反,对前反思的和反思的自身觉知中的他异性呈现进行细致的现象学分析,恰恰还可能帮助我们更好地理解发现于人格解体经验中的这类异化的自身觉知。[20]

---

[20] 布兰肯伯格把精神分裂症描述为自然明见性的丧失(Blankenburg 1979)。这种说法指出了精神分裂症与现象学态度之间的某种相似性。芬克曾断言,现象学的悬置是一种方法上的精神分裂症(Fink 1957, 329)。

第九章　个人、身体与他人

目前，我们尚未言及，与他人的互动会如何影响自身觉知的结构。①但是，莱维纳斯和利科等人已经指出了这一关系的存在。利科写道，当我受到指责、感到愧疚（guilt）时，我才首先意识到我自己是要对行动负责的施动者。他继续说："我主要是在社会语境中，与他人接触之际，形成了对自己作为在世界中行动的主体的意识，或更一般地讲，作为我的思维活动的主体的意识。有人问我，这是谁做的？我站起来回答说，我做的。回应——责任。责任即意味着准备回应这个问题"（Ricoeur 1950, 55［1966, 56-57］；亦见 Ricoeur 1990, 380）。②

---

① 有人或许会争论到，第三种形式的自我中心性的自身觉知——即觉知到自我是同一性的超越原则，以及更一般性的反思的自身觉知——是如此高级的认知行动，以至于只有在交互主体性中才会发展出来。然而，我们需要区分两个论断，其一仅仅论证特定的认知复杂性的层次与交互主体性之间有总体性的依赖的关系，其二断言反思的自身觉知具有具体的和内在的交互主体性的本质。哈特曾辩护了后一种论断，他认为自我极的构成要依赖他人（Hart 1992, 166）。只有与他人相遇，通过他人"源发的仁慈呈现"，主体对他人而言成为另一人，主体才有能力执行自身移位行动，才能获得自我论的与反思的自身觉知（Hart 1992, 198, 202, 207）。即便这种观点是对的，我也有点不太愿意承认是对胡塞尔的可靠解释。相反，这具有鲜明的莱维纳斯的色彩。

② 在《异于存在或超乎本质》中，莱维纳斯提出了如下问题：什么构成了主体的不可取代和不可替换的个体性？不用说，主体并非像埃菲尔铁塔一样是独一无二的。它并不因拥有其他任何人都不具有的性质或特征而是独一无二的，亦非因其在时空中

显然，我对形式性的自我中心性的三个不同层次的区分与讨论并没有穷尽这个问题，至少还必须说明另一种自身觉知的类型，即胡塞尔所称的世间的（worldly）或俗世的（mundane）自身觉知。毕竟，我不仅能觉知到自己是注意的主体性极点，或是超越于活动的主体同一性原则，我还能觉知到自己是世间的存在者——或是在人格主义的（personalistic）态度中，我向自己显现为诸多主体中的一个主体，即人类中的一员，抑或是在自然主义的（naturalistic）态度中，我向自己显现为受因果性决定的诸多物体中的一个物体（Hua 8∶71；5∶146；4∶174-175）。

第一节　俗世的自身觉知

胡塞尔把人（他有时也称其为实在的、经验性的或人格的自我）看作被构成的、世界中的超越的存在。纯粹自我就其单纯的形式性方面能够在纯粹反思中被充分地把握，与之相反，人则在俗世的（经

的独特位置而是独一无二的个体。我的独一无二的主体性亦无关乎我自己的选择与行动。在莱维纳斯看来，成为独一无二的主体归根到底要由他人来实现（Levinas 1974, 26, 91）。他人向我发出了无可回避的吁求，要我负有责任，而我的身份与独特性源于我无法逃避这份责任的事实，没人能够替我承担责任（Levinas 1991a, 186；1991b, 64；1974, 29, 141, 215-217）。换种方式也可以说，他人的谴责把我个别化。正是在伦理关系中，我收获了我的真正的个体性，正是这份责任让我不可替换和不可取代。因此，严格来说，主体性是对责任的服从（Levinas 1974, 183），只要我的自身性依赖于他人，它的特征就不是自足，而是根本性的自身缺陷与匮乏（Levinas 1974, 176；亦见 Ricœur 1990, 30）。莱维纳斯的确指出了重要的问题。对象之物不能负有责任；责任是主体性的独有特征。不过，他看上去还坚持认为，责任是主体性的决定性特征；对此，我却难以赞同。

验性的或人格的）反思中被主题化(Hua 4：249，105；1：62)。③ 后者从不充分地给予，只能以侧显的方式显现，因而也必须渐进地、逐步地来研究和揭示。当受到外部环境促动时，它可能会突然展现出自己所曾隐藏的方面，也会习得和发展出全新的性格特征(Hua 14：204；4：252)。

> 为了认识人是什么，或者我自己作为人类个体是什么，我必须踏入无尽的经验之中，我在经验中更新对自己的认识，认识到自己的新的方面和特征，并且总是更为充分地认识自己。只有经验才能展示出（或者也可能否认）我是怎么样的人、甚至我存在于此……另一方面，为了认识到纯粹自我存在、它是什么，我从大量经验积累中的获益还不如从单独一个简单的我思经验中得来的多(Hua 4：104 [1989，111])。

我不仅能觉知到自己是知觉的或回忆的主体，还能觉知到自己是努力工作的夏威夷物理学家，或是患有关节炎的中年男性。尽管有这些明显的、根本的不同，我们还是不要忘记，我们处理的不是不同的主体，而是不同类型的自身觉知。在每一种自身觉知的情况中，我都觉知到我自己。

---

③ 胡塞尔还采用了先验的个人的概念，这使事情复杂化了。这在《笛卡尔式的沉思》第32节中尤为明确，胡塞尔强调，自我极绝不是空乏的和静态的极点。它是发展着的结构，具有历史，为它自己先前的经验所影响和规定。我们的活动留下了积淀，先验自我借此获得了持存的习惯、信念、固定风格与人格特征(Hua 1：100-101；9：210-212；4：214)。出于同样的理由，胡塞尔也不会像萨特一样宣称，人格自我是反思的产物(Hua 4：251)，相反，它是积淀的结果。

在胡塞尔看来，个人（person）或人格自我（personal ego）与心灵（psyche）或心理学自我并不是两种不同的主体，而是关于主体的两种极为不同的俗世视角。人格自我是我如何在人格主义态度中向自己显现。这一意义上的主体是人文与社会科学的研究对象。另一方面，心灵被作为意识，作为心理物理复合体的一个部分，它属于自然科学的研究领域。个人是社会化的主体，是社会世界中的一员，而心灵是自然化的主体，是自然世界的一部分（Hua 4：142-143，175）。至于这两种立场之间的关系，胡塞尔声称，人格主义的态度要远比自然主义的态度更为自然。自然主义的心理物理学态度是第二位的、被奠基的。它预设了人格主义态度，是通过抽象和自身遗忘的过程而获得的（Hua 4：183-184）。④

当谈到个人的自身觉知的时候，那会很容易让人以为，我们正要离开严格意义上的自身觉知的领域，从而开始研究一系列相关但不同的问题，即有关人格同一性的那些问题。什么保障了跨越时间的人格同一性？什么准许我们谈论一个人的持续存在？然而，事实上，我想去澄清的是相当不同的问题。我感兴趣是主体如何获得俗世的自身觉知，它如何把自己把握为世间的存在者？这个问题至关重要，因为任何可靠的自身觉知理论都必须能够解释主体的私人面向与公共面向这两个维度之间的关联与转换。卡斯塔涅达说，"对于任何自身意识的理论而言，一个严肃的问题是提供对自我性

---

④ 起初，我们彼此并不作为空间中的对象而互动，而是以彼此作为共同主体（co-subjects）（Hua 4：183，194）。起初，我们的主体性并不作为以身体为因果条件的附属物而给予我们（Hua 4：190）。起初，我们的身体完全是有生命活力的（Hua 4：240）。或者，就像《交互主体性现象学》（第二卷）所言："身体一直在运作着，它是持续把自己外在化的内在性"（Hua 14：491）。

(I-hood)的解释,从而调和、缓和或消解自我的非世界性与世界性之间根深蒂固的张力。非世界性来自自身*指涉(self*-reference)的内在性,而世界性源于自-身指涉(SELFreference)的外在性,后者必然需要每个自我的具身化"(Castañeda 1989b, 46)。如果自身觉知的理论在对主体性之自身显示的理解上,无法理解主体如何能够向自身显现为世间的存在者,那显然不是我们想要的结果。因此,我们必须说明,自我如何能够对自己采取这种俗世化的视角?

我已经给出了部分答案。我在第六章论证过,如果想理解自身作为主体这一难解的维度与自身作为交互主体可通达的世间的对象之间的关系,我们必须把身体纳入考察之中。不过,承认主体性的具身性本质仅仅是第一步。就像我们已经看到的,身体性的自身显现有多种不同形式,前反思地觉知到自己的位置和运动还不成其为向自己显示为世界中的、超越的对象。但是,如胡塞尔所言,正是当我疏离了我的身体的时候,我才发现自己是人类个体(Hua 13:443)。

我们应该如何理解这一颇为神秘的论断呢?根据胡塞尔的观点,我能够向自己显现为世界中的对象,但这并不是可以直接做到的自身把握。它预设了要在态度上发生一个朝向自己的根本性转变,而他人则是这个转变的际遇。

尽管我自己就可以知觉到侧显地给予的我的身体外表,但是这一知觉却并不向我呈现一般意义上的世界中的对象。在正常情况下,比如说,我左手在视觉上或触觉上给予的表面会伴有定位于其上的内在性。即使在与此不同的例外情形中,呈现给我的也至多只是身体的某些部分,而不是整个身体。我们已经提到,我的身体系统性地对我隐藏着它本身的一些部分，因此一直都是一个"非常不完善地构成之物"（Hua 4：159）。并且，我们必须意识到，世界中的对象远不只意味着以侧显的方式显现。世界中的对象是交互主体性可通达的对象，即它的构成具有交互主体的有效性，它能被第三人称视角所把握。从字面意思来看，以这种方式来知觉某人自己的身体就是从他人的视角来把握它，将其作为社会、文化和科学属性的承载者。而这一视角并不是我单凭自己就能采取的。我以这种样式把握到的第一个身体是他人的身体，我只能于此之后，才学会以相似的方式把握自己的身体（Hua 13：252；14：110，485）。胡塞尔说，我不能直接地经验到自己的交互主体的"实在形式"（Realitätsform），而只能借助于同感（Hua 4：200）。

在对一种特殊的关于他人的经验的描述中，胡塞尔详细说明了这一观点。在我经验到他人正在经验我自己的情形中，我对另一个经验的间接经验与我的自身经验相等同，我们可以把这种"原初的相互共存"描述为这样一种情形，即我通过他人的眼睛来看我自己（Hua 8：136-137）。当我意识到我能够以他人给予我的同样方式来给予他人的时候，即当我意识到我自己对于他人而言是他者的时候，我的自身把握将会相应地转变其形式：

> 自身与他我（foreign ego）之间的差异消失了；他人将我把握为异己者，正如我也将他人把握为对我而言的异己者，他本人也是"自身"，等等。等量齐观（Gleichordenung）随之而来：出现了许许多多同类的、在同样意义上各自独立地感受着的、有欲求的自我。并且，自我有其固有的习性，确定的举止、活

动、思考与说话的习惯。这是我们在他人那里观察到的，他人也是这样观察我们的；这个结果部分地是由于我们采取他人关于我们的图像而进行的自身观察（Selbstbeobachtung），部分地是由于他人的观察视角，涵盖着自我与异己者的人格性的观念（Hua 13：243-244；亦见 Hua 15：635）。

正是根据这一讨论，胡塞尔区分了单纯形式性中的主体与社会的自我或人格化的主体；他宣称，人格的自身觉知的起源必定来自社会活动之中，而对自己作为自我极的觉知是不充分的，它还需要与其他主体的社会关系。作为个人存在就是存在于社会化的公共视域之中，一个人从他人那里采纳了对自己的态度。

> 在以唯我论方式设想的主体中，必定已有一切触发与行动的极点，这个极点作为穿越体验之流的有动机和动力的主体，作为具有各种各样的欲求的持存主体；在一种我-你关系（Ich-Du-Beziehung）中、在因交流而实现的欲求共同体和意志共同体中，这个主体成为自我，并成为人格主体，获得了他的个人的"自身意识"（Hua 14：170-171）。

根据胡塞尔的观点，个人的自身觉知是先天地无法与他人相分离的自身觉知。我不可能独立于他人、仅凭我自己而直接把自己知觉为一个人。他人才最先被知觉为一个人、一个人类个体；只有在这之后，这一把握样式才能为我用来把握自己。只有当我把握到他人正在把握我自己，当我把自己作为对他人而言的他人的时候，我才以我把握他们的同样方式来把握我自己,我才如他们那样觉知到这同一个存在者,即作为个人的我自己(Hua 6:256;14:78,418)。⑤简言之,我的人格性是在交互主体性中构成的(Hua 14:175;6:315;4:204-205;15:177,603;亦见 Hart 1992, 71; Taylor 1989, 34-36)。这也无怪乎胡塞尔经常断言,与纯粹反思相对,人格反思具有复杂的和间接的意向结构的特征(Hua 4:242, 250)。

鉴于我与他人的相遇是自身把握的俗世化(mundanization)的际遇,胡塞尔还论证说,同感导向了自身异化(self-alienation)(Hua 13:342, 462;4:90, 111, 200;15:19, 589, 634;14:418)。⑥只有通过他人对我的身体的知觉(这在很多方面要优于我对自己身体的知觉,比如看见我的脖子和双眼)(Hua 5:112),通过采纳他人对我的身体的看法,自然主义的自身把握才得以可能;当我们意识到这一点的时候,胡塞尔的刻画之中肯愈发明显。正是通过他人,我才学到对自己的身体进行对象化的、观念的和抽象的把握(Hua 14:62-63),将之理解为自然的部分,单纯的生理器官的复合体,嵌入自然世界之中,为世界的因果关系所决定(Hua 14:63;4:90, 138, 161, 167)。"主体在直接的自身经验中(单纯反思中)永远无法成为自己的对象,它成为他人的对象,然后通过对内部观察的主体与主体-对象(他人在对我的身体的外部观察中采取了这种主体-对象的方式)的同一化才成为自己的对象,成为对我与他人而言并无二致的自然界的对象"(Hua 14:86;亦见 Hua 14:85;15:289;

---

⑤ 在1912年的一份手稿中,胡塞尔断言,尽管唯我论的主体在原则上能够凭借自己而形成人格主义的自身把握,但是它会缺乏这份动机(Hua 13:245)。

⑥ 有关同感与自身异化之间关系的进一步思考,见 Zahavi 2019。

4:90）。

最终，上文提到的人格主义与自然主义的态度是相互关联的。我与他人的相遇通常会在我的自我把握中引起两个不同的转变。我成为个别的（即社会化的）某人（someone），并且成为个别的某物（something）（经验性对象）。用特尼森的话说："在术语上，我们把成为一个他人与成为某个他者归结为一个公分母，我们以此把自我通过他者在此处或别处所经历的变异刻画为'变-异'（Veranderung）。这个变异作为实物化的过程（Verdinglichung），我成为人是一种实存化的他异化；而作为社群化的过程（Vergemeinschaftung），这是一种人格化的变异"（Theunissen 1977, 84 ［1984, 89］）。

第二节　他人的异化凝视

在《存在与虚无》的第三部分中，胡塞尔借助交互主体性对自身对象化的分析得到了精彩的呼应，萨特在那里论证说，对我思之结构的完全充分的考察把我们引向了他人。这不仅仅是因为诸如同情、羞耻、害羞或憎恨等经验明确地指向他人，还因为与他人的超越性存在的相遇，被证明是一种特定类型的自身觉知之可能性的条件（Sartre 1943, 260, 267, 289）。⑦

---

⑦　类似的立场见于舍勒的著作。舍勒宣称，对情绪的意向性分析将揭示出对他人的指涉。然而，萨特与舍勒之间的关键区别在于，舍勒争论说，存在着先天的"良心的逻辑"（logique du coeur），我们的某些经验，诸如愧疚、责任、爱等，甚至先于和独立于与他人的一切具体相遇而指涉他人（Scheler 1922, 71-72, 225；1916, 59, 557），

> 我思在这里向我们展现的正是事实上的必然性：事实表明——这也是不容置疑的——我们的与自为存在相黏连的存在也是为他人存在；向反思意识展现出的存在是既为己亦为他的（pour-soi-pour-autrui）；笛卡尔式的我思所确认的只是一个事实的绝对真理，即我的存在；同样，我们在这里所使用的稍宽泛些的我思也把他人的存在与我为他人的存在作为事实向我们揭示出来（Sartre 1943, 329 [1956, 282]）。

在处理交互主体性的问题上，萨特的方法的突出特点是巧妙地逆转了传统探究的方向。通常，相关的问题曾经这样来提问：我如何以一种保持其主体性、超越性与他异性的方式来经验（对象化）他人？然而，萨特认为，这一进路误入了歧途。他人真正的特异之处并不是我突然遭遇了碰巧有其自己的经验的对象，而在于我遭遇到某个能够知觉我、把我对象化的人。他人的存在意味着我向之显现为对象，因而通过觉知到我自己对他人作为对象而存在，异己的主体性向我揭示出来（Sartre 1943, 302, 317）。

在关于羞耻的著名分析中，萨特的这一思路有力地展示出来。根据萨特的看法，羞耻并不是我单凭自己就能生发出的感受。它预设了他人的介入，不仅仅因为我在他人面前感到羞耻，更重要的是

而在涉及交互主体性的问题上，萨特断然拒绝任何先天主义。这些情绪（愧疚、爱、羞耻等）只有通过与他人的具体相遇才成为可能的。对这些经验的充分分析不会揭示出自我存在中的先天结构，仿佛为我指示着同样先天的他人。它所揭示的是这个或那个具体的超越的他人的呈现（Sartre 1943, 297）。不过，我在别处表明，萨特自己对交互主体性的解释能否避免一切类型的先天主义是存疑的。有关对萨特的交互主体性理论的更为详细的考察与评价，见 Zahavi 1996, 112-120。

由于，正是他人构成了我为之感到羞耻的东西。我并不是对我自己作为自为存在而羞耻，而是因我向他人显现而自己感到羞耻。我不仅为自己而存在，还为他人而存在，这正是羞耻不可否认地揭示给我的事实（Sartre 1943, 266）。⑧

感到羞耻就是即刻地坦白。这就是接受他人的评判，承认我是他人眼中的我。但是，尽管羞耻使我面对一个我必须承认是属我的存在维度，这种承认具有非常独特的和间接的特征。当我感到羞耻的时候，由于我前反思地觉知到自己作为对象存在，于是我的前反思自身觉知发生了样态变换。但是，我是对于他人而作为对象，并不是对于我自己。正是为他人，而不是为我自己，我才显现出我的为他人存在；尽管我经验到我被作为对象的事实，但是这个对象的确切本质却总是逃避我的把握："因此，我的非反思的意识与我的被注视的自我之间的原初关系不是认知的关系，而是存在的关系。我之所是，超出了我能拥有的任何知识，我是他人才认识到的我自己"（Sartre 1943, 307［1956, 261］）。这种无能为力并不仅仅是由于他人才拥有的自由（我永远无法准确地确定他人把我把握为什么），还因为我在根本上就无法共享他人的目光。如果一直保持在前反思自身觉知的状态，我无法做到像他人那样无情地把我自己对象化，因为我与自己之间缺少足够的距离。我能以符号的方式（signitively）经验到，他人向我提供了我的外部性，但是我无法直面它，我不能对之进行直观。这就无怪乎萨特声称我把他人的凝视体验为异化，并且把我的为他人存在称为存在的绽出与外在维度

---

⑧ 有关羞耻的进一步思考，见 Zahavi 2012。

(Sartre 1943, 287, 14, 334, 582)。

确实如此,由于他人的出现,非我选择的我之是(suis)的某些规定性显露出来。这个我,事实上,是犹太人或雅利安人,是漂亮的或丑陋的,是独臂的,等等。对于整个的我为他人之所是,我无力去把握我在外部(dehors)所具有的这个意义,遑论去改变它。只有语言会告诉我这个我之所是;然而,它永远只能是空意向的对象:我永远无法达到对它的直观(Sartre 1943, 581 [1956, 524])。

然而,由于我与他人的相遇,我的自身觉知到底会经历怎样的一种样态变换呢?萨特写道,他人的凝视瘫痪掉了我的超越性。他人的凝视把我还原为我所是的东西(我是他人眼中的我),因此这赋予我以对象意义上的自身同一性。把我自己把握为被观看者,就是把自己把握为见于世界之内(in the midst of the world)的东西,视作诸事物中的一个事物(Sartre 1943, 309, 313, 317, 481)。* 这也就是发现我自己处于情境之中,我于其中使用语言,对自己采取第三人称视角,把我自己把握为比如说爱斯基摩人、知识分子、被剥削的矿工或失败的钢琴教师等(Sartre 1943, 404, 422-423)。

他人将我固化的凝视引起了我的自我把握的俗世化,把我抛入世界的空间与时间之中(Sartre 1943, 313, 317;亦见 Hua 4:168,

---

* 萨特区分了人的两种在世界之中的存在方式,一种是以非反思、非对象方式涉身于世界之中的存在(être-dans-le-monde),另一种是以对象的方式存在于世界中的诸事物之列(être au milieu du mond)。——译者

177-178, 181, 202)。我不再作为世界的时间与空间的中心而给予我自己。我不再单纯地在"这儿",而是在门后面,或在沙发上。我也不再单纯地在"现在",而是赴约迟到得太久了。

第三节 个体化与交互主体性

对于胡塞尔和萨特而言,俗世的自身觉知蕴含着从他人视角进行的自身把握,因此,这以与他人的相遇和他人的介入作为可能性的条件。换句话说,这种类型的自身觉知的根源并不在自身之中,而是依赖彻底的他异性。⑨当我经验到他人正在经验我自己,当我采纳了他人对我的对象化与异化的把握的时候,我的自身觉知便以他人为中介。通过他人,这种类型的自身觉知得以可能,我借此把自己把握为见于世界之内,人群之中的一个人,对象之列的一个对象。⑩(纯粹的)反思从不会把我变为对我而言的真正的世界中的(心理物理的)对象——尽管它将我主题化,但并非将我俗世化(Hua 14:85;15:289;4:90),但是,当我从他人那里学习到了概念,使用语言描述自己的时候,这却能够以交互主体性的方式发生。例

---

⑨ 我在第三章中指出,海德堡学派要么完全忽视了这点,要么处理得过于仓促。我们可以拿弗兰克作为一个例子,他声称,任何把自身觉知基于交互主体性的理论都面临着那种针对自身觉知的反思理论的批评(Frank 1986, 65;亦见 Henrich 1970, 281)。尽管弗兰克的评论可能更适用于受米德与维特根斯坦影响的哈贝马斯的立场,但该立场当然不是理解主体性与交互主体性之间关系的唯一方式。对此展开的讨论,见 Zahavi 1996。

⑩ 需要强调,这里涉及的仍然是一种类型的自身觉知,即在内在的自身指涉中典型地使用"我"来表述的情况,而不是前文讨论过的一种外在的自身指涉,比如当我思考本城最高的人而那个人恰好是我的情况。

如，当我阅读、采纳和接受了一份关于我自己的心理或精神诊断报告的时候，这就可能会发生。

然而，与萨特形成鲜明的对比，胡塞尔并不把人格化看作是对主体性的篡改，而是主体性的成熟与丰富。我不仅仅是纯粹自我，而且还是一个人，有我的能力、气质、习惯、兴趣、性格特征和信念等，而完全地集中关注前者是受限于一种抽象，因为这个同一性极点远远不能与主体性相等同或完全一致，它只是后者的一个结构性要素(Hua 9：210)。在恰当的条件和环境下，自我会获得人格化的自身把握，即它拓展为一个人，并作为一个人(Hua 4：265)。⑪ 而这一拓展本质上要依赖他人。

胡塞尔对个人的交互主体性本质的分析就是他的一些论断的应有之意，比如说，为了成为自我，自我需要你，需要那个本身也是一个自我的他异性。正如他所说的，如果没有你，那么也就不会有我，即这个我只有相对于你才是我(Hua 13：6, 247)。⑫ 然而，

---

⑪ 虽然胡塞尔倾向于认可动物也具有自我论结构，但是对于它是否跟人的一样，胡塞尔模棱两可。他有时候说是，有时候说否(Hua 15：177；3：73；1：101)。

⑫ 归根到底，不仅人格性是在交互主体性中构成的，胡塞尔还论证了，先验主体性作为先验交互主体性的一员而存在，自我只有在交互主体性之中才能发挥其完整的先验构成的功能(Hua 6：175；Ms. C 17 88b)。因此，胡塞尔反复提及一个观点，充分地彻底执行的先验还原不仅导向了主体性，还导向了交互主体性(Hua 9：344)；他宣称，彻底的自身反思必然会导致对绝对的交互主体性的发现，先验主体性在其完整的普遍性之中恰恰是交互的主体性(Hua 8：480；6：275, 472)。"具体的、完整的先验主体性是一个开放的自我社群(Ichgemeinschaft)的总体——从内部出现、纯粹先验地统一、并唯因此而具体的总体。先验的交互主体性是绝对的、唯一自足的存在之基(Seinsboden)，所有的对象性、客观实在的存在者之全体、以及一切客观的理念世界，都从中获得其存在与有效性"(Hua 9：344)。进行揭露的能动者、还原的执行者是做现象学的自我，这揭露出构成性的主体性就是先验的交互主体性(Hua 15：73-75)。更广泛而深入的讨论，见 Zahavi 1996。

这些论断隐藏着某些歧义。一方面，胡塞尔否认自我脱离了他异自我（alter ego）还能是自我，因为二者相互依赖；另一方面，他有时候声称，绝对自我是单数的，以至于它排除了毫无意义的多数化，因而它不能是（多个之中的）一个自我（Hua 6∶188；15∶589-590）。

我们分析一下手稿 B I 14，就能够解决这一表面上的矛盾。胡塞尔在那里写道，若是依照其原初的含义来使用，"自我"一词就不能容许任何的多数性。他人能够把他们自己体验为自我，但是我只能把我自己体验为自我。除了我自己之外，没有我能够对之说"这是我"的其他自我。正是由于这个原因，我们不可能说一个我，因为"我"真正意味的就只是我。对于我自己，我就是唯一的我（Ms. B I 14 138a）。当胡塞尔提到自我的绝对单数性，否认它能被多数化的时候，他指的是我自己的意识的独一无二的、以自我为中心的给予。我只能自身觉知到我自己，从不能自身觉知到任何其他人。不过，这种独一无二性并没有排斥他人，"这个独一无二的我——先验的我。它在其独一无二性中设定了'其他'独一无二的先验自我——作为本身又在独一无二性中设定他人的'他人'"（Ms. B I 14 138b；亦见 Hua 14∶212）。胡塞尔显然认为，这种自我中心性具有至高的重要性。他说道，"我是"是对之进行思考的自我的意向性基础。这是哲学家永远都不能忽视的原初的事实（Hua 17∶243-244；14∶307；29∶165）。

如果把这些反思与关于第一人称呈现样式的不可还原性的讨论结合起来，那么我们就会明白，胡塞尔认为，主体性拥有内在的和绝对的个体性与独一无二性（Ms. C 17 15b；Hua 4∶299, 301）。

作为一种绝对的特征,个体性是原初的和根本的;它并不是主体性只能在与他人的遭遇和交往之后才获得的东西(Hua 15:351),尽管这种样式的独特性可能只有通过对比才能变得明显:"对于那些没有经历同感经验的人,或者从抽象掉一切同感的立场来看,'外在性'是没有'内在性'的;这样的人还会有所有的体验,所有的一般的对象性,尽管这些仍冠以内在性的标签,但是内在性的概念将不复存在"(Hua 13:420)。

只要我们专注于意识流的第一人称给予样式,那么我们面对的就是纯粹的、形式的、空乏的个体性。可以说,每个人都在同等的意义上是独一无二的。鉴于我们在第一章与第二章的讨论,这点也就不足为怪了。我的直接的自身亲知并不借助对任何身份辨识性质的知识。它是如此纯粹的和形式性的,以至于无法提供对我们的任何识别性质的洞见。至于主体的真正的个体性,它本身只在人格的层面、在我的个人历史、我的道德与理智信念与决定中显示出来(Hua 14:20-23,196;4:299-300)。我正是通过这些活动来界定我自己;它们具有塑造性格的作用。只要我坚持我的信念,我就还是同一个我。当它们改变了,我也改变了(Hua 4:111-112;9:214;亦见 Hart 1992,52-54)。⑬ 鉴于这些信念和认同的价值本质上是社会性的,我们又一次达到这个观点,即完整的具体的自我不能脱离他人而被思考或理解。只有人格化的自我才是充分个体化的,而人格化又只能以交互主体性的方式发生。只有在我们共同的

---

⑬ 不过,胡塞尔看上去仍然坚持认为,不管我的人格有多大的变化,它仍然是发生在我身上、即同一个自我之上的变化(Hua 15:254)。

世界中，通过与他人一起生活，我才能成为人格的自我："根据我们的描述，我与我们是相对性的概念：我需要你、我们与'他人'。并且，自我（作为个人）需要与涉身其中的世界的关系。因此，我、我们与世界属于彼此"（Hua 4∶288［1989,301-302］；亦见 Hua 4∶326，242，251；15∶137）。

把自己把握为社会中的和世界中的存在，非常不同于可以在纯粹反思中直接通达的自身觉知，但是我已经指出，我们所论及的并不是一些不同的和分离的主体，而是同一个主体的不同的显示（Hua 4∶242；8∶72）。归根到底，俗世的自身觉知是被奠基的对象化的自身解释（Hua 9∶294）。回到上文提到的问题，当我们考虑到主体性的具身性本质、主体性对交互主体的开放性的时候，俗世的自身显现的可能性便可以得到理解。

第四节 身体的外在性

到这一步，我们开始面对一系列相互关联的问题。宣称与他人的相遇和互动能够为我们的自身给予样式的关键转变提供契机，这只是一个方面。而我们最开始是如何经验他人的呢？我是否毫无准备地遭遇到他人呢？他人的他异性是否如此彻底和极致，以至于我没有机会来预见到吗？或者，我与他人的相遇是否为时间性和身体性的自身给予的结构所预制并得以可能呢？是否由于我对自己总已经是有另一面，我才能够遇到他人呢？是否我自己的主体性的他异性引导着我把握他人的他异性呢？

根据萨特的观点，宣称与他人的关系是主体性的本质的、内在的和先天的特征是严重的错误。⑭他正确地指出,任何交互主体性理论,如果试图通过强调自身与他人之间的相似性、不可区分性和先天的相互关联来桥接它们,都会陷入复辟唯我论的一元主义的危险之中,因而错失真正的事情本身:我们与这个或那个超越的他人的具体相遇。因此,萨特坚持,如果共在(Mitsein)事实上本质性地属于自为的结构,那么这会使得与彻底的他人的相遇永远也不可能。如果想要挫败唯我论,与他人的关系就不能属于自为的存在论结构,他人之可能性不能从自为中推导出来。他人的存在必须被看作是偶发的事实,而为他人存在作为一种存在样式本身的建立,只能通过与他人的具体相遇(Sartre 1943, 293-295, 412)。

于是,萨特否认,我的身体性的自身觉知从一开始包含外在性与他异性的维度。相反,只有当他人对我的身体的把握影响了我体验它的方式的时候,我的身体才会异化。正是他人教会我,对自己的身体采取异化的态度。因此,萨特断言,身体作为对象的显现是相对较晚才发生的。这预设了在先的对身体的意识、关于世界作为用具的复合体的意识,以及最重要的,对他人身体的知觉。儿童在开始观看自己的身体、发现自己身体的外在性之前,就已经用他的身体探索世界、探查他人(Sartre 1943, 385-386, 408-409)。然而,需要强调,萨特认为,把我与他人身体的原初相遇看作与生理学所描述的那种身体的相遇,是严重的错误。即便当他人的身体作为对象给予,它仍然与其他对象极为不同。这不仅仅因为,异己的身

---

⑭ 萨特的批评主要指向海德格尔在《存在与时间》中的立场(见 Heidegger 1986a, 114, 120)。有关对海德格尔的交互主体性理论的更详细说明,见 Zahavi 1996, 102-111。

体总是在处境（situation）中显现，即由那个身体所支撑起来的有意义的语境，而且还因为，身体首先是作为统一体被知觉，只有在此之后才作为由外在地并置的身体部分组成的复合体（Sartre 1943，395）。并且，对萨特而言，人格主义的态度优先于自然主义的态度。

在此基础上，我们可以理解，萨特为何企图贬低双重感觉的重要性。他写道，我能知觉到我自己，并从而采纳他人对我的身体的视角，使我自己的身体向我显现为另一个人的身体；这只是经验性的偶然性而已。这只是解剖学上的特点，既不能从意识必然具身化的事实中推导出来，也不能用作一般的身体理论的基础（Sartre 1943，351，408）。身体的自为存在与身体的为他人存在，是身体的两个根本不同的、不可通约的存在论维度。

在我与他人相遇之前，我的身体并不清晰地作为主题而给予我。然而，即使当我开始查探我的知觉器官，我也不能把它们把握为正在体验着的（experiencing）；因为，当我的手或眼睛正处在向我揭示世界的某些方面的进程中的时候，我是无法把握到它们的。当我知觉或触摸我的身体的时候，我在我和它之间设立了距离。身体呈现出来，但却是作为对象的复合体，而不是作为我。当我知觉我的手的时候，这只手不再作为不可见的指涉中心、索引性的"这里"而给予，而是作为空间世界中的对象而给予。被触摸者属于对象的领域，触摸者则不是。我看不见正在看的眼睛，我无法触摸正在触摸的手：

> 它或者是诸事物之中的一个事物；或者是事物借以揭示给我的东西。但它不能同时是这二者（Sartre 1943, 351 [1956,

304］）。

触摸与被触摸，感受到自己进行触摸与感受到自己被触摸——这是两类现象，以"双重感觉"之名来统一则徒劳无益。事实上，它们根本不同，它们存在于两个不可通约的层面（Sartre 1943, 351［1956, 304］）。

然而，我们必须质疑这一论断，因为这看上去是把心灵与身体的不可逾越的二元论代以身体与被知觉身体之间的同样不可逾越的二元论。这会显得，我们处理的不是同一个身体的不同维度或显示，反而像是不同的身体抛在了我们面前。这一结论令人无法接受，至少是由于，萨特的立场会让我们无法理解，我们一开始如何能够认识到其他的具身主体。

关于这个问题，胡塞尔会说什么呢？胡塞尔经常强调同感与回忆之间的结构相似性（Hua 1：144；3：325；8：175；6：189；13：188；15：447, 641, 416）。回忆蕴含着自身移位或自身疏离，蕴含一些我能够具有同感体验、遇见他人自身所需的某些特质。这一思路一直延续，直至胡塞尔谈论原初时间化所导致的退场与发生于同感中的自身异化之间的近似性："自身时间化可以说通过退场（Ent-Gegenwärtigung）（或说通过回忆）而与我的自身异化（Ent-Fremdung）（我的原呈现［Urpräsenz］退场至单纯的再现化的［vergegenwärtigte］原呈现；而同感作为更高层面的退场）相类比"（Hua 6：189［1970, 185］；亦见 Hua 15：642, 634）。由此看来，胡塞尔要把从退场到自身异化的步骤看作他异性的强化，更一般地说，他看来是考虑，把时间化进程所带来的中心绽出的自身差异化看作同感、朝他人开放的可能性条件。⑮

在胡塞尔对身体性的自身觉知的分析中，也有一条类比思路，把我们与另一人相遇的能力与他异性的内在显示结合起来。尽管，我无法单凭自己而对我的身体进行自然化，但是我确实可以通过视觉和触觉来知觉它。克莱斯格斯写道，"因此，根据'双重实在性'的概念，身体同时具有自我的和非自我的特征"（Claesges 1964, 110）。即使承认双重感觉现象并不提供一种经验，使得同一只手同时被体验为触摸者和被触摸者，它仍然呈现出模棱两可的情境，我们的手在进行触摸与被触摸之间变换其角色。即是说，尽管触摸本身不能被触摸到，但是触摸仍然可以被体验到，双重感觉现象确实为我们提供了关于身体的双重本质的经验。正是这同一只手能够以两种不同的样式显现，在触摸与被触摸之间转换。与意识活动（比如判断活动）的自身显示不同，我的身体性的自身给予让我遇到了自己的外在性。这一经验对于同感至关重要（Hua 15∶652；Merleau-Ponty 1964, 176, 194），它充当了自身把握的各种异化形式的跳板。恰恰是身体所独有的主体-对象的状态，双重感觉之自身性与他异性相互作用的显著特征，让我能够认识到和体验到其他的具身主体（Hua 8∶62；15∶300；14∶457, 462；9∶197；13∶263）。当我的左手触摸右手的时候，我体验我自己的方式预见了另一个人可能体验我的方式，以及我可能体验另一个人的方式。当胡塞尔写

---

⑮ 相关类似的考察，见 Derrida 1967a, 40；1967b, 195；Bernet 1994, 303-304；Depraz 1995, 239-259；Benoist 1994, 28-40；以及 Hart 1992, 225。其中，哈特甚至把滞留与前摄刻画为"同感的微弱形式"。

道，社会性之可能性预设了特定的身体之交互主体性，他所指的应该就是这个意思(Hua 4:297)。

胡塞尔的反思预示着梅洛-庞蒂的工作，后者的立场相当明确：主体性的自身显示必定渗透着他异性。否则，交互主体性就是不可能的。因此，梅洛-庞蒂认为，自身等同和与他人的关系是互不兼容的规定性。如果主体性的自身显示事实上具有纯粹的、无断裂的自身呈现特征，如果我以绝对地独一无二的方式给予自己，那么我将不仅缺少认识到具身性的他人作为另一个主体性的方式，我还缺乏认出镜子中的自己的能力，更一般地，我将无法把某个以交互主体性方式描述的具身的人把握为我自己。

如果主体唯一的经验是那种我通过与之等同而获得的经验，如果心灵按照定义躲避"外在的观察者"，只能从内部被认识到，那么，我的我思原则上就是独一无二的，它不能为他人所"分享"(participable)。我们或许可以说，它"可转渡"(transférable)给他人。然而，这种转渡如何能够被引发呢？什么情形才能有效地引导我去设定在我自己之外的存在样式，而这种存在样式的全部意义又要求从内部来把握呢？如果我不从我自己这里学会认识自为与自在的联合，他人身体之机制就无从拥有生活；如果我没有外在性(dehors)，他人也不会有内在性(dedans)。如果我拥有的只是关于我自己的绝对意识，那么，意识的多数性就不可能(Merleau-Ponty 1945, 427–428 [1962, 373])。

第九章　个人、身体与他人

在梅洛-庞蒂看来，主体性在本质上是具身化的。而具身地存在就意味着，既不作为纯粹主体，也不作为单纯对象而存在，而是以超越了自为与自在之对立的方式存在。这并不意味着自身觉知的丧失；相反，自身觉知本质上是具身的自身觉知，而这确实意味着，透明性和纯粹性的某种损失或说退却，从而容许交互主体性："由于我对自己不是透明的，由于我的主体性拖拽着它的身体，他人的明见性才得以可能"（Merleau-Ponty 1945, 405 [1962, 352]；亦见 Merleau-Ponty 1945, 402）。

鉴于交互主体性在事实上是可能的，我的自身觉知与我对他人的觉知之间必定有一个桥梁；我关于自己的主体性的经验必定包含着对他人的预见，必定包含着他异性的种子（Merleau-Ponty 1945, 400-401, 405, 511）。[16] 如果我要认识到其他具身主体是异己的主体，我必须拥有某种能够让我这么做的东西。当我经验自己和当我经验其他人的时候，事实上有一个公分母。在这两种情况中，我都面对着具身性，而我的具身的自身觉知的一个特征在于，它按其定义包含外在性。当我的左手触摸我的右手，当我凝视我的左脚的时候，我经验到了自己，而这种经验方式预见了我能经验其他人与其他人能经验我的方式。因此，梅洛-庞蒂得以把具身的自身觉知描

---

[16] 在《自我的存在论》中，克劳沃恩断言，有种自动地发挥作用的同感辨识（empathic identification），用作关于他人的经验的先验前提（Klawonn 1991, 77）。克劳沃恩的观点应该是正确的，但是他的考察不能算是对自身觉知与交互主体性之关系的足够彻底的分析。胡塞尔曾对舍勒的同感理论做出评论，"在这点上，舍勒的同感理论与真正的现象学理论相反。这是幼稚的原则性错误，它……预设有尽管未规定的一般性的、先天的'表征'，把所有的发展都归功于这种功能，即对未规定的一般性的进一步规定"（Hua 14:335）。显然，这里的任务是澄清，主体的自身亲知中的什么要素让它能够识别异己主体。

述为对他人的预感（presentiment）——他人在这种自身体验的视域中显现，并且，把对他人的经验描述为对自己的身体构成的呼应。我之所以能够经验到他人，这是由于，我绝非如此地切近于自己，以至于他人是完全地和彻底地异己的和不可通达的。我对自己总已经是陌生人，因而向他人开放。他人的秘密实际上就是我自己的存在的秘密，自为存在内在地和本质地包含着为他人存在这一维度（Merleau-Ponty 1945, 406; 1960a, 213, 215, 221; 1960b, 35; 1964, 74, 278; 1969, 186, 188）。我在世界中的具身存在从一开始就是交互主体性的和社会性的，我与他人的具体的相遇首先不是彻底的异化问题，而只是对我的根本的开放性的揭示。梅洛-庞蒂不接受萨特关于他人是我自己的对象化之基础的论断，而是强调，只有当我注意到他人的凝视的时候，它才能把我对象化，因此，我的对象化不能以完全被动性的方式发生。然后，他指出了一个事实，只有当我和他人都是可见的，即只有当我们属于共同的世界，我才能知觉到他人在知觉我。正是这个共享的背景使得一切冲突和争斗得以可能（Merleau-Ponty 1945, 408; 1964, 114-115, 298）。他人作为对象，以及我作为他人的对象只是交互主体性的非本真的样式，因而，萨特对为他人存在的解释是不充分的。根据梅洛-庞蒂的看法，萨特未能揭示原初的交互主体性，这是我们永恒的存在维度，它才首先使得异化、冲突与对象化得以可能（Merleau-Ponty 1945, 415）。

在《知觉现象学》中，梅洛-庞蒂提醒我们注意一个事实，当我把婴儿的一根手指放到牙齿间假装要咬它的时候，他会张开自己的嘴。然而，他为什么要做这个动作？他或许从未在镜子中看见过自己的脸,在他自己感受到但看不到的嘴与被他看见但感受不到的成人的嘴之间并没有直接的相似之处。梅洛-庞蒂提示说,婴儿能够做到跨越他人身体的视觉显现与他自己身体的本体感受显现之间的间距,这正是因为他的身体有外在方面,包含着对他人的预见。婴儿不需要进行任何的推理过程。他的身体图式具有跨样式的(transmodal)开放性特征,能够直接让他理解和模仿他人(Merleau-Ponty 1945,165,404—445;1960a,213,221)。

近来,一些有关婴儿模仿行为的经验性研究证实了梅洛-庞蒂的观察。梅尔佐夫与摩尔进行的一系列实验表明,新生儿能做出成功的面部模仿行为,这些新生儿最小的才 42 分钟大,而最大的也不过 72 小时(Meltzoff and Moore 1995)。[17]人们曾经很自然地设想,这种模仿应该被划归为机械的、反射性的和刺激驱动的行为,但是许多发现显示出不同的情况。在稍微大点的婴儿(12 到 21 天)的情况中,这些婴儿的面部模仿具有相当高的区分度。他们能够模仿很多不同类型的行动(伸舌头、张开口和噘嘴唇等),这些模仿活动的范围和独特性表明,它们是比单纯的反射机制更为复杂的行为。其他一些研究支持了这种解释。有一项实验表明,婴儿能够跨越时间的距离进行模仿,而这是单纯的反射所不能做到的。另一项实验表明,当六周大的婴儿看到一个大舌头从一侧嘴角伸出这种异常姿态时,他们一开始无法模仿,但是会尝试逐步矫正和改善他们的模仿,

---

[17] 不过,研究者们绘制的儿童发展的时间表发生了巨大变化。梅洛-庞蒂参考的是十五个月大的幼儿,他接受瓦龙(Wallon)的观点认为,儿童缺乏知觉外部物体的神经能力,直到生命的第三个月到第六个月之间发生髓鞘化过程之后才发生改变(Merleau-Ponty 1988,313)。

直到获得成功。这就是说,模仿涉及努力和渐进式的趋近。婴儿在无法模仿一些姿势时会变得沮丧和哭泣。所有这些研究发现意味着,初生婴儿的面部模仿行为是有目标的、意向性的活动,而不仅仅是自动反射行为。

斯特恩指出,关于面部模仿的一个关键问题是,"婴儿如何'知道'他们有一张脸或面部特征?他们如何'知道'他们所看见的脸是与他们的脸相似的东西?他们如何'知道'只能被看见的他人脸部的特殊姿态对应着他们只能本体感受但从未看见的自己脸上的同样的特殊姿态"(Stern 1985, 51)?梅尔佐夫与摩尔提出,婴儿有一种原始的身体图式,让他能够把视觉信息与本体感受信息统一到一种共同的"超模态的"、"跨模态的"或"非模态的"框架之中,即婴儿有天生能力,把在一种感性模式中接收到的信息转变到另一种感性模式[18];在此基础上,他们达到了与梅洛-庞蒂非常相似的结论:

> 超模态性(supramodality)概念带来了一个有趣的结果,在自身与他者之间有原初的关联。其他人的行动被新生儿视作他就能做到的那类活动。这种天生的能力影响到对人的理解,因为这意味着,被看见的他人的身体活动与自己的内在状态(对自己的运动的感受与表征)之间有内在关联。初生婴儿

---

[18] 有关儿童中非模态知觉的例子,见 Stern 1985, 47-53。梅洛-庞蒂已经指出,身体视觉经验与触觉经验的关联并不是逐渐结成的。我们并不把"触觉材料"翻译为"视觉"语言,或者反过来。相反,我们直接觉知到二者相对应。经验的基本层次先于感官的分化(Merleau-Ponty 1945, 175-177, 262, 265)。斯特劳斯后来指出,"感官体验的统一性控制着模态的多样性"(Straus 1958, 155)。

第九章　个人、身体与他人　　277

> 拥有对他们自己身体的表征还有另一个影响力,即这为他们把自己作为对象的能力发展提供了起点。这种对身体的原始的自身表征可能是对自己采取视角、把自己作为思考的对象的能力的肇始(Meltzoff and Moore 1995, 53-54)。

简言之,如果婴儿要去经验其他人,他必须拥有一种身体性自身觉知,借此以架起内在性与外在性之间的桥梁。

当然,把具身性概念引入对自身觉知的讨论,本身就在多个方面挑战着自身觉知的自足性,因为这还意味着,我们要认真地看待出生现象。出生不是自立根基,而是被置入自然与文化之中。这就是拥有一个不能自主选择的生理构造。这也是发现自己处于不是自己所建立的历史与社会语境之中。这就是把某人自己作为有待其去理解的东西而给予某人,把自身理解的任务摆在某人面前(Merleau-Ponty 1945, 399)。出生在本质上是交互主体性现象,这不仅在显见意义上说我被其他人所生,而且还因为这一事件只有通过他人才对我具有意义。我对自己的出生的觉知,对我的开端的觉知,以及对我的有限生命的觉知都要借助于交互主体性;这不是我自己能够直观到或回忆起来的事情。我并不见证自己的出世,而是总是已经发现自己活着(Ricoeur 1950, 407, 412, 415; Merleau-Ponty 1945, 249; Ms. A VI 14a; Ms. A VI 45a)。

换种方式来说,把具身性概念引入对自身觉知的讨论转变了所讨论的主体性概念本身:

> 我们没有机会来询问自己,为何思维的主体或意识发觉

自己是一个人，或一个具身性的或有历史的主体，我们也不应该把这种统觉看作次生的活动，仿佛是从主体的绝对存在开始而进行的统觉：绝对之流在它自己的凝视之下呈现为"一个意识"、或一个人或一个具身主体的形象，因为它是呈现的场域——向自身、向他人和世界呈现，还因为这个呈现把自身投向了自然世界和文化世界，在这里它才开始理解自身。我们不应该把这个绝对之流设想为与自身的绝对密接，仿佛没有任何内在裂痕的绝对的密质（densité），而是相反，应该把它描述为自身寻求出离（poursuit au dehors）的存在（Merleau-Ponty 1945, 515 [1962, 451]；亦见 Merleau-Ponty 1945, 403-404, 413, 427, 467；1960a, 140；1969, 192）。

不过，梅洛-庞蒂还坚持认为，理解自身觉知、世界经验与同感之间关系的唯一方式是找寻它们的差异背后的共同基础，并把主体设想为一个交互主体性的场域（Merleau-Ponty 1945, 415, 495, 515），这意味着他走上了一条非常狭窄的路线。虽则，否认自身中有任何他异性也会否认了交互主体性的可能性，但是，夸大他异性的总量，忽视主体性之内的他异性与交互主体的他异性之间的区别，就不仅是在否认自身觉知，最终也会否认交互主体性，因为自身与他人之间的差异，以及第一人称视角与第二、第三人称视角之间的差异也将会消失。梅洛-庞蒂自己也意识到了这一危险，他有时候承认，每一个个体事实上都保有独一无二的体验维度。有一种体验到的唯我论（experienced solipsism），永远也不可逾越：我永远也不会像他人一样体验到他人的疼痛，他也无法这样体验到我的疼痛（Merleau-Ponty 1945, 408-412, 418, 514）。更一般地而言，我永远无法像他人自己一样觉知到他人的经验，他也无法这样觉知到我的经验。因此，我们看来必须调整一下过于极端的论断。确实，有一些形式的自身觉知包含他异性与外在性的维度，然而，并非一切自身觉知都已经是把自身体验为他人的经验。

第五节　婴儿的自身觉知

我们无需过多强调，宣称特定类型的自身觉知预设了他人的呈现和介入不同于宣称自身觉知在原则上是一种社会现象。不过，简要考察下后一个论断或许是有裨益的。米德是这个论断的著名提倡者，他坚持认为，自身的构成是一个社会过程，自身觉知以交互主体性为中介。有自身觉知就是借助与他人的社会关系而成为自己的对象（Mead 1962, 164, 172）：

> 个人对他自己的经验不是直接的，而只是间接的，是从相同社会群体中其他个体成员的特定立场，或从他所属的作为整体的社会群体的一般化立场进行的。因为，他作为自我或个人进入自己的经验并不是直接地或立即地，不是通过成为自己的主体而实现的，只有当他像其他个体那样是他的对象或他经验中的对象那样首先成为自己的对象，这才能够实现；而只有在社会环境中，或他与其他人共同涉身于其中的经验与行为的语境中，采纳其他个体朝向他自己的态度，他才能成为自己的对象（Mead 1962, 138）。

尽管米德承认，如果把自身等同于仅仅是意识的存在，我们能够谈论单个的和孤立的自身(Mead 1962, 164, 169)，但是，他坚持对意识与自身觉知做出严格区分：

> 通常所说的意识指的是经验的领域，而自身意识所指的是在自己这里唤起对群体中其他人的一组明确的回应的能力。意识与自身意识并不处在相同的层面。一个人自己可以幸运或不幸地通达他自己的牙痛，但这并不是我们所说的自身意识(Mead 1962, 163)。

> 构成自身意识的是采取或感受到他人对你自己的态度，而不是个人所觉知到的或体验到的单纯的机体感觉(Mead 1962, 171-172)。

米德宣称自身觉知仅仅在交互主体性层面上与其他主体的交往之中才会产生，这个论断经常关联着有关语言使用与自身觉知之内在关系的论点。有种观点认为，自身觉知在语言这种交互主体性中介之中并通过它而实现。儿童只有掌握了足够的语言能力，能够以"我"来指称自己时，才能拥有自身觉知(Habermas 1991, 401-402；1988, 2：93, 95, 138；1989, 33-34)。

然而，有人认为，儿童只有掌握了第一人称代词的使用，或(如有人曾认为的)能够认出镜子中的自己时，才能具有自身觉知，这里所采用的自身觉知概念与我在上文讨论中使用的概念非常不同。这种观点所持有的自身觉知概念是非常狭隘的，令人无法接受。我们通过一个问题就可以说明这点——如果是那样的话,如何去描述婴儿在这个分界点之前对其自身、世界和他人的经验呢？按照一种传统的看法,婴儿起初生活于非二元性(adualism)之中,没有自身、世界与他人之分。"非二元性"、"原发性自恋"(primary narcissism)或"共生"(symbiosis)这些词通常被用来描述婴儿生命的第一个时期；在这一生命时期,经验与实在之间还没有任何界限,自我与非自我之间还没有任何差异化(Piaget and Inhelder 1969, 22)。因此,有人曾经设想,婴儿最初无法区分自己与照料者,这不仅是在显而易见的意义上说,他不能以概念来界定(conceptualize)自身与他人之间的区别,而且还意味着,婴儿存在于"未分化的状态、与母亲融合的状态,在这种状态中,'我'还没有与'非我'分化开来,只能逐渐地感受到'内部'与'外部'是有区别的"(Mahler, Pine, and Bergman 1975, 44；亦见 Spitz 1983, 217, 249)。有人曾经设想,这种共生状态是一种情境(milieu),婴儿逐渐把自己从这种情境中分离出来,如此才能感受到自身与他人之间的差异,只有如此才能获得自身觉知。

这一传统假设已经被当前发展心理学的主流立场所抛弃。现在,研究者普遍认为,婴儿自出生起就已经开始体验自己,他们不曾度过自身／他人的完全无分化的时期。斯特恩、奈瑟尔与巴特沃斯等人都曾论证过,不存在类似共生性的阶段,儿童对自身与对他人的经验之间、或者儿童对他人与对世界的经验之间不存在系统的和普遍的混同(Neisser 1988, 40；Stern 1983, 51；1985, 10；Butterworth 1995, 90)。[19]

---

[19] 有关1970年代的婴儿研究中所发生的革命的介绍,见 Stern 1985。斯特恩还

根据斯特恩的观点,语言改造和表达了婴儿关于自身与他人的经验,但是并没有构成这些经验。从出生开始,婴儿就已经获得了不同的前反思的和前语言的"自身之意义"。斯特恩区分了"涌现的自身""核心的自身"与"主体的自身";他论证说,在前语言的阶段,婴儿就已经把自己体验为独特的和协调的身体,他能够掌控自己的行动,感到是自己的情感的所有者,感到生命之连续性,感到他人是与自己不同的和独立的互动者(Stern 1985, 6, 11, 69)。

事实上,二到六个月这段时期可以被划归为其生命中社交最旺盛的时期。在这一时期,婴儿沉浸在社交互动之中。他们的脸上已然挂上了社交性的微笑;儿童明显倾向于知觉他人而不是无生命的对象(Stern 1985, 63, 72; Spitz 1983, 98-124)。(这一事实也表明,婴儿在很早的时候就能区别其他人与单纯的对象。)尽管婴儿还不能自主地移动身体位置,但是他几乎已经能够完全控制自己眼睛的运动,尤其是借助于目光,婴儿能够扮演社交伙伴的角色。通过控制自己的视线,他能够调控社交刺激的层级与程度。通过转移目光、闭上眼睛、凝神、目光迟滞等视觉行为,他可以在很大程度上发起、维持、终止和躲避社交接触(Stern 1985, 21)。

婴儿在生命的第一年中最为需要社交接触。婴儿通过母亲的哺乳来学习抓握。他随着母亲的怀抱和携行来熟悉周围环境,"母亲在活动领域为他提供了安全感,母亲对孩子的呼唤从情感上诱导他,以此来'教会'他走路"(Spitz 1983, 19)。更一般地,正是母

解释了所用的具体研究策略,特别是"配对比较偏好"(paired comparison preference)范式和"习惯化/去习惯化"(habituation/dishabituation)范式。

亲/他人（[m]ohter）引导婴儿探索他自己和世界，为他提供足够的情感安全让他大胆探索。没有他人的出现和介入，他的经验根本无从全方位地发展起来（Stern 1985, 193, 197-198）。施皮茨对住院治疗（hospitalism）情况的研究表明，如果儿童在一周岁内受阻而未能形成对另一个人的安全依赖，就会导致严重的发育缺陷。正是与他人之间的互动、原始的对话与交往才为婴儿提供了不可或缺的鼓励，鼓励他开始和坚持发展自我、探索世界。剥夺了与另一人的亲密关系会导致婴儿产生严重障碍（Spitz 1983, 19, 43）。

大约在七至九个月大之间，随着婴儿开始意识到，他自己与他人拥有可供分享的主体经验或心灵状态，一个变化发生了："只有当婴儿能够感到与自己不同的他人能够持有或经历与他们自己持有时所感受到的相似的心灵状态时，主体经验的分享或交互主体性才是可能的"（Stern 1985, 124）。婴儿想要介入共同注意、意向活动、情感状态的意图，即相互注意、相互意向与相互触发等现象都表明了婴儿关于自身与他人经验中的这一变化（Stern 1985, 128）。当九个月大的婴儿跟进母亲的视线方向或手指的指向的时候，他们经常会回头看看母亲，看上去是要从她脸上获得反馈，来确认他们确实找到了正确的目标。他们试图确定是否实现了共同注意。至于意向活动的分享，这在原始语言形式的请求中表现得最为明显。如果父亲手里拿着婴儿想要的东西，他会伸出一只手，做出抓取的动作，来回看着自己的手和父亲的脸，喃喃地说"呃！呃！"这种请求意味着，婴儿（前反思地）把父亲把握为能够理解和满足他自己的意图的人。意向活动已经成为可分享的经验（Stern 1985, 129-131）。最后，触发情感的分享或相互触发或许是初始的和最基本的主体分享的形式，这也可以有证据来说明。如果婴儿被放置在势必会产生不确定性的情境之中，例如某个新奇的、不寻常的、非常有刺激性的东西（哔哔响、闪着亮光的玩具）正在逼近，他会看向母亲以获得她的情绪反应，根本上也是想弄明白他应该作何感受，以便帮助他消除自己的不安。如果母亲以微笑表现出高兴，婴儿会继续他的探索；如果她面露惧色，婴儿会避开那个东西，可能会变得很忧惧（Stern 1985, 132）。

斯特恩论证道，婴儿的生命是如此彻底地社会化的，他的所做、所感受和所知觉到的东西绝大多数都出现于不同类型的人际关系之中，无论他是否是在独处中。他有时候与真实的伙伴互动，而几乎所有时间都在与"唤起的虚拟同伴"互动。他的发育要求这种持续的对话。但是，即便对于完全社交类型的自身经验，即那些不能独自发生的、只能因其他人而引发和维持的自身经验，例如以（真实的或想象的）他人的互补经验为先决条件的经验，这些经验仍然还是儿童自己的经验。他的那些即便依赖于他人的呈现与行动的经验也仍然属于他自己。自身与他人之间是一种关系，而不是融合或扭曲（Stern 1985, 105, 118）。婴儿即使受到母亲的沮丧的触发和感染，他也并不感受到母亲的沮丧，他也从不把自己的疼痛或沮丧混同于母亲的疼痛或沮丧。

大约在十五至十八个月大之间，儿童终于开始反思自己，把自己对象化。他开始能够做出符号性的行动，获得了一些语言能力。儿童可以使用名字或人称代词来指示他自己，在镜子前做出一些动作；这些都表明，儿童开始能够对他自己采取更为超脱的视角。在这个年龄段之前，婴儿很可能无法意识到他在镜子中看见自己。如果在婴儿没有察觉时在他脸上涂了一片红颜色,接着给他照镜子,非常小的婴儿会用手指着镜子,而不是自己。但是,儿童在过了十八个月之后,就会触摸他自己脸上的红色。鉴于照镜子引发了朝向自身的行为,一些研究者认为,儿童现在辨认出他在镜子中看到的是自己的映像(Lewis and Brooks-Gunn 1979, 33-46; Stern 1985, 165)。

然而,尽管这种辨识佐证了自身觉知的存在,它的缺失却并不意味着缺少自身觉知。某人对自己的映像的辨识也绝对不是最初的和最基本类型的自身觉知。说到底,那种情况涉及的是一种复杂类型的自身同一化辨识,即某人把特定的镜面图像辨识为自己身体的表征。即是说,其中的自身觉知的发生跨越了间距与分离。我们把"那个他"(that other)辨识为我们自己。通常认为,这需要通过把他自己的身体运动与镜面图像的运动完美匹配才能发生,所以,如果幼儿尚未拥有动觉上的自身觉知,尚未觉知到自己的身体运动,那么就无法进行这种同一化辨识。为了能够辨识出镜子中的自己,一个人必须已经具有了自身觉知。然而,这并不是说,与镜中图像的相遇不会带来非常重要的洞见。在那之前,幼儿还未曾看见过自己的脸或者他整个身体的视觉结构,只是知觉到他的身体表面的某些部分。不过,镜子让他像他人看见的那样看见他自己,这可能使他确切地意识到,他以自己在镜中所见的那种视觉外观呈现给他人(Hua 14:509; Ey 1973, 271)。[20]另外,还有一个问题,对于俗世的自身觉知的获得而言,是否在本质上需要与镜面图像的相遇

---

[20] 有关镜像自身辨识的更丰富讨论,见 Rochat and Zahavi 2011。

呢？情况应该不是如此；毕竟，与(真实的)他人的互动是远为重要的。不仅盲人不会缺乏这种类型的自身觉知，而且一些实验已经显示，社会经验应该是辨识自己的镜像的前提条件。除了人类，黑猩猩与红毛猩猩也能够认出它们自己的镜像，刘易斯与布鲁克斯-冈恩说(对一项盖洛普调查研究的说明)："即使在频繁地照镜子之后，离群饲养的大猩猩在照镜子的情况下不能表现出自身导向行为。作为对社会经验之重要性的进一步测试，两只这样的大猩猩被放到群体中生活了三个月，在这之后，自身辨识反应开始出现了"(Lewis and Brooks-Gunn 1979, 220)。

根据斯特恩的观点，不同类型的前反思自身经验不应该被看作认知的构造，而应该作为与可对象化的、自身反思的和可言说的自身相对而言的体验的、生存的自身。不过，斯特恩对婴儿的自身经验的细致分析也并未完全摆脱客观主义的桎梏。首先，斯特恩有时候声称，我们处理的是无觉知情况下发生的自身经验，而这就使问题变得模糊了。鉴于他看来把觉知等同于注意，这想必只是意味着，我们处理的是一种非概念的和非主题的自身经验(Stern 1985, 6-7, 71)。但是，斯特恩有时候听起来又好像是说，婴儿的自身觉知是他能够分辨自己与他人的结果，而这只是他分辨不同事物的一般能力的个例。他声称，婴儿远非一块白板，已经事先具备了以高度结构化的模式来知觉世界的能力，正如他很早就能知觉不同的刺激，将之归入不同的自然种类，他具有一些天生的能力，能够分辨不同的刺激的格式塔构型，以此能够把自身与他人分离开来。当婴儿感受到母亲的抚摸，听到父亲的声音，看到他自己的手的时候，他不会被大量涌现出的非结构化的感觉所淹没，而是能够把他自己、父亲与母亲区分为三个不同的存在。他认识到，不同人的行为具有不同的结构，他把一个行动者与另一个行动者区分开来（Stern 1983，56-62），他还能够分辨他自己所发起的行动和经验所特有的不变的结构与特定的他人的运动和行动所具有的模式。因此，婴儿的自身经验被定义为关于一种稳定样式（invariant pattern）或构型的经验，这些经验只能来源于他自己的行动或心灵过程（Stern 1985，7，65，67）。

然而，这种描述自身经验的方式却遭遇到一个重要问题。即便婴儿能够区分不同的事物，以致不会发生混淆，但是这并没有回答关键的问题：婴儿如何"知道"其中一种经验构型是他自己的？当然，如果有人非要追问这个问题，从而暗指自身觉知是一种成功的有标准的自身同一化辨识的结果，那么就犯了原则性的错误。自身觉知的问题首先不是关于具体的"什么"的问题，而是独一无二的"如何"的问题。它并不有关于经验的具体内容，而是经验的独一无二的给予样式。诚然，斯特恩本人最终似乎意识到这一点，他承认，婴儿的（直接的和即时的）本体感受经验与自愿经验至关重要（Stern 1983，65）。

斯特恩还论证了，婴儿的自身经验含有四种要素：自身施动性（self-agency）经验、自身连贯性（self-coherence）经验（行动轨迹的统一、运动的连贯、时间结构的连贯、形式的连贯）、自身触发性（self-affectivity）经验与自身历史性（self-history）经验（Stern 1985，71）。不过，这四种要素并不在同一层面上。自身触发性是其中最根本的一种。当新生儿感到饥饿、疼痛或沮丧的时候，他有意识经验，即自身显示的经验。克劳沃恩正确地指出，婴儿并不需要具有使用"疼痛""我的"等词语的能力,才能感觉到疼痛是他自己的;从来不存在把他自己的疼痛与其他婴儿的疼痛相混淆的风险(Klawonn 1991, 45)。即使在前语言阶段,婴儿也能够觉知到自己,因为这种自身亲知并不需要任何主题性的或概念上的同一化辨识,这种亲知只需要具有必要的第一人称的形式。甚至,先于对自身与世界、或自身与他人之间的任何概念区分,由于其经验的独一无二的第一人给予的样式,即其意识的内在的自身显示特征,婴儿就具有自身觉知。断言只有能够区分他自己的主体经验与客观实在的时候,婴儿才能获得自身觉知,就还是受困于反思的模型。因为,婴儿若是要做这种主题性的区分,他必须把自己作为对象。尽管自身显示与他异显示同步进行,但这并不是一种对比(contrastive)现象。自身觉知并不是借助任何对自身与世界的区分而出现的,而是任何这种区分之可能性的前提。[21]

尽管斯特恩对婴儿自身经验的经验性研究可能因含有某些概念缺陷而受到指责,但它们仍然具有明显的意义。它们证明,婴儿要比原先所假设的更早地具有自身经验,因此这些研究提供出一些经验性的证据,驳斥了任何把自身觉知完全理解为正确遵循语言规则的结果的企图。

---

[21] 有关对婴儿的具身性自身觉知的进一步思考,见 Zahavi 2004c。

第十章　自身显示与自身理解

第三章提出了一个问题，直接的理论探查与现象学描述能否通达主体性，还是说，我们只能以否定的方式来迫近？事实表明，这个问题实际上相当含混，甚至还有些误导性。关键问题并不在于能否探查和描述主体性，这事实上显然能够做到。例如，胡塞尔对知觉的意向活动结构的分析就能作为这样一种反思性研究的例子。我们的确凭借反思做到了这一点，所以，问题并不在于能否探查主体性，而在于，正在运作之中的主体性能够被把握和主题化吗？即对前反思的、运作着的生活进行充分的现象学描述究竟是否可能："对于'生活'，我们所要理解的应该是正在进行中的（Vollziehen）'体验'——而不是观察，观察已经与所体验到的（Er-lebt）拉开了距离，因而与作为曾经经历（gewesenem Ge-lebten）的所体验的东西分离开了"（Kühn 1994, 214）。然而，如果实际情况表明，必须消除这个间距才能把握正在运作着的主体性，我们当然可以追问，观看所需的光线是否也会随着这个间距的取消而消失呢（Yamagata 1991, 174-175）？

第一节　纯粹的与不纯粹的反思

在第八章中，我扼要谈到萨特对反思的分析。根据萨特的观点，反思的过程篡改了它的对象。当原初的非自我论的经验被反思的时候，它被纳入自我论的解释之下，因而掺入了不透明的和超越的因素。进一步的思考会发觉，萨特的结论有些令人惊讶。他难道不会因此而排斥对体验意识的现象学描述的可能性吗？不过，实际情况表明，萨特确实区分了两种非常不同的反思类型，即纯粹的反思与不纯粹的反思，而我到目前为止仅仅描述了后者。不纯粹的反思是我们日常所见的那种反思。它采用了知识的二元性，必须被归入一种类型的知识。它之所以被称为不纯粹的乃在于，它超出了所给予的，以对象化的方式来解释被反思者，因此导致了我们所知的名为自我的心灵统一体（Sartre 1943, 194, 199, 201）。

相反，纯粹的反思为我们呈现了对被反思者的纯粹的（未篡改的）主题化。这是反思的理想形式，但是却很难达到，因为它不会自己出现，必须通过一种提纯净化（catharsis）才能赢得。在纯粹反思中，被反思的意识并不作为对象而显现，并不作为存在于反思意识之外的超越的东西而以视角性的方式给予。反思意识"并不使自己完全脱离被反思者，它不能'从一个视角'来把握被反思者。它的知识具有整体性的特点；它是没有起伏、没有起始点与抵达点的闪电般的（fulgurante）的直观。所有东西都以一种绝对的趋近（proximité）的方式立即同时给予"（Sartre 1943, 195 [1956, 155]）。与此非常一致，萨特断言，纯粹反思从未学到或发现任何新的东西，总是揭示出和主题化那些事先已经熟悉的东西，即原初的、非实体性的前反思意识之流。因此，我们要避免称其为"知识"，而代以"确认"（reconnaissance）之名（Sartre 1943, 197；1936, 48）。

第十章 自身显示与自身理解

萨特对两种类型的反思的区分非常重要。我们一再看到，有自身觉知是一回事，而这非常不同于达到对主体性的哲学理解，尤其是鉴于理论态度看来蕴含着对象化，以及对考察对象的篡改。一个解决方案是论证，主体性只能以否定的方式来迫近。而另一个方案则断言，必定有某种纯粹的反思。遗憾的是，萨特的选择方案面临一个困难，即它具有明显的专设的（ad hoc）特征。萨特一度承认，他的整个存在论基于（纯粹）反思的工作，只有这种类型的反思才能如实地揭示意识（Sartre 1943, 190, 203），但是他从未解释，这种反思如何可能，我们如何达到这种反思。[①] 然而，这个解释显然要给出。不仅不能想当然地接受这种反思之可能性，而且萨特还面临另一问题，即如何将之与他理论的其他部分，特别是他对反思的更一般的解释相调和。

尽管如此，纯粹反思的概念仍然不可或缺，因为它看来是对前反思主体性进行现象学研究的可能性的条件。在这点上，我们自然会想知道，胡塞尔能否为我们提供所需的分析与概念工具，尤其是鉴于胡塞尔本人区分了自然的反思与先验的反思（Hua 7:262；1:72）。当我把自己把握为世界中的对象时（无论是在人格主义态度中，还是在自然主义态度中），我作为被构成的、对象化的和超越的事物而给予我自己。当问及这是否为我提供了关于我自己的充分的知识时，胡塞尔的回答当然是否定的，因为这阻碍我获得对我的构成性的、先验的主体性的理解（Hua 17:290；8:71；7:269；6:255, 264）。正是有鉴于此，先验反思开始登场，因为它的特定目标

[①] 萨特很坦白地承认这点（Sartre 1971）。

就是以清除了和脱离了所有偶然的、外在的和超越的语境的主体性作为研究主题(Hua 3：117；7：267)。胡塞尔从一开始就强调，这种类型的反思不是可以直接立即获取的，他的工作的一项核心任务正是发展出一种使之可行的操作方法。(显然，关于先验反思要比自然反思更难达到的论断并不与我们上文提到的一个论题相矛盾，即自然的或世界中的自身觉知是一种在构成上被奠基的自身把握。并不是先验反思，而是一种非对象化的前反思自身觉知让俗世的自身觉知得以可能。)

> 我如何能够超出这种自身失落于世界与包裹着自身的世俗外衣，从而觉察到先验纯粹性与独特性中的自己：即作为主体(鉴于它塑造了和主动地进行了俗世的经验本身)，"这是这个世界"与"我是世界中的人"正是在它的统觉体验中作为主体的贡献得以构成(Hua 8：77 [2019，281])？

我们都知道，胡塞尔的答案是通过悬置。他说，任何人都能反思，都能以此将其注意力集中于自己的意识，但是无论他如何细致地、专心地去做，除非诉诸悬置，他的意识仍然还是俗世的经验(Hua 8：79；3：107)。与实证科学不同，现象学并没有直接通向其研究领域的途径。在任何具体的研究之前，它需要一种特定的方法，摆脱自然的和涉世的态度。只有在方法上对"总论题"之有效性进行悬搁，对先验主体性的分析才能够开始(Hua 3：136；8：427；6：265)。

然而，对胡塞尔的悬置概念做出更为详细的说明，以及对他的先验还原的不同进路（例如笛卡尔式的、心理学的与存在论的进路）进行区分和分析偏离了我们讨论的主题。② 毕竟，胡塞尔对自然反思与先验反思的区分是否真的与现在的讨论相关，这还是值得怀疑的。胡塞尔关注的问题当然是，我们如何从自身把握中清除掉自然化和俗世化的因素。对我的知觉的形式结构进行主题化与对我自己作为一名退休的登山向导进行思考，显然是两项极为不同的事情，尽管这二者事实上都是反思活动。尽管胡塞尔要远比萨特更为详细地考察了这个纯粹化或净化的过程，尽管他实际上也说明了先验反思这种东西如何既是可能的也是可行的，但是，他好像仍然没有考虑核心的问题。胡塞尔对先验还原的讨论，以及对自然反思与先验反思的关系与区别的分析为我们提供了一种方法，使我们能够从俗世化的自身解释中摆脱出来，获得对我们的先验意义的洞见，但是他的反思呈现给我们的仍然是被反思的主体性，即主题化了的和对象化了的先验主体性。这显然既没有提出也没有回答我们的问题，即主体性能否在其自身显示的运作中被把握和主题化？

或许，胡塞尔对这一问题的缄默只是他的原初信条的直接表现：反思是研究意识的方法，因而只有通过反思，我们才能获得关于意识的充分知识（Hua 3：165，168，175）。

显然，这一假定要回答这个问题：有任何理由去质疑反思的工作吗？有任何理由去设想前反思经验在被反思的时候会发生彻底的改变吗？难道要像德里达看似论证的那样（Derrida 1967c，55），

---

② 有关现象学还原的笛卡尔式进路与存在论进路之区别的讨论，见 Zahavi 2003b，47—53。

反思像哈哈镜那样转变了它所映现的一切东西吗？根据胡塞尔的观点，我们必须拒斥这些怀疑论的保留意见。他指出，对反思的工作进行质疑本身也是一种形式的反思；它预设了它所质疑的东西的有效性，因而是不自洽的(Hua 3:174-175)；声称反思篡改了体验、完全错失了体验终究是荒谬的，因为这样的断言预设了关于这些体验的知识，而获得这种知识的唯一方式又是通过反思(Hua 3:174；Merleau-Ponty 1945, 412)。

不过，在这点上，有必要保持适度的谨慎。迄今，我们只是想当然地以为，与前反思自身觉知相比，反思是一种对象意向性，即一种把原生活动作为其对象的高阶的意向活动。胡塞尔本人也会轻率地说到"反思性的知觉"。但这样说真的合适吗？我们当然不难找到一些理由来坚持反思与知觉之间的差别。

1. 与知觉不同，反思并不涉及任何感觉器官，也没有心灵之眼(inner eyeball)。为了获得反思的自身觉知，不需要动用恰当的器官与其对象建立适当的关系(Smith 1989, 77)。

2. 知觉对象的给予与被反思的知觉活动的给予之间有一个原则性的差异。我们的知觉对象在本质上具有侧显显现的特征，即对象永远不会全部给予，总是从特定的有限的方面给予；但是知觉活动本身的情况却并非如此。

3. 知觉对象是超越的，并不是意识流的部分或要素。相反，在反思活动与被反思活动之间并没有这种超越性。二者共属同一个意识流。

4. 对象-意向性具有存在独立性(existence-independence)的特征，即意向指向并不预设被意向之物的存在。然而，反思必然蕴含着它所意向的东西的存在。如果被反思的活动不存在的话,那也就不可能有反思了。在这种意义上,反思是被奠基的活动,是一个整体中的非独立的要素(Hua 3:78;Sokolowski 1974,187)。

亨利希倾向于以主体-对象的模式把反思的自身觉知解释为对象化的主题化活动,在此基础上,他总结道,原初的主体维度躲避着我们的理论观察,直接的描述与研究始终无法通达(Henrich 1982a,152)。然而,亨利希的怀疑论是否能站得住脚,这要看如何解释"对象化的主题化活动"(objectifying thematization)这一概念。如果认为它必然蕴含着实物化和俗世化,那么这是一回事;但如果认为它只不过意味着同一性的构成,那么就是另一种情况了。我当然不是否认,有一些异化甚至实物化的反思类型,但是我们必须认识到,"反思"是一个多义词。归根到底,关键问题在于,我们是否有合理的理由承认,存在一种反思的形式,它只不过是一种更高形式的觉悟(wakefulness),只是一种单纯地在直观上予以接纳(schauendes Hinnehmen)?波塔斯特提出了一个很有吸引力的观点;他说,反思并非是对原生经验的意向化(intentionalization),而应该是对它的强化(intensification)(Pothast 1971,108),或者,像芬克所宣称的,反思并不是明确的自身实物化,而只不过是更为明晰的和强化的自身觉知的形式(Fink 1992,116-117,128)。

第二节 反思与自身他异化

纯粹的反思不是实物化或俗世化,应该是原生经验的强化或突显,即便如此,不可否认的是,它确实改变了被反思经验的给予——否则就无需反思了。反思并不仅仅只是复制或重复了原来的经验。胡塞尔明确承认,它转变了原初的经验。原初的经验现在作为主题而给予,不再只是前反思地经历着(Hua 1:72)。在我们前面引述过的《内时间意识现象学》的一个段落中,胡塞尔还写道,我们转入反思而关注的经验获得了新的存在样式。它成为"有差异的"(differentiated)经验,他声称,这种差异性无外乎经验之被把握(Hua 10:129)。有时候,胡塞尔还把反思(与回忆)说成对隐含在前反思经验中的所有意义元素与结构的揭示、厘清、明确与界分的过程(Hua 10:128;11:205,236;24:244)。因此,我们不应该把体验的波动的统一性混同于形式缺失(formlessness)或结构缺失。相反,我们的体验有组织结构或形态结构与内在的差异,这最终使得经验容许反思和概念表达(Linschoten 1961,96-97);这里的表达不应该代表着篡改,而是对经验的完善(consummation)(Merleau-Ponty 1945,207;Klawonn 1991,100-101)。胡塞尔指出,我们在一开始面对的是所谓的缄默的(dumb)经验,必须使之表达出它自己的意义(Hua 1:77)。③

然而,断言应该简单地把纯粹反思理解为对原生经验的突显或主题化并不是说,应该把反思归为单纯的注意样态的变换(atten-

---

③ 归根到底,对意识的研究所面临的问题与对生活世界的研究和描述所面临的问题应该并无二致。在这两种情况中,我们面对的问题都有关于描述与被描述者之间的关系。并且,在这两种情况中,我们所处理的问题域都抗拒着精确的概念规定。我们不可能发展出对经验的数学般的精确刻画,只能被迫以形态学(morphological)的概念加以描述;不过,这并不是缺点。这些概念对现象学的手头任务是不可或缺的,也正当其用。

tional modification)。④ 胡塞尔在《逻辑研究》中就已经澄清,注意是原生意识活动的一种特征或样式,而不是新的活动(Hua 19:425;亦见 Hua 3:76)。然而,反思则是新的(被奠基)的活动,反思的自身觉知是两个不同经验之间的关系(Hua 3:78)。注意样态的变换可以把处于背景之中的对象转变为关注的主题。不过,主体自身并不是边缘对象,不能通过单纯的注意样态的变换就被主题化。这里需要的是更为关键的态度转变(Hua 3:166)。或许,我们可以说,注意样态的变换是水平面变更(horizonal variation),而反思则蕴含着垂直他异化(vertical alteration)。注意样态的变换所主题化的是因偶然原因而未作为主题的东西,反思所主题化的是因本质原因而未作为主题的东西——即只有通过反思才能成为主题的东西。我们的经验正是这种情况。经验并不朝向它们本身,因为它们不能是自己的主题。这只能通过一个新的活动才能

---

④ 如果以严格类比于其他类型的注意意识来解释反思,那么引发反思的因素必须得是非常突出的,必须以某种方式突显出来,才能唤起我的兴趣(Hua 17:279;Ms. C 16 49a-b)。但是与所有未被主题化的活动相比,这种突出真的见于随后被反思的知觉吗?关于这个问题,胡塞尔颇显沉默,不过他在一个文本中指出,当下的活动,正因其在当下,与所有过去的活动相比而突出(Ms. C 10 7a)。尽管这会解释,为何反思首先和主要是对仍在进行的经验的反思,然而,这却不能解释,我们为何反思某些活动而非其他活动。或许,再寻求进一步的解释就是错误的? 有时候,胡塞尔以一种非常费希特式的风格把(哲学)反思描述为对我们的基本自由的表达(见 Hua 8:19;3:62;4:213),从这个角度来看,试图解释我们为何对某个活动而不是别个活动进行反思看上去是不恰当的。相反,莱维纳斯论证到,正是与他人的相遇才是使得非自然的反思运动得以可能的条件。反思是对我们的自然自发性的悬置。它使我自己的思想超脱自身,仿佛作为对自己而言的他人,以此再接入自身。然而,这一运动不能无中生有,它需要来自于外部的推动力。这个推动力来自他人,他人通过质问我而扰乱、打断了我的独断论迷梦。因而,正是与他人的非认知的、伦理的相遇搅动了处在宁静的原初状态中的主体,使它的反思和还原皆得以可能(Levinas 1991b, 61;1982, 224;1991a, 103)。

实现(Kern 1975,21-22)。

即便承认反思能够揭示体验的结构(不仅仅是被反思的意识的结构)(Hua 4:248),有人或许还会反驳说,还有一些东西不能被主题化,即前反思的给予的结构。当前反思的体验被反思所主题化的时候,无论它经历了怎样的变形,这种变形都属于它的给予,更具体地来说,这种变形是从非主题性的给予向主题性的给予的变化。反思转变了原生活动之被体验的样式,但并未改变活动的内容。因而,反思中所把握的并不是独特的前反思给予,而是被给予的东西,这些东西穿越给予方式(如知觉、想象、回忆等活动的结构)的变化而保持同一(Hua 4:102;3:166)。即是说,尽管我们能够把活动的意向活动结构(例如,活动的质性与质料等要素)主题化,但是我们永远不能把其前反思给予的结构主题化,因为这种给予样式总是逃脱了我们的反思目光。

但是,这一反驳难道不是忽视了反思随附于(supervenes on)前反思自身觉知这一事实吗?反思对知觉的意向结构的揭示也穿透到知觉的初始给予。在反思中主题化的不是剥离其自身显示的知觉,而恰恰就是前反思地自身给予的知觉。显然,我们只能如其在反思中被明确界分的那样来把握这些结构,而不是如其被体验地经历那样,但这并不成为一个问题。反思的目的在于,去除前反思经验的匿名性与素朴性,而不是重新经历或再造它。

对某东西进行反思并不一定要将之转变为异己的对象,因为反思可以只涉及对相关经验的主题化,以此显然能够注意到原先未曾注意的特征(Hua 10:116,161)。反思充其量是对内在于体验中的结构的突出强调,而不是把新的要素和结构加之于它的过程。而在这种情况中，一直担忧反思会以某种方式妨碍达至真正的主体性，这看来是没有根据的。纯粹反思应该被称作揭示性的样态变换（disclosing modification），而不是掩盖真相的篡改（concealing falsification）。因而，前反思自身觉知与纯粹反思之间的主要区别着实是一个关于明确界分的问题。所以，我们达到了一个稍微有点出人意料的结论，即纯粹反思与不纯粹反思之间的差异要大于前反思自身觉知与纯粹反思之间的差异。

我认为，关键是不要夸大对主体性进行描述所涉及的困难，当然我们也不要低估了这些困难。

我上文提到，反思可以并不蕴含自身实物化，但是，芬克指出，它确实蕴含着一种双重化或断裂，一种自身撕裂（self-fission），因为它使我与自己的另一面相遇。它向我们呈现了双重（化）的主体的共存：被反思的主体与进行反思的主体。继胡塞尔之后，芬克甚至把反思说成自身多重化（self-multiplication），我与自己共存，或与我自己相往来（Fink 1987, 62; Hua 8:93; 4:253）。[⑤] 当然，我们不应该过于从字面上理解。反思并不把我撕裂为两个不同的自我；它并不把我转变为对自己而言的真正的他人（Fink 1987, 55-57, 62; Hua 4:212）。反思既不是一种同感，也不是分离性身份障碍的表现。[⑥] 反思是一种自身觉知；但是这种自身觉知在本质上具有内在分化、差异与间距的特征（Levinas 1991a, 102; 1982,

---

⑤ 胡塞尔也经常把回忆说成一种自身交流，"与自身共处于集体之中"（Ms. C 7 8a; 亦见 Ms. C 7 25a; Hua 14：359, 15, 519, 398）。

⑥ 然而，我在第八章曾指出，这并不意味着，反思与这些病理现象之间没有有趣的或深刻的关联。

47，50）。⑦ 在某种程度上，反思甚至具有某种超脱或回撤的特异性，因为它剥除了原初经验的素朴性与自发性。换句话说，即便反思的自身觉知并不使我们遭遇作为超越对象的自身，但是，它与前反思自身觉知的区别并不仅仅在于其强度、界分与差异化，还在于它的他者化（othering）的性质。反思的自身觉知具有一种我们在前反思自身觉知的层面不曾遇到的自身裂开（self-fragmentation）的特征。

这其中一个重要的后果是，主体的生活中总是有一个非主题的点（unthematic spot）。正像胡塞尔所说，很明显，主题化过程本身并不属于被主题化的内容，正如知觉或描述并不属于被知觉的或被描述的东西（Hua 9：478）。即便是涵盖范围最广的反思，也会含有一个素朴性的要素，因为反思必然受到阻碍而不能对其自身进行把握。如果原初自身显示是完全的，以及在此意义上是非视域性的，那么反思的自身主题化在某种程度上仍然是视域性的——意思不是说它呈现了超越的侧显的对象，而是说向我们呈现的只是全部主体生活的某方面或片段。因此，反思提供的永远不是充分的自身觉知。它仅仅给予我们局部的和片段性的洞见，它永远都会错过某些重要的东西，即它本身作为匿名地发挥作用的主体极（Hua 14：29）。我无法充分把握自己的前反思的主体性，因为我就是它：我不能是我的对-象（Gegen-stand），不能站在我的对面（Hua 8：412；15：484）。

---

⑦ 由于同样的原因，这对于亨利关于自身觉知之本质的理解也构成了一个问题。

第三节　主体性的不可见性

我在上文提到，胡塞尔对自然反思与先验反思的区分，以及他对还原的不同路径的说明，并未明确地涉及对运作着的主体性进行描述和分析的困难。然而，幸运的是，这并不是说，胡塞尔根本没有处理这一主题，只不过我们需要到别处寻找他的处理方法。当胡塞尔开始研究主体性的纵深维度（depth-dimension）的时候，他清楚地认识到，主体性，尤其是其自身显示的本质实际上是一个多么难以把握的主题。根据布拉夫的考察，对绝对之流的描述，给语言带来了根本性的压力，因为要去描述的东西既不像任何对象，亦不像所有其他现象（Brough 1987, 23）。这个问题在胡塞尔的描述中一再凸显出来，他一直在强调语言描述的根本性不足：我们依照谈论被构成的东西的方式来谈论绝对的主体性（毕竟，这强化了一个论题，即不可能——也是根本性的误导——完全脱离它所构成的东西来分析绝对的主体性），我们用那些适用于时间性统一体的谓述来描述它。例如，我们称其为流动的、常驻的、当下的，尽管严格说来，它既不存在于现在，亦不在时间中延展。但是，我们缺乏更合适的名称（Hua 10: 75, 371; Ms. C 3 4a; Ms. C 7 14a）。在不把显示的最终条件看作被构成的超越对象的情况下，究竟是否可能谈论它呢？胡塞尔意识到了对体验的主体性的研究所涉及的困难，这或许最为尖锐地表现在《贝尔瑙时间意识手稿》中的一个段落：

在这个意义上，我并不是"存在之物"（Seiendes），而是所有存在之物的对立者(Gegenstück),不是对象(Gegenstand),而是对所有对象性而言的原初之在(Urstand)。我根本不应该被叫作我,甚至根本没有名称,因为那样的话它就已经成为对象了;它完全是最不可思议的无名者(Namelose),完全不持驻,不浮现,也不是存在之物,但却作为把握者、评判者而"发挥其功能"(Fungierende)(Hua 33:278)。

胡塞尔在一个脚注中继续说道:

> 我们必须反复思考所有这一切。这几乎处在可能的描述的极限(Hua 33:278)。

早在 1906-1907 年的一份讲稿中,胡塞尔就问道,我们如何把握意识的前现象的存在(pre-phenomenal being),即它在反思的主题化活动之前的存在。如果只有通过把这个绝对之流主题化才能对之加以描述,如果一切主题化都蕴含着实存化(ontification),如果被描述为"原现象的当下"(urphänomenale Gegenwart)的东西恰恰由于是被构成的现象而不能是绝对的,那么前景看起来确实非常黯淡(Hua 14:29; Ms. C 16 59a; Ms. C 10 5a; Ms. C 2 10a)。当反思的时候,我所见的自己是被主题化的和时间化的自我,而进行主题化活动的自我的生活的当下避开了我的主题化,维持着它的匿名状态。这是一种根本的匿名性,可以被解除,但永远不能被把握。梅洛-庞蒂后来指出,对我们的自身理解而言,我们的存在既是一个条件,也是一个障碍。时间性包含着内在的断裂,从而容许我们

第十章 自身显示与自身理解

转向过去的经验,以便以反思的方式研究它们,但是正是这种断裂阻止了我们与自身完全等同。在所体验的与所理解的之间总是有差异(Merleau-Ponty 1945, 399；亦见 Merleau-Ponty 1945, 76, 397, 460)。

剩下的问题是,这一结果是否对现象学构成严重的问题？比如说,我们是否走进了死胡同,还是说,我们面对的是虽然无法避免但是又非绝路的局面？我已经论证过,我认为是后一种情况。反思无法把握正在运作之中的匿名生活,但是它也无需这样做。它的目的是消除前反思经验的素朴性,而不是再造它。不过,或许有人还是坚持认为,现象学仍然面临一个基本的问题。根据胡塞尔的原则之原则,现象学需要把它的考察完全建立在现象学反思中直观地给予的东西的基础之上。既然反思无法捕捉前反思的维度,任何关于主体性之最根本维度、意向生活之根源的存在或本质的论断,都应该被看作是非现象学的。

然而,黑尔德曾经指出,对匿名运作着的生活的现象学分析必须避免两个陷阱:它必须拒斥反复出现的试图对之实存化和实物化的倾向,但是它也不能满足于单纯基于回溯式的推演的揭示(Held 1966, 95, 103)。现象学能否避免这两个陷阱,提供一条合理的替代方案？让我扼要地尝试说明,情况确实可以如此。

现象学经常因其貌似无法处理交互主体性问题而受到批评。如果现象学的任务是研究显示的条件,如果这一研究要继以完全专注于主体与给予主体的东西之间的关系,即专注于构成性的主体与被构成的现象之间的关系,有人确实会怀疑,现象学究竟能否提供对他人的充分分析。谈论异己的主体、另一个主体,就是在谈论由于本质性的原因而总是超越它对我的给予的东西。作为异己的主体，它会拥有一种我根本无法通达的自身显示。由于相同的原因，现象学无法说明他人，于是必定困于唯我论之中。

在此，我们没有必要反驳这一由来已久的误导性的批评（参考 Zahavi 1996）。重要的是，它在现象学内部引起了一场涉及他人问题和他人地位的非常激烈的讨论。颇显悖论的是，这一讨论还能为我们处理运作着的主体性的问题提供一些理论资源。

关于他人问题的现象学进路的一个核心特征是，它坚持认为，除非他人以某种方式给予，能够被经验到，否则谈论另一个人是无意义的。除非他人以某种方式显现或显示其自身，否则就不可能遇见他人的不可还原的他异性，更别说尊重他人了（Derrida 1967b, 181）。

我能够经验到他人的他者性，但这并不意味着，我以他人体验自己的同样方式来体验他人，也不意味着，我能够以通达自己主体性的同样方式来通达他人的主体性。但是，这并不构成问题；恰恰相反。只因异己的主体性逃避了我的直接经验，它才作为他人而给予。胡塞尔说道："如果属于他人自己本质的东西是可以直接通达的，那么，它将只不过是我自己的本质的一个要素，最终他本人与我自己将会是一回事"（Hua 1：139［1960, 109］）。他人的自身觉知对我而言是超越的，是我无法通达的，但是，我能够经验到的正是这一无法通达性、这一界限（Hua 1：144；15：631）。在我对另一个主体的真实经验中，我恰恰体验到他人逃避了我。因此，他人的给予是一种最为独特的给予。莱维纳斯对此评论说，他人的不在场就是他之作为他人的呈现（Levinas 1979, 89）。去要求更多，去断

第十章 自身显示与自身理解

言只有当他人的原初自身给予也给予我,我才能拥有对他人的真实经验,都是荒谬的。因为那意味着,我只有以我体验自己的同样方式去体验他人,我才能体验到另一个人;即,这会导致取消自身与他人之间的差异,否定他人的他异性,而正是他异性使得他人是他人(Waldenfels 1989;Boehm 1969;Zahavi 1996)。

现在的问题是,通过对他人之给予的研究所获得的洞见是否也能适用于运作着的主体性?看来,反思(被理解为一种关于我自己的主题性的经验)与同感(被理解为一种关于他人的主题性的经验)之间有着深刻的类似性。在这两种情况中,我们处理的都是一种主题性的经验,这种主题性经验都是关于已经预先给予、先于主题化而运作的东西,这些东西的最核心始终是不可对象化的,因而永远也不能被穷尽地把握(Hua 15:484;Ms. C 17 84b;Merleau-Ponty 1945,404,413;Held 1966,152-153,160)。

为了阐明这种一致性,我们可以简要对比一下莱维纳斯对他人的描述与亨利对自身的刻画。莱维纳斯论证到,他人无法在不失去其彻底的他异性的情况下作为主题向我显现。我不得不以他人的他者性为代价而呈现他人。当知觉某对象的时候,我是它们的显示的条件,它们因而作为我的构造物显现。相反,我与他人的相遇并不以我的权能内的任何东西为条件,它本身只能是外来的,作为一种临显(epiphanic visitation):"绝对的经验不是揭露(dévoilement),而是启示(révélation)"(Levinas 1961, 37 [1979, 65-66])。在莱维纳斯看来,遇见他人就是在彻底的被动性中被某种"不可见的"东西所触发,这种不可见意味着不可被表征、对象化、主题化等等(Levinas 1979, 9, 53, 78;1949, 194, 206, 214;

1961, 209；1982, 183）。亨利以非常类似的用语来描述自身触发的绝对被动性。亨利强调所有世界中的、视域性的对象显示与自身显示的非视域性、直接性特征之间的绝对差异，而莱维纳斯关于他人也说了同样的话：它直接立即给出自身，即独立于所有的系统、语境与视域（Levinas 1961, 72；1949, 229）。尽管自身的彻底内在性与他人的彻底超越性都不能被主题化，但是这并不证明它们的不足，也不代表一个必须要补救的缺陷。这是由于，事实上运作的主体性与彻底的他异性都属于与一个目力所及的维度完全不同的维度（Levinas 1974, 158）。换种方式来说（当然，这是亨利的说法），并不是由于他人是他人，而是因为他人是其自身，所以我无法直接知觉到他。正是因为先验生活具有其绝对内在性的特征，因而意向性永远无法把握它。这对我自己的自身如此，对他人的自身亦是如此（Henry 1990, 151-152）。

通过这一对比，我们可以获得如下这个重要的洞见。我们已经看到，他人具有一种非常独特的给予样式。他人总是避开了对象化，但这并不妨碍我们经验他人。相反，他人的他者性恰恰显示在他的避匿性和不可通达性之上。对于主体的主体性，亦是类似的情况。它不能被主题化，但是这并不妨碍它被给予。不仅主体具有根本性的自身显示的特征，而且每当我们努力（并总是失败）在反思中捕捉它的时候，我们遇到的总是它的隐匿与回避，即反思指向既奠基了反思又逃避反思的东西；这些特征并不是有待克服的缺陷，而是其前反思给予的决定性特点。因而，尽管反思与自身理解的能力或许有根本的局限，但是在主体性的内核中并没有一个盲点。声称有一个盲点，就还是处在反思理论的桎梏中。

第十章 自身显示与自身理解

最后，我们还必须意识到，不能把运作中的主体性当作仿佛仅仅是另一种对象那样来研究它。亨利一再恰当地强调，主体性的原初自身显示是一种独一无二的显示。它既不能把自身揭示为世界之内的东西，也不能被任何有关世界的范畴所把握。因而，他论证道，对于固守于存在论一元主义原则和仅仅以视域、超越性与绽出的方式来理解显示的思维形式来讲，这种类型的显示总是隐藏着（Henry 1963, 477）。主体性的显示不仅完全不同于世界中的对象的可见性，而且它还具有一种特定的避匿的特征，这并不是说，它不显示自身，而是说它总是保留着某些东西，避开了反思的主题化。鉴于绝对的主体性不能在外在性的可见性中显现，它躲避了每一次的凝视，总是隐藏在目力之外，因此它被称作隐晦的和不可见的（Henry 1963, 480-482, 490; 1990, 125, 164），于是，亨利得出了他激进的结论：绝对主体性的独一无二的显示可以被称作不可见的揭示。"根基并不是某种晦暗的东西；它既不是发光体（lumière）——只有通过照亮事物使之沐浴在它的光线之下，它才能成为可知觉的，也不作为一种'超越现象'的事物自身，它是一种内在的揭示，即向自身的呈现，尽管这种呈现仍然保持为'不可见'"（Henry 1963, 53 [1973, 41]; 亦见 Henry 1963, 549）。有人可能会批评亨利使用了不必要的悖论性的术语，但是他的观点是非常清楚的。根本的不可见性不应该被解释为一种不显示样式。它是不可见的，它本身并不会暴露于世界的光亮之中，但它也不是无意识的，或对一切现象性的否定，相反，它是最为原始和最为基础的那种显示（Henry 1963, 53, 57, 550, 555）。鉴于亨利的全部著作都致力于研究这样一种显示，我们或许可以将之描述为发展一种不可见者的现象学(phenomenology of the invisible)的雄心勃勃的努力。⑧

正是在这一举措中,我们能够界定亨利与亨利希二人立场之间

---

⑧ 这一标题让我们想起了海德格尔在《存在与时间》中议论,即对"首先而且主要的"隐而不见者、即存在进行分析的必要性。正是由于有些现象并不直接彰显自身,我们才需要现象学(Heidegger 1986a, 35;亦见 Marion 1989, 90-97; Marion 1996)。许久之后,在1973年的一次会议上,海德格尔明确提到"不显明者(Unscheinbaren)的现象学"(Heidegger 1986b, 399)。当亨利开始以彻底的不可见性来言说显现之条件的时候,这就让人难以忽略他与德里达的理论之间的惊人相似——即便他们之间当然有大量的根本的差别。两位哲学家都力求超出关注活动意向性与对象显示的表层现象学。根据德里达的观点,显示的终极条件并不是直观可以把握的。它不能成为反思的对象,不会呈现于视野,它自己永远紧紧捂住暗夜的光源(Derrida 1972b, 297;1989, 137)。这个终极条件自己并不呈现。不过,这并不意味着它直接就是不在场的或隐藏的。不在场只是在场/呈现的样态变换,即在场/呈现的缺失或延迟,它并不让我们脱离在场的形而上学(Derrida 1972a, 24-25, 37, 77, 206;1967a, 98)。然而,如果呈现的条件既非在场/呈现亦非不在场,既不可见又不掩藏,那还有其他可能性吗?呈现的条件拒绝亲身显现,或把自己呈现给现象学的目光。它退却了,用德里达的或莱维纳斯的说法,它只留下痕迹(traces)(Derrida 1972a, 24;Gasche 1986, 149-150)。留痕一语指的是作为可见性之条件但本身又不呈现于视野者的存在样式。它不能被当下化,只空余尾迹(Levinas 1949, 201, 208, 230)。在传统形而上学的思维中,痕迹被看作是派生的。对痕迹的理解越过了它本身。它指涉某个曾经出现的东西而成为痕迹;它指涉以之为痕迹者。因而,痕迹被理解为曾经呈现者的存在或运动在时间上延留的踪迹(Levinas 1949, 200;1972, 66; Strasser 1978, 206)。不过,德里达所说的痕迹(或本源-痕迹[arche-trace])指的是非现象的痕迹,要比传统上作为某物之痕迹的在场/呈现更为基础。无论是痕迹与在场/呈现,还是二者的差别,都由基层结构上的差异(infrastructural différance)所构成、以之为条件,后者是自身与他人之间所有差别的来源与条件。这种差异使自身呈现得以可能,而滞留的褶痕让自身呈现给自己。传统的痕迹范畴与在场/呈现范畴都抹除了本身从不呈现的原初痕迹;它们是压制和掩盖差异的结果(Derrida 1967b, 303;1967c, 236;1972a, 25, 76-77)。德里达指出,原初者与派生者之间的区分从属于一直试图掩盖差异、把非呈现排斥为纯粹外在性、单纯附加物的概念框架,如果我们能够避免这一区分,那会更好一些。然而,归根到底,完全避免形而上学的概念是不可能做到的,我们无法做到在不利用形而上学的情况下批评形而上学,因为我们没有其他语言可用(Derrida 1967b, 412;1967c, 25, 38, 92, 237;1972a, 73, 78)。

第十章　自身显示与自身理解

的一个重要差别。我们对绝对主体性之自身给予的研究与对显示之可能性条件的研究，并不会脱离现象学，只是超越了对现象学的某种狭隘的理解——把它等同于对活动意向性与对象显示的研究。⑨ 只要我们仅限于采纳后一种类型的显示，那么现象学就无法达到运作着的主体性。于是，我们就不得不进行回溯式的推论，或者，把我们的理论建立在通过对反思理论的批评而以否定方式获得的洞见的基础之上。

如果承认实际上有两种完全不同类型的显示，那么情况就不一样了。绝对的主体性具有避匿性和不可主题化的特征。这并不是有待克服的缺陷，而是运作着的主体性之显示的决定性特征。与图根德哈特相反，我们应该因此认识到，对于运作着的主体性的不可避免的隐匿与回避，不能简单地看成疑难起点的暴露而予以驳回不

---

⑨ 在《法国现象学的神学转向》(*Le Tournant théologique de la phénoménologie française*)中，雅尼柯(Janicaud)批评了"不可见者的现象学"的概念本身。他写道，这种说法不是很荒谬吗？把一种因含混者和不可见者之故而抛弃可见者的思维冠以现象学之名难道不是误入歧途吗？作为回应，我想我们应该区分两个不同的问题。第一个问题是，从可见者走向不可见者的动机是否来自现象学？即可以问，对可见者的分析中是否有某种东西要求我们研究更为根本的维度？第二个问题是，现象学本身能否承担起对这种不可见者的研究，或者是否把这留给形而上学的、甚至神学的思考？关于第一个问题，我们必须认识到，实际上所有大现象学家最终都承认，如果我们要回答有关显现之可能性条件的根本的(the)现象学问题，我们就必须超越单纯对活动意向性与对象显示的分析。因此，我并不认为，我们有任何理由否认这个动机来自现象学。并且，我想强调，这里所说的不可见者并不是永远隐藏者；它说的并不是永不显示自身者，只是说某种东西以完全不同于可见者的方式显示自身。关于第二个问题，我们当然会承认，有些关于显示之本质的方面，现象学本身无从探究和回答。不过，承认这点并不等于接受狭义的"现象学"概念，仅将之等同于"表层现象学"（该狭义概念偶见于莱维纳斯与德里达[Levinas 1949, 199; 1979, 87; Derrida 1967c, 99]）。我对自身觉知的分析表明，现象学可胜任对可见者之外的显示形式的研究。

议，或者看作单纯是现有的研究或分析方法的不足的表现。假设运作着的主体性是某种实体性的东西，然后声称，由于我们对其自身显示的分析没有揭示出这样的实体，因而我们的分析是失败的，这是一种严重的误解(Held 1966, 77, 160)。

第十一章 结论

本书的目标之一是澄清自身觉知与他异性之间的关系。我在前文中区分并分析了几种不同类型的自身觉知，然而，迄今为止，我对他异性概念的使用相对而言非常不系统。他异性也有不同的类型，如果我们要研究自身觉知在多大程度上会受其影响或以之为条件，那么关键需要确定我们指的是哪一种他异性。

大家应该能从我的讨论中清楚地看到，在我看来，我们能够区分出三种从原则上而言不同类型的他异性：(1) 非自身 (non-self)（世界），(2) 自己作为他人 (oneself as Other)，以及 (3) 他人自身 (Other self)。然而，对于除了他人的他异性之外还有其他类型的他异性这种观点，莱维纳斯做出了挑战（主要是在他的《异于存在或超乎本质》之前的一些著作中）。

根据莱维纳斯的观点，我生活于其中的世界充满了各种各样的对象，这些对象全都与我有别，因而全都具有某种他异性特征。我带着各种各样的实践的或理论的态度，与这些对象相遇，应对这些对象。但是，当我研究这些对象，或消费它们或利用它们来工作的时候，我不断地把陌生的和各异的东西转变为熟悉的和相同的东西，因而使它们失去了陌异性 (étrangeté)（Levinas 1961, 113, 121, 135）。尽管意向性确实把我与异己的东西联系起来，但这是一种非交互的关系,它从不会使我离开熟悉的家园。莱维纳斯指出,认知的主体就像点石成金的术士:它会转化它所触碰的一切。它吞没了异己者,取消了他异性,将之转变为相同的东西(Levinas 1991b, 36, 50, 52;1979, 21;1982, 212, 239;1961, 26, 129)。

根据莱维纳斯的看法,世界的他异性与世界中的事物的他异性,以及能够在自身之内发现的他异性,都是纯粹形式的他异性。它们都是一些能够被主体思考、同化和吸收的差异,因而,仍然保持为内在于主体所支配、掌控和构成的一种整体性之中的差异(Levinas 1961, 26–28)。

在莱维纳斯看来,我们必须承认,在真正的他异性与否定性及差异之间有着区别。在传统的(斯宾诺莎与黑格尔的)形而上学中,否定性对于(自身)规定具有本质性的作用,但是否定性能够被扬弃(aufgehoben),因为会被同化到一个极权体系之中,但是真正的他异性却并非如此:"如果某人能够拥有、把握和认识他者,那么后者就不会是他者"(Levinas 1979, 83 [1987, 90])。只要他人被认为与主体性有关系、相关联,或依赖于主体性,只要他人是某种能够被主体吸收或并入的东西,我们所面对的就不是真正的他异性,而仅仅是一种内在差异的游戏(Levinas 1949, 172, 174, 187)。

根据莱维纳斯的观点,这种对待他异性的态度构成了西方哲学的特点。西方哲学曾受困于一种无法克服的排他性、对他人始终保持为他人的恐惧,因而一直坚持着要把他异性还原为相同性(Levinas 1949, 188)。因此,莱维纳斯也认为,西方哲学应该因为它的存在论一元主义而受到批评。差异被还原为同一,超越被还原为内在,他人被还原为相同者。

第十一章 结论

莱维纳斯认为，真正的和彻底的他异性只能见于他人之中："绝对的他者（other［Autre］）就是他人（the Other［Autrui］）"（Levinas 1961, 28［1979, 39］）。他人的他异性并不在于拥有一种把他与我相区别的性质。这种区别蕴含着一种会取消他异性的深层的相似性与兼容性（Levinas 1961, 211）。因此，当莱维纳斯坚持认为，相同者与他人之间的区别不单纯是整体性的暂时的断裂，或者当他否认二者能够以任何方式相互交织的时候，这些都显得不足为怪了（Levinas 1961, 104-105）。与他人真正的相遇是对一种不能被概念化或范畴化的东西的经验。这是一种与不能还原到内在性中的完全的和绝对的他异性的关系（Levinas 1961, 233）。这种相遇所遇到东西不能简单地被主体所吸收，它也不会让主体一成不变、无动于衷。相反，与彻底他异性的真正相遇是一种将我覆没、将我彻底撼动的相遇（Levinas 1949, 190, 142, 193）。莱维纳斯的原创性在于，他对正义与不义问题的处理，为我们提供了一条原初的、非还原主义的研究他人的进路。与他人的本真的相遇在本质上是伦理上的，而不是知觉上的或认知上的。正是在伦理境遇中，他人质询我，对我做出伦理要求，例如，当我必须承担对他人的责任的时候，他人以一种非排异（non-allergic）方式呈现（Levinas 1961, 33, 89, 215, 231；1991b, 57-58），与他人的真正相遇不是对他人的主题化活动，而是对他人的不冷漠（non-indifference）（Levinas 1982, 243）。

我认为，莱维纳斯希望强调他人的彻底他异性，就此而言，他是正确的。在与他人的照面中，我们确实遇到了一种不可还原的他异性。因此，我们必须把他人的他异性与某人自身之内的他异性、与世界中对象的他异性区分开；不过，重要的是，也要反对认为我们处理的只不过同一种他异性的三种不同变体的看法。虽然我能够揭露和规定对象，但是他人却绝不能以如此的方式真正地呈现给我。他人不仅仅是不同的，而且是异己的，拥有一种相较于一切对象远为彻底的超越性。但是，我们在承认这点的同时，仍然可以坚持，世界的他异性与自身中的他异性也是真实的他异性，而不仅仅是主体所掌控的内在差异的游戏。相反，它们确实是对于主体性的自身构成而言具有本质性意义的他异性。

我在序言中指出，本书有三重目标。我希望对胡塞尔的自身觉知理论做出系统的和全面的重构；我希望讨论并澄清现象学中的一些核心论题；最后，我希望在更普遍范围内为当前关于自身觉知的哲学讨论做出贡献。

本书第一部分的研究主要论证了，第一人称的自身指称不同于各种形式的对象指称；我指出，这是由于我们亲知自己的主体性的方式与我们熟悉对象的方式之间有根本的不同。然后，我努力通过一系列辩护前反思形式的自身觉知的论证来证实这一观点。主要的论证包括：(1)对反思理论进行批评，证明这一模型事实上无法解释它试图解释的东西。反思的自身觉知预设了一种更为基本的自身觉知，鉴于我们的经验可以为反思所通达，那么它们必定已经是前反思地自身觉知的经验。两个进一步的论证支持了这一论断，(2)如果我们的经验在本质上具有第一人称给予的特征，那么这意味着，对于拥有经验的主体，即便是在反思之前，会有一种像是什么的感受特征；(3)索引性指称——即便日常知觉中的索引性指涉——蕴含着极简的和隐性形式的自身觉知。

简言之，我论证了，自身觉知并不仅仅出现于我们关注自己的意识生活之际。就其最基本的形式而言，它不是关系性的、间接的、概念的或对象化的过程的结果，而是我们的意识的直接的、内在的和弥漫式的特征。换句话说，对自身觉知的分析并不只在分析我们如何做到关注自己，或者我们如何能够辨别自己、世界与其他主体等这类具体问题。它是对"何谓有意识"的分析。有意识就是直接地和非推论地觉知到自己正在经历的任何经验，觉知到所亲知的不单单是超越的对象，还有自己的主体性。

至此出现了一系列急迫的问题。我们不仅需要对原初的自身显示进行更为细致的研究，有人还论证指出，对自身觉知的合理说明不能以一种纯粹形式的和回溯的方式来进行。自身觉知是主体性的特征，时间性、意向性、反身性、身体性与交互主体性也是其特征，因此，有人建议，同时对这些不同方面进行考察不仅会大大增加我们对自身觉知的理解，而且还会挑战以纯粹的、独立的和自足的自身呈现的方式来理解它的企图。

本书第二部分的分析在很大程度上是在回答第一部分末尾提出的问题。我讨论了，主体性在何种程度上能被以现象学的方式来描述，它又在何种程度上避开了理论性的考察。我阐明了意识的自我中心性本质。我描述了前反思自身觉知的内部结构。我区分并分析了几种不同形式的反思，并且，通过对时间性的和身体性的自身触发的大量分析，我尝试说明，我们在反思的自身觉知中遇到的自身分裂、自身变异与自身异化是如何能够出现的。我讨论了，自身觉知在何种程度上要依赖他人的介入，以及我们辨识他人的能力又在何种程度上以我们对自己的外在性的经验为前提。我考察了自身觉知与意向性之间的关系，论证了自身显示与他异显示之间的相互依赖关系。到此为止，我唯一没有明确处理的问题是自身觉知与无意识之间的关系，不过，我决定把这项讨论留待附录中进行。

我的目的之一是避免如下两个陷阱。第一个是一贯地忽视自身显示与对象显示之间的差异，而以反思、内知觉或内省的方式来构想自身觉知。而第二个陷阱则承认自身显示的独一无二的本质，但是在它把主体性从实物化的还原主义中解放和拯救出来的努力中，它又恢复了一种笛卡尔式的二元论，把主体性理解为独立的、自主的和自足的实体。

某人只要还坚持把前反思自身觉知看作一种边缘的对象意识，那他就还没有摆脱反思模型。前反思自身觉知并非如通常的显现那样具有双向度的结构，因为它根本就不是某个个别的意识活动，而是弥漫式的自身显示的维度。它是内在于经验的自身显示，具有非主题的、隐性的、立即的与被动的本质和特征。尽管前反思自身觉知既不是关系性的也不是间接的，但它也不像有人一开始所想的那样是无分化的、单纯的、纯粹的和自足的。

我曾论证道，以自身触发来理解前反思自身觉知的做法非常恰当，因为这不仅抓住了它所有的决定性特征，而且最终还为新的洞见开拓出方向。关于反思，胡塞尔论证道，反思作为意向活动预设了动机引发，即在先的自身触发。主体性为其自身所触发，它可以选择去回应这一触发。鉴于自身触发的含义指向了感性与情绪的领域，①谈论自身触发即意味着我们面对的是一种立即的、直接的、

---

① 格鲁-索伦森提出，自身觉知应该被理解为一种感受，见 Grue-Sørensen 1950, 70-71。

非对象化的和非概念的自身亲知;这种自身亲知具有暴露和彻底被动性的特征。作为主体是一个给定的状态,这不是某人自己所发起、调节或控制的东西。同时,自身触发的概念还意味着,我们处理的不是静态的自身同一,而是动态的不安。即使我们所面对的显然不是主体-对象的二分,这里仍然卷入了特定的界分或分化。因而,从自身触发的角度来理解前反思自身觉知让我们能够在身体性的自身显现、时间性与反思之间建立起必然的联系。

鉴于其内在的时间性界分和有分化的构架,我们不能把前反思自身觉知理解为纯粹的和单纯的自身呈现。原印象不是呈现活动(presencing)的一个独立源泉,它总是已经具有了时间的密度,总是已经伴有前摄不在场和滞留退场的视域。只有这种时间上的绽出才能解释时间性的自身觉知的可能性以及反思与回忆的可能性。

谈论纯粹的自身显示是一种错误的抽象。自身显示总是以一种印象的感受性的形式发生;即,它不能脱离他异显示而单独发生。这并不是由于它本身是一种对象显示的形式,或者由于它需要与他异性相遇以便获得自身觉知,或者由于其中的自身觉知在某种意义上是间接的,而恰恰是因为,自身显示者或有自身觉知者就是自身超越的主体性。我们不要把自身觉知理解为对自身的执着,排除了或阻碍了我们与超越性存在的接触。相反,主体性本质上就面向其所不是,向其所不是开放,并且,它正是在这种开放性、暴露与易感性中揭示自身。我思所揭露出的并不是封闭的内在性、纯粹内部的自身呈现,而是朝向他异性的开放,永恒的自身超越的运动。

自身觉知与他异性之间的相互关系更为显著地表现于不同形式的反思之中,因为这些形式的反思全都具有一定程度的自身他者化的特点。并且,我再次强调,仅仅承认存在这些变异与异化形式的自身觉知还是不够的。(它们被称为"变异的"是由于,反思的自身觉知跨越了内部的差异与间距而建立起来——这是一种自身移位,它对明确的自我-意识的获得具有本质性的意义,并且还由于,它并不是单纯地复制或重复了原初的经验,而是改变了经验的给予样式。它们被称为"异化的"是由于,有一些类型的反思的自身觉知是以他人为中介的。)我们的中心任务之一就是去理解,原生的自身显示如何能够产生这些嬗变。如果它事实上确实具有彻底的自身等同的特征,其自身呈现独具简单、紧密和封闭等坚固性的特征,那就非常难以理解,我们如何能够获得进行反思,以及最终对自己采取世界中的视角所必须的自身分离和自身间距。

为了理解俗世的自身觉知如何得以可能,对身体性的自身显示的分析表现出了决定性的作用。它让我们能够更好地理解前反思自身觉知与反思的自身觉知之间的关系,更好地理解意向性与自身觉知之间的关系,更好地理解自身触发与他异触发之间的关系,最后,通过对双重感觉和感觉定位过程的分析,可以更好地理解我们如何经验自己的外在性,而这种经验对于同感,以及对于所有异化的自身把握而言具有至关重要的作用。我希望我成功地说明了,现象学绝对不是出于偶然的兴趣而关注自身觉知的话题,相反,这个主题对它具有绝对的关键性意义。如果不对自身觉知做出充分的理解,不仅现象学本身所偏好的反思方法是未予说明的和含糊的,而且现象学关于意识活动的意向性与对象之显示的详细分析也会缺乏合理的基础。即是说,如果不阐明主体性的独一无二的给予,那就不可能令人信服地解释对象的显现,最终,现象学也将无从完成它自己的真正任务，即澄清显示之可能性的条件。

同时，我相信，对于逐渐兴起的对胡塞尔的重新评估而言，我对胡塞尔的自身觉知理论的重构做出了又一贡献，促使我们重新认识到，胡塞尔作为先行思想家，在很多方面都预见了其后现象学的核心讨论。② 事实表明，尽管有海德格尔（Heidegger 1979, 149）与弗兰克（Frank 1990, 54, 56）的言论，但是胡塞尔绝对没有如他们所批评的那样，束缚于他所"发现"的对象意向性，以至于从未摆脱反思模型，从未能提出关于意识之存在的更为根本的问题，从未停止采用基于主体-对象二分的自身显示模型。③ 仔细考察会发现，胡塞尔已经表明，他本人思考了他异性、事实性与被动性，绝对不是如德里达有时候所认为的那样，仿佛他的思想一直受困于在场的形而上学，顽固地把绝对主体性理解为清除了一切类型的外在性与差异性的自足的内在性（Derrida 1967a, 9; 1972a, 36–37, 187, 207）。在这点上，亨利的评价确实更为中肯，他断言，指责胡塞尔提倡纯粹在场的哲学是完全荒谬的。当然，亨利是想把这一评价作为对胡塞尔的批评，但是，我已经指出，在我看来，胡塞尔为我们提供的理论避免了德里达与亨利的过度偏激。他并没有提倡纯粹在场的哲学。但是，这并不是因为他未曾把握到关于自身显示的独一无二本质的问题，而是因为，与亨利相反，他相信自身显示在本质上是绽出式的。

最后，自身觉知问题与大量其他问题相互交织，包括时间性、

---

② 亦见 Zahavi 1996，以及 Depraz and Zahavi 1998 中的相关论文。
③ 有关胡塞尔对内时间意识的分析与海德格尔对存在的分析之间相似之处的讨论，见 Sokolowski 1978, Prufer 1988, 以及 Hart 1996b。

自我中心性、他异性、意向性、触发和注意等。诚然，我并非要声称已经详尽地处理了所有这些问题，或者为第三章提出的问题提供了确定的答案。但是，我的确是要说，我已经表明，在自身觉知这个主题上，我们确实可以从现象学中获得实质性的洞见；与我在第一章和第二章中考察的理论所提供的观点相比，这些洞见能够让我们实现对自身觉知的更为丰富的和详尽的理解。然而，我同时还认为，不可否认，当前的现象学能够从海德堡学派的讨论，以及从分析哲学中出现的概念澄清和以问题为导向的研究进路中获益。我希望，我自己的工作多少能够推进这些不同哲学传统之间的对话，尽管它们在方法上有关键的差异，但是每个传统都以自己的方式在一些相同的问题上攻坚克难。

附录　自身觉知与无意识

在前面的章节中，我们一再见到如下一些说法：每个意向性意识必然是有自身觉知的；我们的主体性具有根本的自身显示的特征；当我观看、回忆、认识、思考、希望、感受或想要什么的时候，我当然觉知到这些。但是，涉及无意识（unconscious），这些论断又会把我们置于何种境地呢？所有经验本身都是有自身觉知的吗？无意识的意识这个概念是自相矛盾的说法吗？或者，换一种更为直接和更有论战意味的问法，如果了解了弗洛伊德所"发现"的无意识，又如何能够坚持认为，意识在本质上是有自身觉知的呢？

弗洛伊德与无意识都是非常宏大的话题，我在这里不可能对之展开深入的研究。然而，一些简要的评论或许不仅能够澄清已经讨论过的某些问题，而且还足以表明，有人认为我们讨论的自身觉知与无意识是两个不兼容的概念，这种观点只不过是出于对二者的一种特定解释（或误解）。

一、弗洛伊德

为了避免直接的正面冲突，最简单的方法莫过于指出，弗洛伊德本人（或许受布伦塔诺的影响）接受了所有意识活动都具有自身觉知这一论断。我们直接地和非推论地觉知到自己的每一个发生的意识过程。正是由于对心灵过程有觉知，我们才称其为有意识的（Natsoulas 1989）。因此，我们发现弗洛伊德有如下几个让人稍感意外的论述：

> 现在，让我们把呈现给我们的意识、我们对之有觉知的表征（Vorstellung）称作"有意识的"，并且界定这是"有意识的"这个语词的唯一含义（Freud 1940b, 431 [1958, 260]）。

> 我们无权扩展（有意识[bewußt]）这个词的含义，使之涵盖一种其所有者本人都觉知不到的意识。如果哲学家们发现难以接受无意识的观念的存在，那么，在我看来，我们更应该反对无意识的意识的存在（Freud 1940b, 434 [1958, 263]）。

> 在我看来，某人对之一无所知的（一个）意识要比某个无意识而有心灵的东西更为荒谬（Freud 1940d, 243 [1961, 16]）。

尽管弗洛伊德专注于无意识，但是有自身觉知的意识对他而言仍然具有关键性的意义。毕竟，他在"论无意识"（Das Unbewusste）一文中声明，这是他的研究的出发点（Freud 1946, 271）。正是当我们希望理解各种各样的意识现象时，我们才被迫假定无意识的存在，作为意识现象的原因和唯一解释（Freud 1946, 264-265；对比 Brentano 1874, 147）。无意识正是在意识中、并且向意识展现自身（以空白、断裂和强迫症思想等形式），因而，有意识这种性质仍然可以如一抹亮光，照亮道路，引导我们穿越心灵生活中的黑暗（Freud 1941, 147）。

尽管弗洛伊德承认自身觉知的关键性意义，但是令人诧异的是，他对此几乎没有多少讨论。这给人一种印象，他认为这是不言而喻且不成问题的，以至于无需进一步的反思："没有必要讨论所谓的有意识指的是什么；这是毫无疑问的"（Freud 1940e, 76-77 [1964, 70]；亦见 Freud 1941, 81）。然而，细致的考察会表明，弗洛伊德这种漫不经心的态度隐藏着对自身觉知的相当素朴的理解："在精神分析中，我们别无选择，只能断言心灵过程本身是无意识的，只能把通过意识对它们的知觉类比于通过感官对外部世界的知觉"（Freud 1946, 270 [1957, 171]；亦见 Freud 1946, 272）。因此，弗洛伊德认同了某个版本的反思理论。心灵过程只有成为反思或内省的对象时，才能成为有意识的。

到这一步，调和精神分析与自身觉知的现象学理论的可能性的问题便出现了。后者并不排斥、反而补充了精神分析的发现，这不仅是由于精神分析所采用的自身觉知概念是有问题的，应该予以修正，还因为无意识的概念和对它的理解依附于我们对意识的理解和亲知之上。芬克曾做出过一个有名的评论："有人自认为已经熟知了什么是'有意识'或意识，因而摒弃了首先把这个概念作为优先的研究主题的任务，而一切关于无意识的科学必须相对于意识的概念来界定它的研究主题。但是，这些人由于并不知道意识是什么，便从根本上错失了一门关于'无意识'的科学的出发点"（Hua 6: 474 [1970, 386]）。

我再重复一遍，只要自身觉知的理论仅仅坚持意识与自身觉知之间的内在关联,那么无意识之存在并不对它构成问题。弗洛伊德也承认,心灵过程正是凭借其自身觉知才成为有意识的。

遗憾的是,这种避免冲突的方法未免过于简单了。尽管对于本书前文所辩护的有关自身显示之本质的核心论题,无意识之存在并不构成任何威胁,但是,它会使自身觉知所渗透的范围和弥散程度仍然存疑。尽管精神分析可以承认,意识与自身觉知之间有内在的和本质的关系,但它的确否认,心灵与意识之间有任何内在的和本质的关系,大概也会否认主体性本质上具有自身显示的特征,否认所有他异显示、所有对世界的意向指涉在本质上都必然是有自身觉知的。弗洛伊德说道:

> 医生在听到有人向他保证"意识是心灵的不可或缺的特征"时,只会耸耸肩膀、不以为然,或许,如果他觉得还是要给予哲学家们的言论足够尊重的话,他可能会设想,他们并不是在处理相同的东西,或工作在相同的科学领域。因为,哪怕是对一个神经症的心灵生活稍作理解、观察,或是对一个梦做一次分析,都必定会带给他不可动摇的信念,即最为复杂的和最为理性的思考过程当然是不折不扣的心灵过程,却能够在不激起主体的意识的情况下发生(Freud 1940a, 616-617 [1953, 612];亦见 Freud 1946, 265)。

在这点上,我们必须直击问题的要害,弄清楚无意识到底是什么。虽然这一概念现在已经进入日常语言,以至于人们想当然地认为,存在着无意识的经验,无意识的感受、思想和知觉等,但还是不能盲目地声称，我们应对的是一个特别清楚的和定义明确的概念。

有人或许会认同塞尔，通过下面这个图景来说明一个颇为普遍和相当流行的无意识概念——弗洛伊德本人有时候也认可这个概念。我们的心灵状态与心灵过程就像大海里的鱼。无论鱼在海里游得多么深，它们总是保持着外形。我们看不见游到海底的鱼，但是它与在海面上游泳时有着完全相同的外形。当心灵状态处于底部时，它是无意识的；当它浮现在表面，它成为有意识的（Searle 1992, 152）。基本上，所有心灵过程都是无意识的，把它们带入意识之中，就像把一条鲈鱼钓出水面。因此，如果把心灵比作大海，那么相比于我在任一时刻所拥有的整个心灵状态而言，有意识的经验仅仅构成了一个极小的部分。即是说，在我（或在我之中的某个东西）知觉、相信、希望、回忆、想象和意欲各种各样的事物的任何时刻，我对此根本就没有觉知。

按照这种解释，有意识的心灵状态所具有的一切东西，无意识的心灵状态也都具有，包括意向性与自我中心性等；它只是欠缺有意识的性质。它与有意识的状态完全一样，只不过它是无意识的。因而，意识被认为是情绪或意向活动的完全外在的、非本质的特征。它对于相关心灵状态的构成并无任何实质贡献，只是一种单纯的装饰而已（Freud 1940c, 304；1946, 267）。

这种解释一直为现象学家所批评。因此，有人声称，弗洛伊德使用的一系列误导性的隐喻损害了他对无意识的描述，这最终显现出对有意识和无意识的误解。我们无法轻易地做到，一边把有意识的"性质"从感受或意向活动中抽取掉，另一边还说它仍然是感受或意向活动。正确地理解的无意识根本不能被等同于剥除了自身觉知的通常的意向活动,而应该被作为主体性中的一个相当特殊的深层结构(Ricoeur 1950, 362, 367; Bernet 1996a, 46; 1996b)。①

我需要强调,现象学的批评并非针对无意识概念本身,而是针对一种特定的对它的误解。那么,现象学家们是如何理解无意识的呢?

二、现象学与无意识

首先,再怎么强调都不过分,前反思自身觉知不是意向的、主题的、对象化的或认知的活动。这意味着,自身觉知很可能伴有一种根本的忽略(ignorance)。② 虽然,我不能对我当下的经验是无意识的,但是我完全可以因其对象之故而忽略它,当然,这也是一种很正常的态度。在日常生活中,我全身心投入到我的计划中,专注于世界中的对象。所以,弥漫的前反思自身觉知绝对不等同于完全的自身理解,但却能够类比于一种对于任何随后的反思和主题化而言所必需的前理解(pre-comprehension)。

有人或许会认为,我们应该把我们对之没有知识和一直忽略的主体性称为无意识的或前意识的主体性。但是,我们是否要把有意识的给予等同于以注意和作为主题的方式的给予,从而否认主体性在反思之前是有意识的,这却并不仅仅是术语之争。如果有人决定

---

① 在耿宁看来,弗洛伊德本人在其最清晰的表述中拒绝了无意识的表征、活动与触发等概念,把无意识限制于驱动力、精力与冲动等(Kern 1975, 266-272)。

② 引用黑格尔的话来说,"正相反,正因为亲熟,亲熟者不能以认知的方式被理解"(Hegel 1988, 25 [1977, 18])。海德格尔写道:"在实存上的(ontically)最切近和亲熟者反倒在存在论上是最疏远的、不被认知的,其存在论上的意义一直被忽略"(Heidegger 1986a, 43 [1996, 41])。

把有意识的等同于作为主题被认识,那么他就选择了极为狭隘的意识与显示的概念。胡塞尔与亨利都一再指出过这一点。然而,亨利也写道:"无意识的概念一旦出现,这就标志着,我们正在进入一个原初区域,因为无力把握根基之本质的哲学经常把绝对的主体性冠以无意识之名,而不是把无意识置入我们曾做过精神分析的隐秘世界的晦暗之中"(Henry 1965, 140〔1975, 101〕)。

在这点上几乎不言自明的是,如果假设无意识根据定义就是致力于显示的思考所无法通达的,以及任何无法通过直接反思所触及的东西都是现象学研究的禁区,那么这样做是基于对现象学的粗浅的理解。我们非常有必要区分表层现象学(surface phenomenology)与纵深现象学(depth phenomenology)。当现象学的工作超出了对于对象显示与活动意向性的研究的时候,它进入了经常被称为无意识的领域。

对胡塞尔这一方面的思想的详尽讨论会让我们离题太远,不过,让我提供几个例子来说明他的观点。

胡塞尔在他的发生现象学中考察了过去的持续性影响。他指出,我们的统觉并非凭空出现。它们有一个发生过程,为之前的经验所塑造。通过积淀(sedimentation)的过程,我们的经验在我们自身之中留下了它们的痕迹,于是参与构成了引导、引动与影响其后经验的认知图式、各种形式的把握与预期:"自我总是生活在其'历史'的介质之中;它先前的所有生活经验都积淀下来,影响着后来的倾向、突然闪现的念头,先前生活经验被转化、被吸收,与转化吸收一起,又出现了新的经验形式"(Hua 4:338〔1989, 350〕;亦见 Hua 1:101;14:36;Ricoeur 1950, 368)。这种影响很难说是有意识的。我们对概念与习性的形成本身并没有任何觉知。因而，我的意向生活被模糊的底基所触发。我们应对的是没法直接调取的构成性过程（Drüe 1963，302）。由于许多最为基本的习性都是在生命的最初几年所建立的，这确实是如此。胡塞尔业已承认，我们的童年早期确实构成了无法跨越的黑暗界限。我们无法从第一人称视角把它再调取出来（Hua 13：295）。

在更为一般的层面，胡塞尔承认，主体的主动意向活动奠基在模糊的、盲目的被动性、本能驱动和联想的条件之上，在无法通过直接反思所把握的主体性的底基或深层维度中，发生着具有匿名的和非自愿的本质特征的构成过程（Hua 9：514；4：276-277）。反思的权能（以及原则之原则的有效性）再次遭到质疑。反思并不是意识的首要的样式，它无法揭示主体性的最深层次。然而，尽管我们必须承认，在构成过程中有一些深层维度并不暴露在反思的视野之内，但是这并不意味着，它们永远都完全是莫可名状的。它们不能通过直接的主题化来展现，但可通过间接的拆解和解构（Abbau）的操作方法来揭露。我们面对着前触发的被动综合的细微过程，它们只能通过缜密的"考古学式的工作"才能被我们的意识所揭示（Mishara 1990，35；亦见 Hua 11：125），而这项工作却显然是从有意识那儿开始的。因而，胡塞尔非常明确地说，无意识之谜只能通过对生活的当下的缜密分析才能解开（Hua 11：165），他在《被动综合分析》中声明，他对被动性与触发性问题的研究"有关于所谓的无意识的现象学"（Hua 11：154［2001，201］）。[3]

---

[3] 有关胡塞尔对精神分析的不多引用，见 Hua 4：222；6：240。

有时候，胡塞尔谈到无意识时，仿佛它包括所有我们没有即刻注意但通过仅仅改变注意力就可以主题化的东西。比如，胡塞尔提到的一个情况，在哲学思考过程中，他突然感到迫切想抽烟。他自动地拿起一支雪茄点燃，他对此过程未加注意，也没有因此打断自己的思考（Hua 4:38, 100; 11:416）。胡塞尔把这种行动的促成称为无意识的触发（Hua 4:38, 100; 11:416），这个无意识概念或许与弗洛伊德的前意识概念有部分的重合，但是胡塞尔从未一贯地在这个意义上使用它。我们已经指出，他更为经常（我认为，也更为合适）使用的是一个足够宽泛的意识概念，以便涵盖这里用特定的无意识概念来囊括的所有那些现象。

根据胡塞尔的观点，所有的触发都可以按照从 1 到 0 的强度范围来进行分级，其中零度等于绝对的无意识（Ms. C 10 2b-3a）。在涉及遗忘与睡眠的问题时，这种分级是尤为恰当的。随着滞留的序列变得越来越复杂，最初的触发变得越来越微弱。它失去了它的差异与独特性质。它退到背景之中，变得模糊，最终失落于无意识的暗夜之中（Hua 11:169-170; Ms. L I 15 17a）。"我们当然可以说，在零度阶段，所有具体的触发都已转入没有差异的整体触发之中；所有具体的意识都转入一般的、总是已有的过去的背景意识之中，这是完全无界分的、完全不明晰的过去视域的意识，它对生活着的、活动着的滞留的过去画上了句号"（Hua 11:171［2001, 220］）。在这一刻，所保留下的东西进入了无意识（Hua 11:420）。我们为什么不直接说它停止存在，而说它变成无意识的了呢？因为，即使在这一阶段，所保留的东西并没有完全消失。它进入了休眠，但是可以在回忆活动中被重新唤醒："唤醒是可能的，因为被构成的意义真实地蕴含在背景意识之中,在被称为无意识的不活跃的形式之中"(Hua 11:179 [2001,228])。在胡塞尔看来,这种无意识并不是单纯的缺乏或现象学意义上的空无,而是意识的一种边界形态(Grenzmodus),或根本性的变异形式(Hua 24:251;17:318-319)。

至于睡眠的问题,胡塞尔认为,当我们入睡时,我们对世界的兴趣逐渐降低,这也影响了我们觉知自己的方式,因而确证了自身触发与他异触发之间的相互依赖性。当我不再"追寻任何触发",当我不再注意到越来越弱的"来自世界的呼唤",当那些触碰我的意识的东西变得越来越模糊时,我沉入了睡眠。因而,只有被有区分度的整体事物所触发的主体性才能保持有意识的状态,而这种区分度的逐渐减弱最终让主体沉入睡眠之中(Hua 9:486;11:149,160;Ms. C 8 5a-b;亦见 Binswanger 1953,474-475;Montavont 1994)。入睡意味着不再有突显出来的东西,不再有区分,而只剩下完全的融合,没有差异的相同性(Hart 1993,39)。不过,这种完全无差异的状态(无梦的睡眠状态)并不是虚无,不是主体性的否定或停滞,而仅仅是意识的活力(Bewußtseinslebendigkeit)的零度界限(Hua 11:167;14:156)。[④] 这是绝对的自我被动性的状态,没

---

④ 无论因为睡眠被打扰,还是日常的清晨定点起床,我们毕竟能够醒来。许多人能够日复一日地在同一时间醒来,如果他们在睡前决定在某个非惯常的时间点醒来,他们也能够做到;这很有启发性,似乎表明,人们有能力在睡眠中记录时间的流逝。我发现,在我必须早起而设定闹钟的情况,我通常能够在闹铃响起的前几分钟醒来。如果我有重要的事情而必须在某个特定时间起床,我总是在夜间醒来数次,查看闹钟是否还正常工作。因而,睡眠与感性看来很可能并不完全相互排斥。还有一个很常见的例子,父母能够在噪音很大的环境中睡着,但当他们的孩子哭闹时就会醒来。或许,在无梦的睡眠过程中,我们实际上一直有经验,只不过我们忽视了或不去注意这些经验,就像我

有任何意向活动能够发生,因而这也是排除了主题性的自身觉知之可能性的状态。用胡塞尔的话来说:

> 其实,缄默的和空乏的生活,即是说,无梦的、空洞的睡眠作为一种生活是完全可想象的,它也有这种必然的结构,也在内部以被动感知的方式显现,但是却没有任何的突显,因而没有任何的自我把握,没有任何的个别触发与活动的运作,因而可以说,自我并没有出场,睡着的自我仅仅是我思之自我(Ego cogitos)的潜在性。通过生活的样态变换而发生突显这种可能性总是存在着,因而意味着觉醒的可能性(Hua 11:380 [2001, 469-470])。

如果生活是"单调"的存在,就像某个总是在单一的、无差别的进程中流逝的声音,那么我就无法返回。这确实非常关键。如果生活的"开端"、开端时期是永无休止的单调性,

---

们在清醒的时候可能对习惯性的声音不敏感一样。用林斯霍滕的话来说,"这意味着,我们从未完全彻底地睡着。那么,'彻底的睡眠'或许只是一种理论构造,一种极限的设想。在睡眠中,我在自己的根源中滑入了一种近乎植物般的存在样态,不过,一个持续着的、极为模糊的内核随时准备在最为轻微的呼唤之下再次展开自身,成为活跃的兴趣之中心。在睡眠中,我并没有消失;我在睡眠,我在此仍然随时准备展现我的源发性。睡眠是我的一种状态,我以匿名的方式仅仅存活着,但一直准备着作为我自己而醒来……在入睡的过程中,我'应付'一些无关紧要的干扰;它们隐约地触碰着我,因为我还以匿名的方式'处在半睡半醒间';不过,我对它们漠然处之,这意味着,我又睡着了"(Linschoten 1987, 110;亦见 Flanagan 1997, 103)。看来,我们醒来的能力需要意识的某种内核的持续性。因此,再说一遍,睡眠看来并未导致体验着的主体性的完全暂停,而是极大地改变了意识的状态。

那么它也会是无法被穿透的遗忘的时期(Hua 11：424 [2001, 530])。

因此，胡塞尔有时候建议说，无梦的睡眠实际上是无分化的经验的时段。我们并非遭遇到自身给予的意识流中的断裂，但是，由于缺乏有差异的触发而不能对之进行反思或回忆，在我们的回顾中，无梦的睡眠的时段总是表现为匿名的和空洞的间隙，仿佛什么也没有发生。⑤

三、自身呈亮与自身透明

胡塞尔认为，无意识并不与对象意向性处于同一个层面。它并非仅仅是一种欠缺自身觉知的通常的意向活动。它是不透明的被动性的维度，构成了有自身觉知的经验的基础。我们是在意识经验之中，而不是在它背后、外部或独立于它而发现这些不可穿透的要

---

⑤ 克劳沃恩论证到，基于外在的第三人称描述，从客观时间的角度断言主体性睡着了，它的自身给予因而中断了，这是不合理的。自身显示仅仅有关于第一人称视角，而从第一人称视角看，实际上没有睡眠、没有中断，只有一个连续不间断的呈现场域(Klawonn 1991, 139-140；亦见 James 1890, 1：238)。尽管，我只能赞成克劳沃恩拒绝承认，每当人们睡着的时候，主体性就被打断了，或者就"无意识"了，但是我认为，他的建议未能考虑到意识的多种样态。毕竟，当我醒来时，我通常觉知到刚才睡着了。这并不是我从太阳已经升起或我感到又变得精力充沛中推断出来的。尽管，一段无梦的睡眠只是作为我感到的一片空白、一段空无的时间而给予我，但仍被体验为我的时间，仍然是我的生活的一部分(Linschoten 1961, 103)。我认为，胡塞尔的建议能够对此做出解释。有关睡眠与自身觉知之关系的进一步讨论，见 Linschoten 1987, Hart 1993, 以及 Zahavi 1997。

素。因此，我们一方面能够辩护弥漫式的自身觉知，否认无意识的活动的独立存在；另一方面还能够接受作为主体的成分、又总是含混模糊、抗拒理解的无意识的存在。即是说，我们应该区分两个论断，其一声称，我们的意识具有直接的自身觉知与自身呈亮（self-luminosity）的特征，其二声称，意识具有完全的自身透明性（self-transparency）的特征。人们可以很容易接受前者而拒绝后者；即可以辩护弥漫式的自身觉知的存在，同时坚持认为，自身理解是一项永无止境的任务（Ricoeur 1950, 354–355）。

通过更细致的考察，我认为，我们有必要区分如下六个论断：一、在我们的心灵生活中发生了许多我们未加关注的事情；二、我们的自身理解既不是一劳永逸的，也不是不可错的，而是一项渐进式的揭露；三、我们当下的经验部分地由积淀下来的、但不再有意识的先前经验所引动和影响；四、我们当下的经验包含一些抗拒反思的调取和直接理解的方面与深层结构；五、我们的经验在某种程度上基于神经生理过程，这些过程是反思和第一人称的调取所绝对无法通达的；六、我们当前拥有一些对之没有意识的诸如知觉、思考、感受等经验。

在我看来，断言主体性本质上具有自身显示的特征能够与前五个论断相兼容。只有最后一个论断才是有问题的。那么，最后一个论断真的合理吗？谈论无意识的意向活动或感受真的有意义吗？某人真的能够思考、感受或欲求某个东西而又对之没有觉知吗？

让我们来设想一个场景，彼得对玛丽说："保罗相信登山有益于他的健康。"彼得可以有合理的理由把这一信念以及无数其他信念（比如"西瓜不能当球踢"或"二三得六"等）归属给保罗，即使保罗现在正在思考着其他的事情，或者，即使当保罗正在酣睡。但是，彼得用以辩护把这些"无意识的"信念归属给保罗的理由真的就是保罗以无意识的方式持有这些信念吗，仿佛它们就像大海中的鱼只是偶尔浮出海面？或者，难道假设保罗的心灵中充斥着无数的无意识的信念毕竟不是很荒谬的吗，即保罗无论是否觉知到都应该持续地（无论是睡是醒）思考着，"登山有益健康"，"西瓜不能当球踢"，"二三得六"，等等？

  主体性肯定要比肉眼所见的要多，超出了某个反思的把握。我们的心灵生活并不仅仅包括现实的经验，还有持久的习惯、兴趣、性格与信念等。萨特指出，憎恨某人与知觉到某人是两件非常不同的事情。对某人的知觉是现实进行的经验，而显然，知觉只能随着知觉经验而持续；它们毕竟是同一回事。因此，如果我在两个不同的场合知觉到同一个人，那么我所进行的是两个不同的知觉。然而，如果我厌恶某个人，我会以反思的方式说，"我恨这个人"。这样说的时候，我并不只是在陈述一个具体的经验，而是在表达对这个人的一种更为持久的态度。与知觉相反，我的恨超出了其具体显现。它的存在与它的显现并不等同。它不仅能够在我倾注于完全不相干的事情时还一直保留在我的个性之中，而且还能在若干不同的场合都显示为相同的憎恨。如果我有段时间经常碰到这个人，并感到厌恶、恶心、反感等，那么这些都是同一个憎恨的不同显现。因而，憎恨显现为超越的统一体、将若干现实经验相互组织和关联起来的基体（matrix）⑥。我们可以用类似的方式来描述保罗对登山的

---

⑥ 在萨特看来，正因其超越的特征，我们才可能弄错它的本质。

热爱。我们所论及的是某个潜在倾向(disposition),当满足了特定条件的时候,它能够在意识体验中显示出来,而不是无论保罗是否觉知到都持存着的现实进行的热爱感受。简言之,我认为,对于我们的习惯、兴趣和信念等,更合理的做法是把它们解释为倾向,而不是接受一种对无意识的实物化解释。克劳沃恩正确地指出,每个心灵倾向都与自身觉知有着本质的关系。它们唯有不时地在我现实的自身觉知经验之中显示自身,才能作为我的心灵倾向(Klawonn 1991, 89-92)。

我再重复一遍,我并不是要否认无意识之存在,只不过是要批评一种特定的对它的实物化的解释。我认为,问题出在这样一种企图之上,即把无意识置于心灵生活的表层,坚持认为有一些完整的意向活动(知觉、愿望、信念)或感受(像疼痛或高兴)是无意识的。有一种论证经常被提出来,用以支持关于无意识的强论断,即如果某人能够处于某个特定的心灵状态,而他不仅未能认识到它,并且还很诚实地加以否认,那么这个状态一定是无意识的。但是,这个论证能否真正站住脚却绝非显然。例如,某个人可以陷入爱河或情绪抑郁,但却矢口否认。首先,在反思之前,该抑郁并不是意向对象。它作为一种情绪而前反思地给予,弥漫于我们的意识经验,把我们所遇到的一切都染上了情感色彩。抑郁发生的早期阶段,或许在暗中已非常具有颠覆性,可能难以判断我们是否面临着抑郁。我们认为,自己只不过压力过大或感到疲倦,因而很诚实地予以否认。但是,这并不能说明,抑郁在任何实质性意义上是无意识的。其次,从彼得对玛丽的表现来看,我们可以说,彼得爱上了玛丽。彼得或许并未觉察到这点。他并不知道他对玛丽的感觉实际上是爱情。

他没有认识到他对玛丽的行动的真实动机。但是，这并不能说，在彼得对玛丽的有意识的和暧昧的情感之外，他对她另外还有确定的和无意识的爱（Tugendhat 1979, 142; Merleau-Ponty 1945, 436）。彼得的经验是有意识的，只不过它们的真实含义是当局者迷而旁观者清。⑦我们或许可以把彼得的"无意识的"爱与藏图游戏做个比较。隐藏着的地下精灵一直就在我们的眼皮子底下（而绝非藏在图片背后），我们只是现在才发现它。我们现在找到了他，图片显示出了更多的意义。原来无关联的图块突然被视作整体的部分。⑧再次，用萨特的一个著名的案例分析，即便是疼痛，也可以用来说明我的观点。假设我正在熬夜看完一本书。我几乎看了一整天，眼睛疼痛起来。该疼痛在一开始是如何显示出来的呢？它还未作为反思的主题对象显示，而是显示于对我知觉世界的方式的影响之中。我可能会变得不安、焦躁，难以集中注意力。纸上的文字可能会晃动、发颤。即使疼痛尚未被把握为心灵对象，但它并非不存在，也不是无意识的。它只不过尚未被主题化，但却作为处于疼痛中的视觉（vision-in-pain）而给予，作为弥漫的触发性的氛围影响、浸染了我与世界之间的意向性互动（Sartre 1943, 380-381）。或者，再看

---

⑦ 弗兰克写道："如果我陷入爱情，那么我当然处在了某种情绪之中；不过，我有可能完全没有认识到，我的状态可以恰如其分地被称作'恋爱'。甚至完全有可能，我周围所有观察到我的人都知道，我身上发生了什么，而就我自己不知道。但是，如果我自己，突然醒悟过来，赞成他们对我的状态的解释，那么我这样做的依据是他们无法获致的，唯有这是关键性的。因此，必须由意识的连续性来架起知道如何（Wissen, wie）与知道如此（Wissen, daß）之间的桥梁，而后者的认知基础必须在前者之中"（Frank 1991a, 246）。

⑧ 另见詹姆斯的经典反思（James 1890, 1: 162-176）；以及 Brentano 1874, 143-170。

一下下面这个例子。我坐在餐厅里,享用着美食,愉快地交谈。最一开始的时候,我还被疼痛所困扰,但是我逐渐被其他事情所吸引,不再关注我的疼痛。而在交谈的间隙,我又重新注意到了疼痛,我甚至会说,这还是之前的那个疼痛。这是否意味着,当我没有觉知到它的时候,这个疼痛一直在持续着,因而它能够以无意识的方式存在?正如当我与朋友交谈时,我并未停止以前反思的方式觉知我的身体,这个疼痛并非像感觉不到那样一定不再存在了,因为交谈把我的注意力吸引了过去;它只不过是变成了体验意向性(lived intentionality)的一部分。萨特写道,"我以这种方式处于疼痛之中,它弥散于身体性的底层,是从属于整个身体的一个结构。疼痛既非不存在,也不是无意识的;它只不过构成了设定性的自为意识的无距离存在的一个部分"(Sartre 1943, 383 [1956, 334])。在这里,疼痛只是以前反思的方式给予,不过,这种情况当然可以改变。我能够停止交谈,把注意力放在疼痛之上。在这种情况中,正如萨特所论证的,我超越了正在体验着的疼痛,把疼痛设定为超越的心灵对象。一阵阵明晰的疼痛来袭,被我把握为同一个伤痛的显示。作为心灵对象,这个伤痛在一系列的阵痛中作为囊括它们的统一体展现出来(Sartre 1943, 385-386)。不过,我们还没有穷尽疼痛显示的不同形式。我可以不仅把具体的疼痛把握为一个伤痛的显示;我还能通过从他人那里习得的概念对伤痛进行分类和刻画:比如说,这是一种青光眼疼痛的情况。到了这一步,疼痛已成为他人可以通达的。他们可以描述它,把它诊断为一种疾病。当我以同样的方式来理解它的时候,我对自己的疼痛采取了对象化的和异化的第三人称视角(Sartre 1943, 405-407)。

萨特的分析很有启发性，它提醒我们不要混淆了不同的描述层次。如果我因为眼痛而服了一片药，这会发生什么呢？药是否让疼痛消失了呢，抑或是它仅仅消除了我对疼痛的觉知呢？有些人提出论证辩护疼痛能够无意识地存在的观点，常用的论证要么基于过于狭隘的意识概念——只有在注意中给予的才是有意识的，要么基于对作为感觉的疼痛和作为疾病的疼痛的混淆。

　　承认了疼痛是痛苦的，那么谈论没有感觉到的或无意识的疼痛就是没有意义的；有人可能会问，同样的论证能够用于其他类型的经验吗？⑨ 说无意识地品尝咖啡有意义吗？说无意识地聆听和欣赏迈尔斯·戴维斯（Miles Davis）的音乐有意义吗？说无意识地想吃巧克力有意义吗？如果无意识的经验名副其实，而不仅仅是客观的、物理的过程，那么它应该是主体性的。毕竟，我们不会把石头、桌子或血管中的血液称为无意识的。但是，这儿的主体性在哪里显示它自己呢？应该是在经验的独特的第一人称给予之中。然而，我们却难以看到，无意识的经验如何能够具有这样的特征。无意识的经验按照其定义就是非第一人称视角给予的；对于主体而言，拥有它们并不带有一种像是什么的感受。然而，我们真的能够把经验的独特的主体给予性从经验中抽取掉的同时仍然保有经验吗？或者，经验的存在论不是一种第一人称的存在论吗（Searle 1992, 172; Smith 1989, 95; Chalmers 1996, 4; Strawson 1994, 71）？如果对

---

　　⑨ 引用刘易斯的话来说，"疼痛是一种感受。这当然是没有争议的。疼痛与感到疼是一回事。同样，某状态是疼痛与感觉到疼痛也是同一回事。关于疼痛是什么状态的理论必定也是关于处在该状态像是什么样的、那个状态感觉起来怎么样、那个状态的现象特征的理论"（Lewis 1980, 222）。

于经验而言，它的一个决定性特征是拥有这个经验的主体必定会有像是什么的感受性，那么谈论无意识的经验就跟谈论无意识的意识一样是荒谬的。借用一个相关的论证来说，如果每个含有索引性要素的指称都预设了自身指称或自身呈现，即如果只有当隐性地觉知到自己的主体性视角时，我们才能以索引的方式进行指称，那么，谈论无意识的知觉或对个体事物的无意识的辨识性指称也很难说是有意义的。

更为激进的策略会论证经验、意义与意向性之间的内在关联，辩护一个论断，即在没有意识经验的世界中，不会有意义，因而也没有意向性。斯特劳森指出：

> 意义总归是说，某东西对某东西意味着某东西。从这个意义上而言，在一个无经验的世界中，就不会有任何东西意味着什么。在一个无经验的星球上，不可能有意义，因而也不可能有意向活动，于是也不可能有意向性……在那样的宇宙之中，没有任何事物意味着任何东西。没有任何事物会关于别的什么东西。那里没有语义的有效价值，没有真理，也没有错误。没有任何事物能够具有这些性质，直到有了经验。意义，以及意向性只能存在于有意识的时刻，这点是清楚的，具有根本性的意义（Strawson 1994, 208-209）。

于是，斯特劳森宣称，经验是真正的关于（aboutness）的必要条件，他指出两种情况可相互类比，即我们可以说沉睡的人拥有信念、偏好等，正像我们可以说未在播放的唱片包含着音乐一样。如果把它们仅仅作为物理系统来考虑,那么它们都没有内在地关于某个特定的事物,它们也没有任何内在的(音乐或心灵)内容。严格来说,"如果我们不能够说,一张躺在盒子里的唱片也有一些具有内在音乐内容的状态,那么我们就更没有理由说,当路易斯处于无梦、无经验的睡眠之中时,路易斯或他的大脑也有一些具有内在心灵内容的状态"(Strawson 1994, 167;亦见 Strawson 1994, 171, 211)。

当然,这并不排除可以另有一些对经验具有因果作用的无意识状态或过程,但是谈论这些无意识的过程并不是在真正地谈论无意识的经验。[10] 有些人曾经试图把无意识描述为客观的事件,甚至把它等同于神经生理过程(Eagle 1988, 101-102;Moore 1988, 144)。在这样的情况中,我们确实会面对一些永远无法被反思所通达和第一人称视角所调取的东西。我们面对那些东西,就不能在明确意义上称之为我的无意识了。不过,对于主体性的本质性的自身显示的理论而言,这种对无意识的特定解释显然不会构成任何威胁。

---

[10] 弗拉纳根最近引入了体验感受性(experiential sensitivity)与信息感受性(informational sensitivity)之间的区分。某人可以在体验上没有感受到,但是在信息上感受到特定的差异。当我们仅仅在信息上感受到某东西时,我们并没有意识到它;即是说,纯粹的信息感受性,或用更合适的表述,纯粹信息的择取与处理是无意识的。这是一个没有现象觉知的处理过程(Flanagan 1992, 55-56, 147),主体性必须与体验感受性有关,只有它才让我们拥有通达对象的现象途径。尽管采用无意识的信息处理的概念看来更为合适,但是我认为,我们应该小心,不要假定信息感受性为我们提供了与体验感受性相同信息的非现象版本。

参 考 文 献

在正文和注释中，对 *Husserliana*（Hua）版本的引用，按全集卷号、页码在冒号之后的形式（例如，Hua 25：104-105）。如果有英文译本，首先提供原文的页码，然后在方括号内加上相应的英文页码。在无译本可用的地方，我自己（在众多朋友和同事的大力帮助下）提供了翻译。当引用胡塞尔的未刊的手稿时，参考文献采用了缩写"Ms."和比利时鲁汶的胡塞尔档案馆所使用的标准编号系统。

Anscombe, Gertrude E. M. 1981. *Metaphysics and the Philosophy of Mind*. Oxford: Blackwell.

Aristotle. 1984. *The Complete Works of Aristotle*. 2 vols. Edited by J. Barnes. Princeton, N.J.: Princeton University Press.

Armstrong, David M. 1993. *A Materialist Theory of the Mind*. London: Routledge.

Armstrong, David M., and Norman Malcolm. 1984. *Consciousness and Causality: A Debate on the Nature of Mind*. Oxford: Blackwell.

Ayer, Alfred J. 1956/1990. *The Problem of Knowledge*. New York: Penguin Books.

Barbaras, Renaud. 1991. "Le sens de l'auto-affection chez Michel Henry et Merleau-Ponty." *Epokhé* 2: 91–111.

Bateson, Gregory. 1972. *Steps to an Ecology of Mind*. New York: Ballantine Books.

Behnke, Elizabeth A. 1984. "World without Opposite — Flesh of the World."

Paper presented at the meeting of the Merleau-Ponty Circle, Montreal.

Benoist, J. 1994. *Autour de Husserl*. Paris: Vrin.

Bergson, Henri. 1927/1993. *Essai sur les données immédiates de la conscience*. Paris: Presses Universitaires de France. Translated by F. Pogson as *Time and Free Will: An Essay on the Immediate Data of Consciousness*. London: George Allen and Unwin, 1971.

Bernet, Rudolf. 1983. "Die ungegenwärtige Gegenwart: Anwesenheit und Abwesenheit in Husserls Analyse des Zeitbewußtseins." *Phänomenologische Forschungen* 14: 16–57.

——. 1985. "Einleitung." In *Texte zur Phänomenologie des inneren Zeitbewußtseins, 1893–1917*, by E. Husserl, xi–lxvii. Hamburg: Felix Meiner.

——. 1994. *La vie du sujet*. Paris: Presses Universitaires de France.

——. 1996a. "The Unconscious between Representation and Drive: Freud, Husserl, and Schopenhauer." In *The Truthful and the Good*, edited by J. J. Drummond and J. G. Hart, 81–95. Dordrecht: Kluwer.

——. 1996b. "L'analyse husserlienne de l'imagination comme fondement du concept freudien d'inconscient." *Alter* 4: 43–67.

Binswanger, Ludwig. 1953. *Grundformen und Erkenntnis menschlichen Daseins*. Zürich: Max Niehans.

Blankenburg, Wolfgang. 1979. "Phänomenologische Epoché und Psychopathologie." In *Alfred Schütz und die Idee des Alltags in den Sozialwissenschaften*, edited by W. Sprondel and R. Grathoff, 125–139. Stuttgart: Enke.

Boehm, Rudolf. 1969. "Zur Phänomenologie der Gemeinschaft: Edmund Husserls Grundgedanken." In *Phänomenologie, Rechtsphilosophie, Jurisprudenz*, edited by T. Würtenberger, 1–26. Frankfurt am Main: Klostermann.

Brand, Gerd. 1955. *Welt, Ich und Zeit*. The Hague: Martinus Nijhoff.

Brentano, Franz. 1874/1973. *Psychologie vom empirischen Standpunkt*. Vol. 1. Hamburg: Felix Meiner. Translated by A. C. Rancurello, D. B. Terrell, and L. L. McAlister as *Psychology from an Empirical Standpoint*. London: Routledge and Kegan Paul, 1973.

——. 1928/1985. *Kategorienlehre*. Hamburg: Felix Meiner.

Brough, John B. 1972. "The Emergence of an Absolute Consciousness in Husserl's Early Writings on Time-Consciousness." *Man and World* 5: 298–326.

——. 1975. "Husserl on Memory." *Monist* 59: 40–62.

——. 1987. "Temporality and the Presence of Language: Reflections on Husserl's Phenomenology of Time-Consciousness." In *Phenomenology of Temporality: Time and Language*, edited by A. Schuwer, 1–31. Pittsburgh, Pa.: Duquesne University Press.

——. 1991. "Introduction." In E. Husserl, *On the Phenomenology of the Consciousness of Internal Time, 1893–1917*, xi–lvii. Dordrecht: Kluwer Academic Publishers.

——. 1993. "Husserl and the Deconstruction of Time." *Review of Metaphysics* 46: 503–536.

——. 2011. "'The Most Difficult of All Phenomenological Problems.'" *Husserl Studies* 27: 27–40.

Butterworth, George. 1995. "An Ecological Perspective on the Origins of Self." In *The Body and the Self*, edited by J. L. Bermudez, A. Marcel, and N. Eilan, 87–105. Cambridge, Mass.: MIT Press.

Cabestan, Philippe. 1996. "La constitution du corps selon l'ordre de ses apparitions." *Epokhè* 6: 279–298.

Castañeda, Héctor-Neri. 1966. "He, a Study in the Logic of Self-Consciousness." *Ratio* 8: 130–157.

——. 1967. "On the Logic of Self-Knowledge." *Nous* 1: 9–21.

——. 1968. "On the Phenomeno-Logic of the I." *Proceedings of the Sixteenth International Congress of Philosophy* 3: 260–266.

——. 1970. "On Knowing (or Believing) That One Knows (or Believes)." *Synthese* 21: 187–203.

——. 1979. "Philosophical Method and Direct Awareness of the Self." *Grazer Philosophische Studien* 7, no. 8: 1–58.

——. 1987a. "The Self and the I-Guises, Empirical and Transcendental." In

Theorie der Subjektivität, edited by K. Cramer et al., 105–140. Frankfurt am Main: Suhrkamp.

——. 1987b. "Self-Consciousness, Demonstrative Reference, and the Self-Ascription View of Believing." In *Philosophical Perspectives*, vol. 1, *Metaphysics*, edited by J. E. Tomberlin, 405–454. Atascadero, Calif.: Ridgeview.

——. 1989a. "Self-Consciousness, I-Structures, and Physiology." In *Philosophy and Psychopathology*, edited by M. Spitzer and B. A. Maher, 118–145. Berlin: Springer Verlag.

——. 1989b. "The Re$exivity of Self-Consciousness: Sameness/Identity, Data for Artificial Intelligence." *Philosophical Topics* 17, no. 1: 27–58.

Chalmers, David J. 1996. *The Conscious Mind: In Search of a Fundamental Theory*. New York: Oxford University Press.

Chisholm, Roderick M. 1981. *The First Person*. Brighton, Eng.: Harvester.

Claesges, Ulrich. 1964. *Edmund Husserls Theorie der Raumkonstitution*. The Hague: Martinus Nijhoff.

Cobb-Stevens, Richard. 1998. "James and Husserl: Time-Consciousness and the Intentionality of Presence and Absence." In *Self-Awareness, Temporality, and Alterity*, edited by D. Zahavi, 41–57. Dordrecht: Kluwer Academic Publishers.

Cole, Jonathan. 1991/1995. *Pride and a Daily Marathon*. Cambridge, Mass.: MIT Press.

Cole, Jonathan, and Jacques Paillard. 1995. "Living without Touch and Peripheral Information about Body Position and Movement: Studies with Deafferented Subjects." In *The Body and the Self*, edited by J. L. Bermúdez, A. Marcel, and N. Eilan, 245–266. Cambridge, Mass.: MIT Press.

Costa, Vincenzo. 1994. "Derrida og Husserl — Problemet om Ursyntesen." In *Subjektivitet og Livsverden i Husserls Fænomenologi*, edited by D. Zahavi, 75–88. Aarhus: Modtryk.

Cramer, Konrad. 1974. " 'Erlebnis': Thesen zu Hegels Theorie des Selbstbewußtseins mit Rücksicht auf die Aporien eines Grundbegriffs nachhegelscher Philosophie." In *Stuttgarter Hegel- Tage 1970*, edited by H.- G. Gadamer, 537–603. Bonn:

Verlag H. Bouvier und Co.

Depraz, Natalie. 1995. *Transcendance et incarnation*. Paris: Vrin.

——. 1998. "Can I Anticipate Myself? Self-Affection and Temporality." In *Self-Awareness, Temporality, and Alterity*, edited by D. Zahavi, 85–99. Dordrecht: Kluwer Academic Publishers.

Depraz, Natalie, and Dan Zahavi, eds. 1998. *Alterity and Facticity: New Perspectives on Husserl*. Dordrecht: Kluwer Academic Publishers.

Derrida, Jacques. 1967a. *La voix et le phénomène*. Paris: Presses Universitaires de France. Translated by D. B. Allison as *Speech and Phenomena and Other Essays on Husserl's Theory of Signs*. Evanston, Ill.: Northwestern University Press, 1973.

——. 1967b. *L'écriture et la différence*. Paris: Éditions du Seuil.

——. 1967c. *De la grammatologie*. Paris: Les Éditions de Minuit. Translated by G. C. Spivak as *Of Grammatology*. Baltimore, Md.: Johns Hopkins University Press, 1976.

——. 1972a. *Marges de la philosophie*. Paris: Les Éditions de Minuit.

——. 1972b. *La dissémination*. Paris: Éditions du Seuil.

——. 1990. *Le problème de la genèse dans la philosophie de Husserl*. Paris: Presses Universitaires de France. Translated by M. Hobson as *The Problem of Genesis in Husserl's Philosophy*. Chicago: University of Chicago Press, 2003.

Drue, Hermann. 1963. *Edmund Husserls System der phänomenologischen Psychologie*. Berlin: de Gruyter.

Drummond, John J. 1979–80. "On Seeing *a* Material Thing *in* Space: The Role of Kinaesthesis in Visual Perception." *Philosophy and Phenomenological Research* 40: 19–32.

Duval, Raymond. 1990. *Temps et vigilance*. Paris: Vrin.

Eagle, Morris. 1988. "Psychoanalysis and the Personal." In *Mind, Psychoanalysis, and Science*, edited by P. Clark and C. Wright, 91–111. Oxford: Blackwell.

Evans, Gareth. 1982. *The Varieties of Reference*. Oxford: Clarendon.

Ey, Henry. 1973. *Consciousness: A Phenomenological Study of Being Conscious and Becoming Conscious*. Bloomington: Indiana University Press.

Fichte, Johann G. 1797/1920. *Erste und Zweite Einleitung in die Wissenschaftslehre*. Leipzig: Felix Meiner. Translated by D. Breazeale as *Introductions to the Wissenschaftslehre and Other Writings(1797–1800)*. Indianapolis, Ind.: Hackett, 1994.

Fink, Eugen. 1957. "Operative Begriffe in Husserls Phanomenologie." *Zeitschrift für philosophische Forschung* 11: 321–337.

———. 1966. *Studien zur Phänomenologie 1930–1939*. The Hague: Martinus Nijhoff.

———. 1987. *Existenz und Coexistenz*. Würzburg: Königshausen and Neumann.

———. 1992. *Natur, Freiheit, Welt*. Würzburg: Königshausen and Neumann.

Flanagan, Owen. 1992. *Consciousness Reconsidered*. Cambridge, Mass.: MIT Press.

———. 1997. "Prospects for a Unified Theory of Consciousness, or What Dreams Are Made of." In *The Nature of Consciousness*, edited by N. Block, O. Flanagan, and G. Güzeldere, 97–109. Cambridge, Mass.: MIT Press.

Franck, Didier. 1984. "La chair et le problème de la constitution temporelle." In *Phénoménologie et métaphysique*, edited by J.- F. Courtine, 125–156. Paris: Presses Universitaires de France.

Frank, Manfred. 1984. *Was ist Neostrukturalismus?* Frankfurt am Main: Suhrkamp.

———. 1986. *Die Unhintergehbarkeit von Individualität*. Frankfurt am Main: Suhrkamp.

———. 1989. *Das Sagbare und das Unsagbare*. Frankfurt am Main: Suhrkamp.

———. 1990. *Zeitbewußtsein*. Pfullingen: Neske.

———. 1991a. *Selbstbewußtsein und Selbsterkenntnis*. Stuttgart: Reclam.

———, ed. 1991b. *Selbstbewußtseinstheorien von Fichte bis Sartre*. Frankfurt am Main: Suhrkamp.

Freud, Sigmund. 1940a. *Gesammelte Werke*. Vols. 2–3, *Die Traumdeutung: Über den Traum*. London: Imago Publishing Co. Translated by J. Strachey as *The*

Standard Edition of the Complete Psychological Works of Sigmund Freud, vol. 5: *The Interpretation of Dreams (Second Part) and On Dreams*. London: Hogarth, 1953.

———. 1940b. *Gesammelte Werke*. Vol. 8, *Werke aus den Jahren 1909–1913*. London: Imago Publishing Co. Translated by J. Strachey as *The Standard Edition*, vol. 12: *The Case of Schreber: Papers on Technique and Other Works*. London: Hogarth, 1958.

———. 1940c. *Gesammelte Werke*. Vol. 11, *Vorlesungen zur Einführung in die Psychoanalyse*. London: Imago Publishing Co.

———. 1940d. *Gesammelte Werke*. Vol. 13, *Jenseits des Lustprinzips: Massenpsychologie und Ich-Analyse — Das Ich und das Es*. London: Imago Publishing Co. Translated by J. Strachey as *The Standard Edition*, vol. 19: *The Ego and the Id and Other Works*. London: Hogarth, 1961.

———. 1940e. *Gesammelte Werke*. Vol. 15, *Neue Folge der Vorlesungen zur Einführung in die Psychoanalyse*. London: Imago Publishing Co. Translated by J. Strachey as *The Standard Edition*, vol. 22: *New Introductory Lectures on Psycho- Analysis and Other Works*. London: Hogarth, 1964.

———. 1941. *Gesammelte Werke*. Vol. 17, *Schriften aus dem Nachlass 1892–1939*. London: Imago Publishing Co.

———. 1946. *Gesammelte Werke*. Vol. 10, *Werke aus den fahren 1913–1917*. London: Imago Publishing Co. Translated by J. Strachey as *The Standard Edition*, vol. 14: *On the History of the Psycho-Analytic Movement: Papers on Metapsychology and Other Works*. London: Hogarth, 1957.

Gallagher, Shaun. 1986. "Body Schema and Body Image: A Conceptual Clarification." *Journal of Mind and Behavior* 7: 541–554.

Gallagher, Shaun, and Jonathan Cole. 1995. "Body Image and Body Schema in a Deafferented Subject." *Journal of Mind and Behavior* 16, no. 4: 369–389.

Gallup, Gordon G. 1977. "Self-Recognition in Primates." *American Psychologist* 32: 329–338.

Gasché, Rudolphe. 1986. *The Tain of the Mirror*. Cambridge, Mass.: Harvard

University Press.

Gibson, James J. 1966. *The Senses Considered as Perceptual Systems*. London: George Allen and Unwin.

———. 1979/1986. *The Ecological Approach to Visual Perception*. Hillsdale, N.J.: Lawrence Erlbaum Associates.

———. 1982. *Reasons for Realism: Selected Essays of James J. Gibson*. Edited by E. Reed and R. Jones. Hillsdale, N.J.: Lawrence Erlbaum Associates.

Goldman, Alvin I. 1997. "Consciousness, Folk Psychology, and Cognitive Science." In *The Nature of Consciousness*, edited by N. Block, O. Flanagan, and G. Güzeldere, 111–125. Cambridge, Mass.: MIT Press.

Grue-Sørensen, Knud. 1950. *Studier over Refleksitivitet*. Copenhagen: J. H. Schultz.

Gurwitsch, Aron. 1966. *Studies in Phenomenology and Psychology*. Evanston, Ill.: Northwestern University Press.

———. 1974. *Das Bewußtseinsfeld*. Berlin: de Gruyter.

———. 1985. *Marginal Consciousness*. Athens: Ohio University Press. Habermas, Jürgen. 1988. *Theorie des kommunikativen Handelns*. Vols. 1–2. Frankfurt am Main: Suhrkamp.

———. 1989. *Nachmetaphysisches Denken*. Frankfurt am Main: Suhrkamp.

———. 1991. *Der philosophische Diskurs der Moderne*. Frankfurt am Main: Suhrkamp.

Hart, James G. 1989. "Constitution and Reference in Husserl's Phenomenology of Phenomenology." *Husserl Studies* 6: 43–72.

———. 1992. *The Person and the Common Life*. Dordrecht: Kluwer Academic Publishers.

———. 1993. "Phenomenological Time: Its Religious Significance." In *Religion and Time*, edited by J. N. Mohanty and A. N. Balslev, 18–45. Leiden: Brill.

———. 1996a. "Agent Intellect and Primal Sensibility." In *Issues in Husserl's Ideas*, edited by T. Nenon and L. Embree, vol. 2: 107–134. Dordrecht: Kluwer Academic Publishers.

———. 1996b. "Being and Mind." In *The Truthful and the Good*, edited by J. J. Drummond and J. G. Hart, 1–16. Dordrecht: Kluwer Academic Publishers.

———. 1998. "Intentionality, Phenomenality, and Light." In *Self-Awareness, Temporality, and Alterity*, edited by D. Zahavi, 59–83. Dordrecht: Kluwer Academic Publishers.

Heckmann, Heinz-Dieter. 1991. "Wer (oder was) bin ich? Zur Deutung des Intentionalen Selbsbezuges aus der Perspektive der ersten Person Singularis." In *Dimensionen des Selbst: Selbstbewusstsein, Reflexivität und die Bedingungen von Kommunikation*, edited by B. Kienzle and H. Pape, 85–136. Frankfurt am Main: Suhrkamp.

Hegel, Georg W. F. 1988. *Phänomenologie des Geistes*. Hamburg: Felix Meiner. Translated by A. V. Miller as *Hegel's Phenomenology of Spirit*. Oxford: Clarendon, 1977.

Heidegger, Martin. 1979. *Gesamtausgabe*. Vol. 20, *Prolegomena zur Geschichte des Zeitbegriffs*. Frankfurt am Main: Vittorio Klostermann.

———. 1986a. *Sein und Zeit*. Tübingen: Max Niemeyer. Translated by J. Stambaugh as *Being and Time*. Albany, N.Y.: SUNY Press, 1996.

———. 1986b. *Gesamtausgabe*. Vol. 15, *Seminare(1951–1973)*. Frankfurt am Main: Vittorio Klostermann,

———. 1991. *Gesamtausgabe*. Vol. 3, *Kant und das Problem der Metaphysik*. Frankfurt am Main: Vittorio Klostermann. Translated by R. Taft as *Kant and the Problem of Metaphysics*. Bloomington: Indiana University Press, 1990.

Held, Klaus. 1966. *Lebendige Gegenwart*. The Hague: Martinus Nijhoff.

———. 1981. "Phänomenologie der Zeit nach Husserl." *Perspektiven der Philosophie* 7: 185–221.

Held, Richard, and Alan Hein. 1963. "Movement-Produced Stimulation in the Development of Visually Guided Behavior." *Journal of Comparative and Physiological Psychology* 56, no. 5: 872–876.

Henrich, Dieter. 1966. "Fichtes ursprüngliche Einsicht." In *Subjektivität und Metaphysik: Festschrift für Wolfgang Cramer*, edited by D. Henrich and H.

Wagner, 188–232. Frankfurt am Main: Klostermann.

———. 1970. "Selbstbewußtsein, kritische Einleitung in eine Theorie." In *Hermeneutik und Dialektik*, edited by R. Bubner, K. Cramer, and R. Wiehl, 257–284. Tübingen: Mohr. Translated as "Self-Consciousness: A Critical Introduction to a Theory." *Man and World* 4 (1971): 3–28.

———. 1982a. *Fluchtlinien*. Frankfurt am Main: Suhrkamp.

———. 1982b. *Selbstverhältnisse*. Stuttgart: Reclam.

———. 1989. "Noch einmal in Zirkeln: Eine Kritik von Ernst Tugendhats semantischer Erklärung von Selbstbewußtsein." In *Mensch und Moderne: Beiträge zur philosophischen Anthropologie und Gesellschaftskritik*, edited by C. Bellut and U. Müller-Schöll, 93–132. Würzburg: Königshausen and Neumann.

Henriksen, Mads Gram, Josef Parnas, and Dan Zahavi. 2019. "Thought Insertion and Disturbed For-me-ness (Minimal Self) in Schizophrenia." *Consciousness and Cognition* 74: 102770.

Henry, Michel. 1963. *L'essence de la manifestation*. Paris: Presses Universitaires de France. Translated by G. Etzkorn as *The Essence of Manifestation*. The Hague: Martinus Nijhoff, 1973.

———. 1965. *Philosophie et phénoménologie du corps*. Paris: Presses Universitaires de France. Translated by G. Etzkort as *Philosophy and Phenomenology of the Body*. The Hague: Martinus Nijhoff, 1975.

———. 1966. "Le concept d'âme a-t-il un sens?" *Revue Philosophique de Louvain* 64: 5–33. Translated as "Does the Concept 'Soul' Mean Anything?" *Philosophy Today* 13, no. 2 (1969): 94–114.

———. 1985. *Généalogie de la psychanalyse*. Paris: Presses Universitaires de France.

———. 1989. "Philosophic et subjectivité." In *Encyclopédie philosophique universale*, vol. 1: *L'univers philosophique*, edited by A. Jacob, 46–56. Paris: Presses Universitaires de France.

———. 1990. *Phénoménologie matérielle*. Paris: Presses Universitaires de France. Translated by S. Davidson as *Material Phenomenology*. New York: Fordham

University Press, 2008.

———. 1994. "Phénoménologie de la naissance." *Alter* 2: 295–312.

———. 1996. *C'est moi la vérité*. Paris: Seuil.

Holenstein, Elmar. 1971. "Passive Genesis: Eine begriffsanalytische Studie." *Tijdschrift voor Filosofie* 33: 112–153.

———. 1972. *Phänomenologie der Assoziation: Zu Struktur und Funktion eines Grundprinzips der passiven Genesis bei E. Husserl*. The Hague: Martinus Nijhoff.

Hume, David. 1888. *A Treatise of Human Nature*. Oxford: Clarendon.

Husserl, Edmund. 1950. Husserliana 1, *Cartesianische Meditationen und Pariser Vorträge*, edited by S. Strasser. The Hague: Martinus Nijhoff. Pages 43–183 translated by D. Cairns as *Cartesian Meditations: An Introduction to Phenomenology*. The Hague: Martinus Nijhoff, 1960.

———. 1952. Husserliana 4, *Ideen zu einer reinen Phänomenologie und phänomenologischen Philosophie: Zweites Buch: Phänomenologische Untersuchungen zur Konstitution*, edited by W. Biemel. The Hague: Martinus Nijhoff. Translated by R. Rojcewicz and A. Schuwer as *Ideas Pertaining to a Pure Phenomenology and to a Phenomenological Philosophy: Second Book: Studies in the Phenomenology of Constitution*. Dordrecht: Kluwer Academic Publishers, 1989.

———. 1952. Husserliana 5, *Ideen zu einer reinen Phänomenologie und phänomenologischen Philosophie: Drittes Buch: Die Phänomenologie und die Fundamente der Wissenschaften*, edited by W. Biemel. The Hague: Martinus Nijhoff. Translated by T. E. Klein and W. E. Pohl as *Ideas Pertaining to a Pure Phenomenology and to a Phenomenological Philosophy: Third Book: Phenomenology and the Foundations of the Sciences*. The Hague: Martinus Nijhoff, 1980.

———. 1954. Husserliana 6, *Die Krisis der europäischen Wissenschaften und die transzendentale Phänomenologie: Eine Einleitung in die phänomenologische Philosophie*, edited by W. Biemel. The Hague: Martinus Nijhoff. Translated by D. Carr as *The Crisis of European Sciences and Transcendental Phenomenology: An Introduction to Phenomenological Philosophy.* Evanston, Ill.: Northwestern University Press, 1970.

——. 1956. Husserliana 7, *Erste Philosophie(1923/24): Erster Teil: Kritische Ideengeschichte,* edited by Rudolf Boehm. The Hague: Martinus Nijhoff. Pages 230–287 translated by T. E. Klein, Jr. and W. E. Pohl as "Kant and the Idea of Transcendental Philosophy." *Southwestern Journal of Philosophy* 5, no. 3*(*1974): 9–56.

——. 1959. Husserliana 8, *Erste Philosophie(1923/24): Zweiter Teil: Theorie der phänomenologischen Reduktion,* edited by Rudolf Boehm. The Hague: Martinus Nijhoff. Translated by S. Luft and T. M. Naberhaus as *First Philosophy: Lectures 1923/24 and Related Texts from the Manuscripts (1920–1925).* Dordrecht: Springer Nature, 2019.

——. 1962. Husserliana 9, *Phänomenologische Psychologie: Vorlesungen Sommersemester 1925,* edited by W. Biemel. The Hague: Martinus Nijhoff. Translated by J. Scanlon as *Phenomenological Psychology: Lectures, Summer Semester, 1925.* The Hague: Martinus Nijhoff, 1977.

——. 1966. Husserliana 10, *Vorlesungen zur Phänomenologie des inneren Zeitbewusstseins(1893– 1917),* edited by R. Boehm. The Hague: Martinus Nijhoff. Translated by J. B. Brough as *On the Phenomenology of the Consciousness of Internal Time(1893–1917).* Dordrecht: Kluwer Academic Publishers, 1991.

——. 1966. Husserliana 11, *Analysen zur passiven Synthesis: Aus Vorlesungs- und Forschungsmanuskripten 1918–1926,* edited by M. Fleischer. The Hague: Martinus Nijhoff. Translated by A. Steinbock as *Analyses Concerning Passive and Active Synthesis: Lectures on Transcendental Logic.* Dordrecht: Kluwer Academic Publishers, 2001.

——. 1973. Husserliana 13, *Zur Phänomenologie der Intersubjektivität: Texte aus dem Nachlass, Erster Teil: 1905–1920,* edited by I. Kern. The Hague: Martinus Nijhoff.

——. 1973. Husserliana 14, *Zur Phänomenologie der Intersubjektivität: Texte aus dem Nachlass, Zweiter Teil: 1921-1928*, edited by I. Kern. The Hague: Martinus Nijhoff.

——. 1973. Husserliana 15, *Zur Phänomenologie der Intersubjektivität: Texte aus dem Nachlass, Dritter Teil: 1929-1935*, edited by I. Kern. The Hague: Martinus Nijhoff.

——. 1973. Husserliana 16, *Ding und Raum: Vorlesungen 1907*, edited by U. Claesges. The Hague: Martinus Nijhoff. Translated by R. Rojcewicz as *Thing and Space: Lectures of 1907*. Dordrecht: Kluwer Academic Publishers, 1997.

——. 1974. Husserliana 17, *Formale und transzendentale Logik: Versuch einer Kritik der logischen Vernunft*, edited by P. Janssen. The Hague: Martinus Nijhoff. Translated by D. Cairns as *Formal and Transcendental Logic*. The Hague: Martinus Nijhoff, 1969.

——. 1976. Husserliana 3, 1-2, *Ideen zu einer reinen Phänomenologie und phänomenologischen Philosophie, Erstes Buch: Allgemeine Einführung in die reine Phänomenologie*, edited by K. Schuhmann. The Hague: Martinus Nijhoff.

——. 1980. Husserliana 23, *Phantasie, Bildbewusstsein, Erinnerung: Zur Phänomenologie der anschaulichen Vergegenwärtigungen: Texte aus dem Nachlass(1898-1925)*, edited by E. Marbach. Dordrecht: Kluwer Academic Publishers. Translated by J. B. Brough as *Phantasy, Image Consciousness and Memory(1898-1925)*. Dordrecht: Springer, 2005.

——. 1984. Husserliana 19, 1-2, *Logische Untersuchungen, Zweiter Band: Untersuchungen zur Phänomenologie und Theorie der Erkenntnis*, edited by Ursula Panzer. The Hague: Martinus Nijhoff.

——. 1984. Husserliana 24, *Einleitung in die Logik und Erkenntnistheorie: Vorlesungen 1906/07*, edited by U. Melle. Dordrecht: Martinus Nijhoff. Translated by C. O. Hill as *Introduction to Logic and Theory of Knowledge: Lectures 1906/07*. Dordrecht: Springer, 2008.

——. 1985. *Erfahrung und Urteil*, edited by L. Landgrebe. Hamburg: Felix

Meiner. Translated by J. S. Churchill and K. Ameriks as *Experience and Judgment*. London: Routledge and Kegan Paul, 1973.

——. 1993. Husserliana 29, *Die Krisis der europäischen Wissenschaften und die transzendentale Phänomenologie: Ergänzungsband: Texte aus dem Nachlass 1934–1937*, edited by R. N. Smid. Dordrecht: Kluwer Academic Publishers.

——. 2001. Husserliana 33, *Die Bernauer Manuskripte über das Zeitbewusstsein(1917/18)*, edited by R. Bernet and D. Lohmar. Dordrecht: Kluwer Academic Publishers.

——. 2002. Husserliana 34, *Zur phänomenologischen Reduktion: Texte aus dem Nachlass(1926–1935)*, edited by S. Luft. Dordrecht: Kluwer Academic Publishers.

——. 2006. Husserliana Materialien 8, *Späte Texte über Zeitkonstitution (1929–1934): Die C-Manuskripte*, edited by D. Lohmar. Dordrecht: Springer.

——. The text contains references to the following unpublished manuscripts by Husserl. Manuscripts to be found in the Husserl-Archives in Leuven, Belgium: A V 5 (1933), A VI(1930), B I 14(1932), B III 9 (1931–1934), C 2 (1931–1932), C 3 (1930–1931) , C 5 (1930) , C 6 (1930) , C 7 (1932) , C 8 (1929) , C 10 (1931) , C 15 (1931) , C 16 (1931–1933) , C 17(1930–1932), D 10(1932), D 12(1931), D 13(1921), E III 2(1921), E III 3(1933–1934), E III 9(1931–1933), L I 1(1917–1918), L I 2(1917), L I 13 (1918) , L I 15 (1917) , L I 16 (1917) , L I 17 (1917–1918) , L I 19 (1917–1918) , L I 21 (1917) , M III 3 II I (1900–1914) .

Jackson, Frank. 1982. "Epiphenomenal Qualia." *Philosophical Quarterly* 32: 127–136.

James, William. 1890/1918. *The Principles of Psychology*. 2 vols. London: Macmillan.

Janicaud, Dominique. 1991. *Le tournant théologique de la phénoménologie française*. Combas: Éditions de l'Éclat.

Jaspers, Karl. 1965. *Allgemeine Psychopathologie*. Berlin: Springer Verlag.

Jones, John R. 1956. "Self- Knowledge." *Aristotelian Society Supplementary*

Volumes 30: 120–142.

Kant, Immanuel. 1923. *Werke VIII*. Edited by E. Cassirer. Berlin: Bruno Cassirer.

——. 1971. *Kritik der reinen Vernunft*. Frankfurt am Main: Felix Meiner.

——. 1983. *What Real Progress Has Metaphysics Made in Germany since the Time of Leibniz and Wolff?* Translated by T. Humphrey. New York: Abaris Books.

Kapitan, Tomis. 1997. "The Ubiquity of Self-Awareness." *Grazer Philosophische Studien* 57: 17–43.

Kern, Iso. 1975. *Idee und Methode der Philosophie*. Berlin: de Gruyter.

——. 1989. "Selbstbewußtsein und Ich bei Husserl." In *Husserl-Symposion Mainz 1988*, 51–63. Stuttgart: Akademie der Wissenschaften und der Literatur.

Kienzle, Bertram, and Helmut Pape. 1991. *Dimensionen des Selbst: Selbstbewußtsein, Reflexivität, und die Bedingungen von Kommunikation*. Frankfurt am Main: Suhrkamp.

Kimura, Bin. 1997. "Cogito et je." *L'Évolution psychiatrique* 62, no. 2: 335–348.

Klawonn, Erich. 1990. "On Personal Identity: Defence of a Form of Non-Reductionism." *Danish Yearbook of Philosophy* 25: 41–59.

——. 1991. *Jeg'ets Ontologi*. Odense: Odense Universitetsforlag.

——. 1994. "Kritisk Undersøgelse af Kritikken." In *Kritisk Belysning af Jeg'ets Ontologi*, edited by D. Favrholdt, 129–189. Odense: Odense Universitetsforlag.

Kühn, Rolf. 1994. *Studien zum Lebens- und Phänomenbegriff*. Cuxhaven: Junghans-Verlag.

Laing, Ronald D. 1960/1990. *The Divided Self*. Harmondsworth, Eng.: Penguin Books.

Landgrebe, Ludwig. 1963. *Der Weg der Phänomenologie*. Gutersloh: Gerd Mohn.

——. 1982. *Faktizität und Individuation*. Hamburg: Felix Meiner.

Larrabee, Mary J. 1994. "Inside Time-Consciousness: Diagramming the Flux." *Husserl Studies* 10: 181–210.

Lee, Nam-In. 1998. "Edmund Husserl's Phenomenology of Mood." In *Alterity and Facticity: New Perspectives on Husserl*, edited by N. Depraz and D. Zahavi. Dordrecht: Kluwer Academic Publishers.

Levinas, Emmanuel. 1949/1988. *En découvrant l'existance avec Husserl et Heidegger*. Paris: Vrin.

——. 1961/1990. *Totalité et infini*. Dordrecht: Kluwer Academic Publishers. Translated by A. Lingis as *Totality and Infinity*. The Hague: Martinus Nijhoff, 1979.

——. 1972. *Humanisme de l'autre homme*. Paris: Fata Morgana.

——. 1974. *Autrement qu'être, ou au-dela de l'essence*. The Hague: Martinus Nijhoff.

——. 1979. *Le temps et l'autre*. Paris: Fata Morgana. Translated by R. A. Cohen as *Time and the Other*. Pittsburgh, Pa.: Duquesne University Press, 1987.

——. 1982/1992. *De Dieu qui vient à l'idée*. Paris: Vrin.

——. 1991a. *Entre nous: Essais sur le penser-à-l'autre*. Paris: Grasset.

——. 1991b. *Cahier de l'Herne*. Edited by C. Chalier and M. Abensour. L'Herne.

Lewis, David. 1979. "Attributions 'De dicto' and 'De Se.'" *Philosophical Review* 88: 513–543.

——. 1980. "Mad Pains and Martian Pains." In *Readings in the Philosophy of Psychology*, edited by N. Block, vol. 1: 216–222. Cambridge, Mass.: Methuen.

Lewis, Michael, and Jeanne Brooks-Gunn. 1979. *Social Cognition and the Acquisition of Self*. New York: Plenum.

Linschoten, Johannes. 1961. *Auf dem Wege zu einer phänomenologischen Psychologie*. Berlin: de Gruyter.

——. 1987. "On Falling Asleep." In *Phenomenological Psychology: The Dutch School*, edited J. J. Kockelmans, 79–117. Dordrecht: Kluwer Academic Publishers.

Locke, John. 1975. *An Essay concerning Human Understanding*. Edited by P. H. Nidditch. Oxford: Clarendon.

Lycan, William G. 1997. "Consciousness as Internal Monitoring." In *The Nature of Consciousness*, edited by N. Block, O. Flanagan, and G. Güzeldere, 754–771. Cambridge, Mass.: MIT Press.

Mahler, Margaret S., Fred Pine, and Anni Bergman. 1975. *The Psychological Birth of the Human Infant*. New York: Basic Books.

Malcolm, Norman. 1988. "Subjectivity." *Philosophy* 63: 147–160.

Marbach, Eduard. 1974. *Das Problem des Ich in der Phänomenologie Husserls*. The Hague: Martinus Nijhoff.

Marion, Jean-Luc. 1989. *Réduction et donation: Recherches sur Husserl, Heidegger et la phénoménologie*. Paris: Presses Universitaires de France.

———. 1996. "The Saturated Phenomenon." *Philosophy Today* 40, no. 1: 103–124.

McGinn, Colin. 1983. *The Subjective View*. Oxford: Clarendon.

———. 1997. "Consciousness and Content." In *The Nature of Consciousness*, edited by N. Block, O. Flanagan, and G. Güzeldere, 295–307. Cambridge, Mass.: MIT Press.

Mead, George H. 1962. *Mind, Self and Society: From the Standpoint of a Social Behaviorist*. Chicago: University of Chicago Press.

Meltzoff, Andrew N., and M. Keith Moore. 1995. "Infants' Understanding of People and Things: From Body Imitation to Folk Psychology." In *The Body and the Self*, edited by J. L. Bermúdez, A. Marcel, and N. Eilan, 43–69. Cambridge, Mass.: MIT Press.

Merleau-Ponty, Maurice. 1945. *Phénoménologie de la perception*. Paris: Éditions Gallimard. Translated by C. Smith as *Phenomenology of Perception*. London: Routledge and Kegan Paul, 1962.

———. 1947. "Le primat de la perception et ses conséquences philosophiques." *Bulletin de la Société Française de Philosophie* 41: 119–153.

———. 1960a. *Signes*. Paris: Éditions Gallimard.

———. 1960b. *Les relations avec autrui chez l'enfant*. Paris: Centre de Documentation Universitaire.

———. 1964. *Le visible el l'invisible*. Paris: Tel Gallimard.

———. 1966. *Sens et non- sens*. Paris: Les Éditions Nagel.
———. 1969. *La prose du monde*. Paris: Tel Gallimard.
———. 1988. *Merleau-Ponty à la Sorbonne*. Paris: Cynara.
Michalski, Krzysztof. 1997. *Logic and Time: An Essay on Husserl's Theory of Meaning*. Dordrecht: Kluwer Academic Publishers.
Mishara, Aaron. 1990. "Husserl and Freud: Time, Memory, and the Unconscious." *Husserl Studies* 7: 29–58.
Mohanty, Jitendranath N. 1972. *The Concept of Intentionality*. St. Louis, Mo.: Green.
Mohr, Georg. 1988. "Vom Ich zur Person: Die Identität des Subjekts bei Peter F. Strawson." In *Die Frage nach dem Subjekt*, edited by M. Frank, G. Raulet, and W. van Reijen, 29–84. Frankfurt am Main: Suhrkamp.
Montavont, Anne. 1993. "Passivité et non-donation." *Alter* 1: 131–148.
———. 1994. "Le Phénomène de l'affection dans les *Analysen zur passiven Synthesis(1918–1926)* de Husserl." *Alter* 2: 119–140.
———. 1999. *De la passivité dans la phénoménologie de Husserl*. Paris: Presses Universitaires de France.
Moore, Michael. 1988. "Mind, Brain, and Unconscious." In *Mind, Psychoanalysis, and Science*, edited by P. Clark and C. Wright, 141–166. Oxford: Blackwell.
Nagel, Thomas. 1965. "Physicalism." *Philosophical Review* 74: 339–356.
———. 1974. "What Is It Like to Be a Bat?" *Philosophical Review* 83: 435–450.
———. 1986. *The View from Nowhere*. Oxford: Oxford University Press.
Natorp, Paul. 1912. *Allgemeine Psychologie*. Tübingen: Mohr.
Natsoulas, Thomas. 1989. "Freud and Consciousness: III. The Importance of Tertiary Consciousness." *Psychoanalysis and Contemporary Thought* 12: 97–123.
———. 1991–92. "'I Am Not the Subject of This Thought': Understanding a Unique Relation of Special Ownership with the Help of David Woodruff Smith: Part 1." *Imagination, Cognition, and Personality* 11: 279–302.

———. 1991–92. "'I Am Not the Subject of This Thought': Understanding a Unique Relation of Special Ownership with the Help of David Woodruff Smith: Part 2." *Imagination, Cognition, and Personality* 11: 331–352.

Neisser, Ulric. 1988. "Five Kinds of Self-Knowledge." *Philosophical Psychology* 1, no. 1: 35–59.

Noonan, Harold W. 1991. *Personal Identity*. London: Routledge.

Nozick, Robert. 1981. *Philosophical Explanations*. Oxford: Clarendon.

Parfit, Derek. 1987. *Reasons and Persons*. Oxford: Clarendon.

Perry, John. 1979. "The Problem of the Essential Indexical." *Nous* 13: 3–21.

———. 1993. *The Problem of Essential Indexicals and Other Essays*. Oxford: Oxford University Press.

Pfänder, Alexander. 1904. *Einführung in die Psychologie*. Leipzig: Verlag von Johann Ambrosius Barth.

Piaget, Jean, and Bärbel Inhelder. 1969. *The Psychology of the Child*. New York: Basic Books.

Pothast, Ulrich. 1971. *Über einige Fragen der Selbstbeziehung*. Frankfurt am Main: Vittorio Klostermann.

Prufer, Thomas. 1988. "Heidegger, Early and Late, and Aquinas." In *Edmund Husserl and the Phenomenological Tradition: Essays in Phenomenology*, edited by R. Sokolowski, 197–215. Washington, D.C.: Catholic University of America Press.

Richir, Marc. 1989. "Synthèse passive et temporalisation/spatialisation." In *Husserl*, edited by E. Escoubas and M. Richir, 9–41. Grenoble: Millon.

Rickert, Heinrich. 1915. *Der Gegenstand der Erkenntnis*. Tübingen: Mohr.

Ricoeur, Paul. 1950/1988. *Philosophie de la volonté I: Le volontaire et l'involontaire*. Paris: Aubier. Translated by E. V. Kohák as *Freedom and Nature: The Voluntary and the Involuntary*. Evanston, Ill.: Northwestern University Press, 1966.

———. 1990. *Soi-même comme un autre*. Paris: Éditions du Seuil.

Rochat, Philippe, and Dan Zahavi. 2011. "The Uncanny Mirror: A Re-Framing of Mirror Self- Experience." *Consciousness and Cognition* 20: 204–213.

Rohr-Dietschi, Ursula. 1974. *Zur Genese des Selbstbewußtseins*. Berlin: de Gruyter.

Rosenberg, Jay F. 1981. "Apperception and Sartre's Pre-Reflective Cogito." *American Philosophical Quarterly* 18: 255–260.

Rosenthal, David M. 1993. "Higher-Order Thoughts and the Appendage Theory of Consciousness." *Philosophical Psychology* 6: 155–166.

——. 1997. "A Theory of Consciousness." In *The Nature of Consciousness*, edited by N. Block, O. Flanagan, and G. Güzeldere, 729–753. Cambridge, Mass.: MIT Press.

Ryle, Gilbert. 1949. *The Concept of Mind*. London: Hutchinson.

Sacks, Oliver. 1990. *The Man Who Mistook His Wife for a Hat*. New York: Harper-Perennial.

Sartre, Jean-Paul. 1936/1988. *La transcendance de l'ego*. Paris: Vrin. Translated by F. Williams and R. Kirkpatrick as *The Transcendence of the Ego*. New York: Noonday, 1957.

——. 1943/1976. *L'Être et le néant*. Paris: Tel Gallimard. Translated by H. E. Barnes as *Being and Nothingness*. New York: Philosophical Library, 1956.

——. 1948. "Conscience de soi et connaissance de soi." *Bulletin de la Société Française de Philosophie* 42: 49–91. Translated by M. Ellen and N. Lawrence as "Consciousness of Self and Knowledge of Self." In *Readings in Existential Phenomenology*, edited by N. Lawrence and D. O'Connor, 113–142. Englewood Cliffs, N.J.: Prentice-Hall, 1967.

——. May 14, 1971. "Un entretien avec Jean-Paul Sartre," with M. Contat and M. Rybalka. *Le Monde*.

Sass, Louis A. 1994. *The Paradoxes of Delusion*. London: Cornell University Press.

Scanlon, John D. 1971. "Consciousness, the Streetcar, and the Ego: Pro Husserl, Contra Sartre." *Philosophical Forum* 2: 332–354.

Scheler, Max. 1916/1927. *Der Formalisms in der Ethik und die materiale Wertethik*. Halle: Max Niemeyer.

———. 1922/1973. *Wesen und Formen der Sympathie*. Bern: Francke Verlag. Translated by P. Heath as *The Nature of Sympathy*. London: Routledge and Kegan Paul, 1954.

Schmalenbach, Herman. 1991. "Das Sein des Bewußtseins." In *Selbstbewußtseinstheorien von Fichte bis Sartre*, edited by M. Frank, 296–366. Frankfurt am Main: Suhrkamp.

Schmitz, Hermann. 1982. "Zwei Subjektbegriffe: Bemerkungen zu dem Buch von Ernst Tugendhat: Selbstbewußtsein und Selbstbestimmung." *Philosophisches Jahrbuch* 89: 131–142.

———. 1991. "Leibliche und personale Konkurrenz im Selbstbewusstsein." In *Dimensionen des Selbst: Selbstbewusstsein, Reflexivität, und die Bedingungen von Kommunikation*, edited by B. Kienzle and H. Pape, 152–168. Frankfurt am Main: Suhrkamp.

Schües, Christina. 1998. "Conflicting Apprehensions and the Question of Sensations." In *Alterity and Facticity: New Perspectives on Husserl*, edited by N. Depraz and D. Zahavi. Dordrecht: Kluwer Academic Publishers.

Searle, John. R. 1992. *The Rediscovery of the Mind*. Cambridge, Mass.: MIT Press.

Sebbah, François-David. 1994. "Aux limites de l'intentionnalité: M. Henry et E. Lévinas lecteurs des *Leçons sur la conscience intime du temps*." *Alter* 2: 245–259.

Seebohm, Thomas. 1962. *Die Bedingungen der Möglichkeit der Tranzendental-Philosophie*. Bonn: Bouvier.

Seel, Gerhard. 1995. *La dialectique de Sartre*. Lausanne: Éditions L'Age d'Homme.

Shoemaker, Sydney. 1963. *Self-Knowledge and Self-Identity*. Ithaca, N.Y: Cornell University Press.

———. 1968. "Self-Reference and Self-Awareness." *Journal of Philosophy* 65: 556–579.

———. 1984. "Personal Identity: A Materialist's Account." In *Personal Identity*, edited by S. Shoemaker and R. Swinburne. Oxford: Blackwell.

——. 1996. *The First-Person Perspective and Other Essays*. Cambridge: Cambridge University Press.

Siderits, Mark, Evan Thompson, and Dan Zahavi, eds. 2011. *Self, No Self? Perspectives from Analytical, Phenomenological, & Indian Traditions*. Oxford: Oxford University Press.

Smith, David W. 1983. "Is This a Dagger I See before Me?" *Synthese* 54: 95–114.

——. 1989. *The Circle of Acquaintance*. Dordrecht: Kluwer Academic Publishers.

Sokolowski, Robert. 1970. *The Formation of Husserl's Concept of Constitution*. The Hague: Martinus Nijhoff.

——. 1974. *Husserlian Meditations*. Evanston, Ill.: Northwestern University Press.

——. 1976. "Ontological Possibilities in Phenomenology: The Dyad and the One." *Review of Metaphysics* 29: 691–701.

——. 1978. *Presence and Absence*. Bloomington: Indiana University Press.

Soldati, Gianfranco. 1988. "Selbstbewußtsein und unmittelbares Wissen bei Tugendhat." In *Die Frage nach dem Subjekt*, edited by M. Frank, G. Raulet, and W. van Reijen, 85–100. Frankfurt am Main: Suhrkamp.

Spitz, René A. 1983. *Dialogues from Infancy: Selected Papers*. Edited by R. N. Emde. New York: International Universities Press.

Stern, Daniel N. 1983. "The Early Development of Schemas of Self, Other, and 'Self with Other.'" In *Reflections on Self-Psychology*, edited by J. D. Lichtenberg and S. Kaplan, 49–84. Hillsdale, N.J.: Analytical.

——. 1985. *The Interpersonal World of the Infant*. New York: Basic Books.

Strasser, Stephan. 1978. *Jenseits von Sein und Zeit*. The Hague: Martinus Nijhoff.

Straus, Erwin. 1956. *Vom Sinn der Sinne*. Berlin: Springer-Verlag.

——. 1958. "Aesthesiology and Hallucinations." In *Existence: A New Dimension in Psychiatry and Psychology*, edited by R. May et al., 139–169. New York:

Basic Books.

———. 1966. *Phenomenological Psychology: Selected Papers*. London: Tavistock Publications.

Strawson, Galen. 1994. *Mental Reality*. Cambridge, Mass.: MIT Press.

Strawson, Peter F. 1959. *Individuals*. London: Methuen.

———. 1966. *The Bounds of Sense*. London: Methuen. Taylor, Charles. 1989. *Sources of the Self*. Cambridge, Mass.: Harvard University Press.

Theunissen, Michael. 1977. *Der Andere*. Berlin: de Gruyter. Translated by C. Macann as *The Other*. Cambridge, Mass.: The MIT Press, 1984.

Tugendhat, Ernst. 1979. *Selbstbewußtsein und Selbstbestimmung*. Frankfurt am Main: Suhrkamp. Translated by P. Stern as *Self-Consciousness and Self-Determination*. Cambridge, Mass.: MIT Press, 1986.

Van Gulick, Robert. 1997. "Understanding the Phenomenal Mind: Are We All Just Armadillos?" In *The Nature of Consciousness*, edited by N. Block, O. Flanagan, and G. Güzeldere, 559–566. Cambridge, Mass.: MIT Press.

Waldenfels, Bernhard. 1989. "Erfahrung des Fremden in Husserls Phänomenologie." *Phänomenologische Forschungen* 22: 39–62.

Wider, Kathleen. 1989. "Through the Looking Glass: Sartre on Knowledge and the Pre-Reflective *Cogito*." *Man and World* 22: 329–343.

———. 1993. "The Failure of Self-Consciousness in Sartre's 'Being and Nothingness.'" *Dialogue* 32, no. 4: 737–756.

Wilkes, Kathleen V. 1988. *Real People: Personal Identity without Thought Experiments*. Oxford: Clarendon.

Wittgenstein, Ludwig. 1958. *The Blue and Brown Books*. New York: Harper and Row.

Yamagata, Yorihiro. 1991. "Une autre lecture de *L'essence de la manifestation*: Immanence, présent vivant et altérité." *Études Philosophiques* 2: 173–191.

Zahavi, Dan. 1992. *Intentionalität und Konstitution: Eine Einführung in Husserls Logische Untersuchungen*. Copenhagen: Museum Tusculanum.

———. 1994. "The Self-Pluralisation of the Primal Life: A Problem in Fink's

Husserl-Interpretation." *Recherches Husserliennes* 2: 3–18.

———. 1995. "Intentionalitet og Fænomen hos Aristoteles, Thomas Aquinas og Brentano." *Filosofiske Studier* 15: 211–230.

———. 1996. *Husserl und die transzendentale Intersubjektivität: Eine Antwort auf die sprachpragmatische Kritik.* Dordrecht: Kluwer Academic Publishers.

———. 1997. "Sleep, Self-Awareness and Dissociation." *Alter* 5: 137–151.

———, ed. 1998. *Self-Awareness, Temporality, and Alterity.* Dordrecht: Kluwer Academic Publishers.

———. 2003a. "How to Investigate Subjectivity: Heidegger and Natorp on Reflection." *Continental Philosophy Review* 36, no. 2: 155–176.

———. 2003b. *Husserl's Phenomenology.* Stanford Calif.: Stanford University Press.

———. 2004a. "Back to Brentano?" *Journal of Consciousness Studies* 11, no. 10–11: 66–87.

———. 2004b. "Time and Consciousness in the Bernau Manuscripts." *Husserl Studies* 20, no. 2: 99–118.

———. 2004c. "The Embodied Self-Awareness of the Infant: A Challenge to the Theory of Mind?" In *The Structure and Development of Self-Consciousness: Interdisciplinary Perspectives*, edited by D. Zahavi, T. Grünbaum, and J. Parnas, 35–63. Amsterdam: John Benjamins.

———. 2005. *Subjectivity and Selfhood: Investigating the First-Person Perspective.* Cambridge, Mass.: MIT Press.

———. 2010. "Life, Thinking, and Phenomenology in the Early Bergson." In *Bergson and Phenomenology*, edited by M. R. Kelly, 118–133. Basingstoke, Eng.: Palgrave Macmillan.

———. 2011. "Objects and Levels: Reflections on the Relation between Time-Consciousness and Self- Consciousness." *Husserl Studies* 27: 13–25.

———. 2012. "Self, Consciousness, and Shame." In *The Oxford Handbook of Contemporary Phenomenology,* edited by D. Zahavi, 304–323. Oxford: Oxford University Press.

———. 2014. *Self and Other: Exploring Subjectivity, Empathy, and Shame*. Oxford: Oxford University Press.

———. 2018. "Consciousness, Self-Consciousness, Selfhood: A Reply to Some Critics." *Review of Philosophy and Psychology* 9: 703–718.

———. 2019. "Second-Person Engagement, Self-Alienation, and Group-Identification." *Topoi* 38, no. 1: 251–260.

索　引

（页码为原书页码，即本书边码）

A

Absolute idealism 唯心主义, 125-126
Affectivity 触发, 119, 212；亦见 self-affection 自身触发
Alterity 他异性, xi, xii, xviii；Husserl on 胡塞尔论他异性, 147；hyle as a type of 质料作为一种他异性, 121-124；intensification of 他异性的强化, 173；internal manifestation of 他异性的内在显示, 173；Levinas on 莱维纳斯论他异性, 200-201；of the Other 他人之他异性, 200；of the past 过去之他异性, 86, 88；radical 彻底的他异性, 115, 168-170, 197, 201-202；of the retention 滞留之他异性, 92；self-awareness and 自身觉知与他异性, 200-206；subjectivity and 主体性与他异性, 85, 115, 124-125；亦见 Other, the 他人之他异性
Analytic philosophy 分析哲学, xiii, 19；亦见 philosophy of language 语言哲学；philosophy of mind 心灵哲学
Anscombe, Gertrude E. M. 安斯康姆, xiii, 12, 13
Anticipation 预期, 67-68
Armstrong, David M. 阿姆斯特朗, 54；*A Materialist Theory of the Mind* of《心灵的唯物主义理论》, 17

B

Bateson, Gregory 贝特森, 123
Beliefs 信念：abstrac 抽象信念, 23；first-person 第一人称信念, 12；unconscious 无意识的信念, 215
Bernet, Rudolf 贝奈特, 61, 88, 155
Blankenburg, Wolfgang 布兰肯伯格, xiv, 160
Body 身体：exteriority of the 身体的外在性/外表, 170-178；lived 身体, 94-112；perceiving 知觉的身体, 94-100；self-appearance of the 身体的自身显现, 42；self-manifestation of the 身体的自身显示, 100-

106；self-objectification of the 身体的自身对象化，106-112
Brand, Gerd 布兰德，140
Brentano, Franz 布伦塔诺，xii, 29, 31, 56, 61, 65, 75；on inner consciousness 布伦塔诺论内意识，29-33；*Psychologie vom empirischen Standpunkt* of《经验立场的心理学》，29-33；regress problem for 后退问题，33
British empiricism 英国经验论，121
Brooks-Gunn, Jeanne 布鲁克斯-冈恩，183
Brough, John B. 布拉夫，72, 149, 194
Butterworth, George 巴特沃斯，180

C

Cartesian dualism 笛卡尔式的二元论，117, 203
Castañeda, Héctor-Neri 卡斯塔涅达，xiii, 5, 9, 11, 26, 27-28, 41, 46, 64, 129, 148, 163；" 'He':A Study in the Logic of Self-Consciousness" of " '他'：自身意识之逻辑的研究"，9-10；"Self-Consciousness, I-Structures, and Physiology" of "自身意识、自我结构与生理学"，28-29
Chisholm, Roderick M. 齐硕姆，27
Claesges, Ulrich 克莱斯格斯，109, 173

Consciousness 意识：egological 自我论的意识，136, 147-156, 169, 214-215；emptiness of 意识的空虚性，131-136；first-personal character of 意识的第一人称特征，xii, xiii, 150；higher-order theories of 意识的高阶理论，xii；inner 内意识，29-33, 58, 73；intentional 意向(性)意识，25, 61, 83, 87, 95, 132；investigation of 意识的研究，191；loss of 失去了意识，25；marginal 边缘意识，61-64；naturalistic account of 对意识的自然主义的解释，xix, 22；non-introspective 非内省的意识，21；phenomenal 现象意识，21, 25；positional 设定的意识，135；prereflective 前反思意识，134, 144；reflective 反思意识，135；reflexivity of 意识的反身性，141；self-aware 自身觉知，207-210；self-manifestation of 意识的自身显示，73-74, 84-89；self-transparency of 意识的自身透明，131-132；spontaneity of 意识的自发性，121, 130；stream of 意识(之)流，19, 41, 65, 75, 78-79, 83, 143, 146-49, 153, 157, 169, 214；temporality of 意识的时间性，41, 69-84；thematic 主题意识，63, 107, 111；transparency of 意识的透明性，143；unconscious

无意识, 30, 88; as a unity 作为统一体, 79, 147; unreflective 非反思的意识, 28; 亦见 egological theory of consciousness 自我论的意识理论; experience 经验/体验; non-egological theory of consciousness 非自我论的意识理论; self-awareness 自身觉知; selfhood 自身性; tones (声)音; unconsciousness 无意识

Cramer, Konrad 克拉默, xxi, 19-20, 32, 75-76

D

Demonstratives 指示词, 6, 11, 26, 27

Depersonalization 人格解体, 147, 156-160

Derrida, Jacques 德里达, xx, 92, 130, 198-199, 206; and the fissure of unfolding 德里达论折返之中的裂隙, 136-138; on reflection 德里达论反思, 189; on retention 德里达论滞留, 84-90; *La voix et le phenoméne* of 《声音与现象》, 86

Descartes, René 笛卡尔, xiii, 12-13, 144

Developmental psychology 发展心理学, xiv, xviii, 46, 147, 180-185

E

Egocentricity 自我中心性, 41, 210; different levels of 自我中心性的不同层次, 142-160; of first-personal givenness 第一人称给予的自我中心性, 147; 亦见 first-person perspective 第一人称视角

Egological theory of consciousness 自我论的意识理论, 36-38, 41-42, 142, 148, 150-152, 155-156; 亦见 consciousness 意识

Emotions 情绪, 7, 19, 152, 181-182; analysis of 对情绪的分析, 147, 166; intentionality and 意向性与情绪, 166, 210; sensibility and 感性与情绪, 204; 亦见 intentionality 意向性

Epoché 悬置, 52, 160, 188

Evans, Gareth 埃文斯, 9, 109, 150

Experience 经验/体验: absolute 绝对经验, 197; conscious 意识经验, xiii, 147, 203, 215-219; egological character of 经验的自我论特征, 152; first-personal givenness of 经验的第一人称给予, xx, 14-16, 23, 29, 46, 54, 146-148, 157, 202, 218; impersonal 无人称的, 13; mineness of 属我性, 41, 158; non-egological 非自我论的经验, 186; ontology of 经验的存在论, 218; perceptual 知觉经验, 23; pre-reflective 前反思经验, 191-192, 195; presentiating 当下化

的经验, 154; unconscious 无意识的经验, 16, 24, 215, 218-219; visual 视觉经验, 109; 亦见 consciousness 意识; perception 知觉

Exteriority 外在性/外表, xi, 85, 89-90, 129, 137, 203, 205; bodily 身体的外在性/外表, 44, 110-112, 118, 163, 170-178, 183; pure 纯粹外在性, 117; radical 彻底的外在性, 115; 亦见 Interiority 内在性/内部

F

Fichte, Johann Gottlieb 费希特, 17, 26, 32, 39

Fink, Eugen 芬克, xx, 64, 84, 141, 190, 193, 209

First-person perspective 第一人称视角, xxi, 12, 14, 16, 25, 158, 212, 214; 亦见 Egocentricity 自我中心性

Frank, Manfred 弗兰克, xxi, 19, 23, 35, 37-40, 5-57, 150, 168, 206, 217

Freud, Sigmund 弗洛伊德, 207-210

G

German idealism 德国唯心主义, xxii, 19

Gibson, James J. 吉布森, 96-97, 102, 105

Gurwitsch, Aron 古尔维奇, xx, 62-63

H

Habermas, Jürgen 哈贝马斯, 168, 179

Hart, James G. 哈特, 28, 161

Heidegger, Martin 海德格尔, xiv, 52, 74, 91, 96, 117, 129, 171, 206; *Sein und Zeit* of《存在与时间》, 198, 206

Heidelberg school 海德堡学派, 19, 33-37, 40-44, 47, 116, 118, 131, 134, 145, 168, 206

Held, Klaus 黑尔德, 141, 195

Henrich, Dieter 亨利希, xxi, 19, 23, 25, 32-40, 42, 44, 55, 57, 115, 118, 190, 198

Henry, Michel 亨利, xx, 52-53, 100-92, 101, 113, 118, 140, 158, 197-198, 206, 211; on impressionality 亨利论感受性, 89-93; on the invisibility of subjectivity 主体性的不可见性, 197-199; *Philosophie et phénoménologie du corps* of《身体的哲学与现象学》, 113; and pure interiority 纯粹内在性, 113-118; on self-awareness 论自身觉知, 193

Hetero-affection 他异触发: auto-affection and 自身触发与他异触发, 139, 213; definition of 定义, 113;

self-affection and 自身触发与他异触发, 108, 113-141, 205; hetero-manifestation 他异显示, xx, 26, 43, 92, 116-118, 139, 203-204, 209; 亦见 self-manifestation 自身显示

Hume, David 休谟, 13-14

Husserl, Edmund 胡塞尔, xi, xx, xxi, 51, 55, 129, 140-141, 147, 148, 188-189, 194-199, 211-214; *Analysen zur passiven Synthesis* of 《被动综合分析》, 125, 212; *Bernau Manuscripts* of 《贝尔瑙手稿》, xiv, 71, 194; *Cartesianische Meditationen* of 《笛卡尔式的沉思》, 161; *Ding und Raum* of 《物与空间》, 95; on the egocentric structure of consciousness 意识的自我中心结构, 142-160; *Erste Philosophie* of 《第一哲学》, 57, 59; *Ideen* of 《观念》, 58, 70, 76, 88, 111, 125, 152; on imagination 想象, 240n14; inner time-consciousness in 内时间意识, 65-93, 67, 69, 125, 157, 206; on intentionality 意向性, 119-120; *Logische Untersuchungen* of 《逻辑研究》, 56, 122, 147, 191; ontological monism of 存在论的一元主义, 51-53; on perception 知觉, 96-98; on the personal ego 人格自我, 162, 164, 170; pre-reflective self-awareness of 前反思自身觉知, 54-61, 64, 73-75, 82-85, 94, 127; principle of principles of 原则之原则, 195; on psychoanalysis 精神分析, 212; on reflection 反思, 191; on self-awareness and affection 自身觉知与触发, 118-131; on sensation 感觉, 76, 109; on sleep 睡眠, 213-214; *Vorlesungen zur Phänomenologie des inneren Zeitbewußtseins* of 《内时间意识现象学》, 58, 65, 75, 79, 92, 143, 191; *Zur Phänomenologie der Intersubjektivität* of 《交互主体性现象学》, 123, 152 hyletic affection 质料性触发, 121-125, 129-130, 139

I

Identifying properties 识别性质, 7, 170

Immanence 内在(性), 116-117, 136; absolute 绝对内在性, 197; self-sufficient 自足的内在性, 206; transcendence in 内在性中的超越, 154

Impressionality 感受性/印象性, 89-93; 亦见 self-manifestation 自身显示

Indexicality 索引性: analysis of 索引性分析, 5; as egocentric 自我中心的, 26; and perception 索引性与知觉, 202; of space 空间的索引性, 108; subjectivity and 主体性与索引性, 23-29, 218; 亦见 indexicals 索引词; self-reference 自身指称/自身

指涉

Indexicals 索引词, 5-15, 11, 26, 47, 98; 亦见 indexicality 索引性

Intentionality 意向性, xvii, 17, 29-34, 42-43, 54-57, 70, 116-118, 129, 197, 200, 210-212, 219; and affection 意向性与触发, 121; differentiated unity of 意向性的有差异的统一性, 125; double 双重意向性, 74-75, 90; functioning 运作的意向性, 101; horizonal 视域意向性, 61-64, 98-99; Husserl on 胡塞尔论意向性, 119, 151-155; original 原初意向性, 103; perceptual 知觉意向性, 95-96, 100; and phenomenality 意向性与现象性, 24; and reflection 意向性与反思, 189; and self-awareness 意向性与自身觉知, 1, 117, 128, 131-136, 203, 205; temporality as a form of 时间性作为一种意向性的形式, 68; 亦见 emotions 情绪; intentional objects 意向对象; receptivity 接受性; retention 滞留

Intentional objects 意向对象, 25-26, 101, 151, 216; transcendence of 意向对象的超越性, 98; 亦见 intentionality 意向性

Interaffectivity 相互触发, 181; 亦见 intersubjectivity 交互主体性

Interiority 内在性/内部, 24, 90, 107, 110-113, 121, 137-138, 163; definition of 定义, 115; pure 纯粹内在性, 113-118, 137; radical 彻底的内在性, 115; 亦见 exteriority 外在性/外表

Intersubjectivity 交互主体性, 42, 147, 170-178, 181; individuality and 个体性与交互主体性, 168-170; Merleau-Ponty on 梅洛-庞蒂论交互主体性, 147; primordial 原初交互主体性, 175-176; problem of 交互主体性的问题, 195-196; subjectivity and 主体性与交互主体性, 168; temporality and 时间性与交互主体性, 86; transcendental 先验交互主体性, 169; 亦见 interaffectivity 相互触发; Other, the 他人; subjectivity 主体性

Introspection 内省, 17, 22, 34, 53, 106; 亦见 self-awareness 自身觉知

K

Kant, Immanuel 康德, 18, 52, 113; *Kritik der reinen Vernunft* of《纯粹理性批判》, 114, 126

Kern, Iso 耿宁, 153-154, 156, 210

Kinaesthesis 动觉, 97-102, 105, 109, 122-123, 127; 亦见 perception 知觉

Klawonn, Erich 克劳沃恩, 5, 13, 14, 82, 115, 148, 174, 184, 214, 216

Knowledge 知识, 45, 217; duality of 知识的二元性, 187; of subjectivity 关于主体性的知识, 57; of transcendent objects 关于超越对象的知识, 133

L

Laing, Ronald D. 莱恩, xiv, 159
Landgrebe, Ludwig 兰德格雷贝, 126, 130
Language 语言, 13, 18, 46, 168; of reflection 反思语言, 36; strain upon 不足, 194; use of 语言使用, 179
Larrabee, Mary J. 拉尔比, 84
Law of identity 同一律, 134
Levinas, Emmanuel 莱维纳斯, xx, 68, 86, 115, 127, 161, 191, 196–197, 199, 200–202; *Autrement qu'être ou audela L'essence* of《异于存在或超乎本质》, 161, 200
Lewis, Michael 刘易斯, 183
Lichtenberg, Georg Christoph 利希滕贝格, xiii, 144
Locke, John 洛克: *An Essay concerning Human Understanding* of《人类理智论》, 17

M

Malcolm, Norman 马尔科姆, 13, 54
Marbach, Eduard 马尔巴赫, 147, 153, 156

McGinn, Colin 麦金, 7, 25
Mead, George H. 米德, 178–179
Meltzoff, Andrew N. 梅尔佐夫, 176–177
Memory 记忆: episodic 场景记忆, 150; of the past 对过去的记忆, 149; primary 原初记忆, 86; procedural 程序记忆, 150; semantic 语义记忆, 150; veridical 真实记忆, 150; 亦见 recollection 回忆
Merleau-Ponty, Maurice 梅洛-庞蒂, xviii, xx, 43, 74, 83, 91, 96, 104, 117, 131, 146, 147, 173–178, 195; *Phénoménologie de la perception* of《知觉现象学》, 65, 175
Metaphysics 形而上学: of the invisible 不可见者的形而上学, 199; of presence 在场的形而上学, xi, xii, 85, 88, 155, 206; traditional 传统形而上学, 198, 201
Michalski, Krzysztof 米哈尔斯基, 79
Mind-body dualism 身心二元论, 172
Mishara, Aaron 米沙拉, 122
Moore, M. Keith 摩尔, 176–177

N

Nagel, Thomas 内格尔, xix, 12
Natorp, Paul 那托普, xiv, 18
Negativity 否定性, 85, 201

Neisser, Ulric 奈瑟尔, 180
Neo-Kantianism 新康德主义, 19
Noematic temporalization 意向相关项的时间化, 69
Noetic temporalization 意向活动项的时间化, 69
Non-egological theory of consciousness 非自我论的意识理论, 36-38, 41, 142-147, 157; 亦见 consciousness 意识
No-ownership view 无所属性的观点, 13
Nozick, Robert 诺奇克, 11

O

Ontological monism 存在论一元主义, 51-53, 198, 201
Other, the 他人: alienating gaze of 他人的异化凝视, 166-168, 175; alterity of 他人之他异性, 200-201; body of 他人的身体, 107, 164; experience of 关于他人的经验, 14, 147, 157, 164-165, 175, 196-197; interaction with 与他人的互动, 94, 127, 138, 159, 161, 165, 201-202; Levinas on 莱维纳斯论他人, 161; perspective of 他人的视角, 163, 168; reference to 指称他人, 16; self and 自身与他人, 139, 165, 180, 184; and subjectivity 他人与主体性, 201; transcendence of 他人的超越性, 147, 157, 166, 171, 202; 亦见 alterity 他异性; intersubjectivity 交互主体性

P

Pain 疼痛, 217-218
Pathological experiences 病态经验, 157-159, 193
Perception 知觉: awareness of 对知觉的觉知, 134; Brentano on 布伦塔诺论知觉, 30-32; in dreams 梦中的知觉, 13; and experience 知觉与经验, 215-216; horizonal appearance of the object of 知觉对象的视域性显现, 96; Hume on 休谟论知觉, 13; Husserl on 胡塞尔论知觉, 56-57, 65-67, 70, 77, 79, 95-98, 186; and indexical reference 知觉与索引指称, 26, 202; individuated 个体化的知觉, 146; inner 内知觉, 57-58; and introspection 知觉与内省, 17; mineness of 知觉的属我性, 7; and reflection 知觉与反思, 60, 190-192; thematization of 知觉的主题化, 19-20, 192; unconscious 无意识的知觉, 150; visual 视觉知觉, 101, 104-105; width of 知觉的宽幅, 66; 亦见 experience 经验; sensation 感觉

Perry, John 佩里, xiii, 5, 11-12

Person, the 个人／人格: Husserl on 胡塞尔论个人, 161, 162, 165; intersubjective constitution of 人格的交互主体性构成, 165; 亦见 personal identity 人格同一性

Personal identity 人格同一性, xix, xx, 38, 162; brain criterion of 人格同一性的大脑标准, xx; 亦见 person, the 个人／人格

Pfänder, Alexander 普凡德尔: *Einführung in die Psychologie* of《心理学导论》, 152-153

Phenomenology 现象学, xii, xiii, xx-xxii, 19, 52, 85, 91, 158, 186, 188, 195, 206; depth 纵深现象学, 211; genetic 发生现象学, 211; Heidegger on 海德格尔论现象学, 198; Husserlian 胡塞尔现象学, xx, 51, 85, 122, 206; of the invisible 不可见者的现象学, 198, 199; post-Husserlian 胡塞尔之后的现象学, 89, 206; surface 表层现象学, 199, 211; transcendental 先验现象学, 125; and the unconscious 现象学与无意识, 210-214

Philosophy of language 语言哲学, 5, xxi; 亦见 analytic philosophy 分析哲学

Philosophy of mind 心灵哲学, xii, xiii, xix, 23, xxi; 亦见 analytic philosophy 分析哲学

Physiology 生理学, 97, 107, 112, 171, 177; 亦见 proprioception 本体感受

Point of view 视角／视点, 13, 28, 95, 172, 187

Pothast, Ulrich 波塔斯特, xxi, 19, 32, 37, 148, 190

Propositional attitude 命题态度, 36; self-awareness as a 自身觉知作为一种命题态度, 45-46

Proprioception 本体感受, 97, 103-106, 175; muscular 肌肉本体感受, 105; visual 视觉本体感受, 104; volition and 自愿与本体感受, 102; 亦见 physiology 生理学

Psychoanalysis 精神分析, 208-209, 212

Q

Qualia 感受质: evanescent 易逝的感受质, 26; sensory 感觉的感受质, 23

R

Receptivity 接受性, 119, 127

Recollection 回忆, 60, 67-68, 79, 84, 92, 149-150, 154, 204; empathy and 同感与回忆, 172; Husserl on 胡塞尔论回忆, 193; Sartre on 萨特论

回忆, 146; 亦见 memory 记忆; reflection 反思

Reflection 反思, 21, 54-61, 78-81, 84, 118-120, 136, 144, 154, 189-193, 204, 212; bodily 身体性的反思, 112; duality of 反思的二重性, 54-61, 135, 147, 149, 187; impure 不纯粹的反思, 186-190, 192-193; natural 自然的反思, 188-189, 194; objects of 反思的对象, 80; and pathological phenomena 反思与病理现象, 193; and perception 反思与知觉, 60; personal 人格反思, 165; possibility of 反思的可能性, 92, 103; power of 反思的能力, 198; pure 纯粹反思, 161, 165, 168, 186-193; and reflexivity 反思与反身性, 141; and self-alteration 反思与自身他异化, 191-193; self-division in 反思中的自身分裂, 118; thematic object of 反思的主题对象, 217; transcendental 先验反思, 188-189, 194; 亦见 recollection 回忆; self-awareness 自身觉知

Reflection theory of self-awareness 自身觉知的反思理论, 17-22, 32-36, 40-41, 55, 57, 72, 75, 92, 140, 155, 208; 亦见 self-awareness 自身觉知

Retention 滞留, 59, 84-89; alterity of the 滞留之他异性, 92; double intentionality of the 滞留的双重意向性, 74-75, 90; primal impression and 原印象与滞留, 86-88, 90, 92-93; sequence of 滞留的序列, 213; 亦见 intentionality 意向性

Ricoeur, Paul 利科, xvii, xx, 124, 128, 161

Rosenberg, Jay F. 罗森伯格, 132

Rosenthal, David M. 罗森塔尔, 21-22

Russell, Bertrand 罗素, 13

Ryle, Gilbert 赖尔, 30

S

Sacks, Oliver 萨克斯, 104-105

Sartre, Jean-Paul 萨特, xi, xii, xx, 21, 28-29, 55, 96, 106-107, 117, 131-136, 146, 155, 171, 186-187, 215-218; analysis of shame of 萨特对羞耻的分析, 166-167; "Conscience de soi et connaissance de Soi" of "自身意识与自身知识", 146; *L'Être et le néant* of 《存在与虚无》, 54, 146, 166; on intersubjectivity 萨特论交互主体性, 166; and non-egological consciousness 萨特与非自我论的意识, 143-146; pre-reflective self-awareness in 前反思自身觉知, 54-61; problem of intersubjectivity in 交互主体性问题, 166; *La Transcendance de l'ego* of《自我的超越性》, 132, 143, 146–147

Sass, Louis A. 萨斯, xiv, 159

Searle, John R. 塞尔, 209–210

Self-affection 自身触发, 74, 91–92, 102, 118–131, 184, 204; bodily 身体性自身触发, 137; definition of 定义, 113; Derrida on 德里达论自身触发, 136–138; and hetero-affection 自身触发与他异触发, 108, 113–141, 205; Husserl on 胡塞尔论自身触发, 74; perpetual 永恒的自身触发, 140; structure of 自身触发的结构, 137–138; 亦见 affectivity 触发性; self-manifestation 自身显示; Self-temporalization 自身时间化

Self-alienation 自身异化, 165, 173

Self-awareness 自身觉知, xi, xvii–xxii, 15, 43–44, 72, 86, 182, 202–203; and affection 自身觉知与触发, 118–131; and alterity 自身觉知与他异性, 200–206; ambiguity of the concept of 自身觉知概念的含混性, xviii; bodily 身体性的自身觉知, 42, 94–112, 126, 171, 174–177, 217; different types of 自身觉知的不同类型, xix, 14, 41, 166, 200; egocentric 自我中心性, 161; egological 自我论的自身觉知, 154, 161; epistemic importance of 自身觉知的认知意义, 26; existence of 自身觉知的存在, xxi; impressional 感受性的自身觉知, 92; incomprehensibility of 自身觉知的不可理解性, 39; infantile 婴儿的自身觉知, xviii, 178–185; intentionality and 意向性与自身觉知, xviii, 128, 131–136, 203, 205; irrelational 非关系性的自身觉知, 35–37, 40; kinaesthetic 动觉, 183; linguistic expression of 自身觉知的语言表达, 5–15, 47; mundane 俗世的自身觉知, 161–166, 168–170, 183, 188, 205; non-presence in 自身觉知中的非呈现, 86; non-thematic 非主题的自身觉知, 23, 31–32, 35, 126; personal 个人的自身觉知, 161–166; phenomenon of 自身觉知现象, xviii–xx; pre-reflective 前反思自身觉知, xi–xiv, xxii, 16–42, 54–64, 73–75, 82–83, 93, 103, 108, 113, 118, 127, 130–141, 148, 154, 159, 167, 192, 202–205, 211; as a propositional attitude 自身觉知作为一种命题态度, 45–46; reflective 反思的自身觉知, xx, xxii, 16–39, 41, 47, 83, 108, 118, 130, 135–136, 140,

161, 193, 202, 205; as a relation 自身觉知作为一种关系, 34; and retention 自身觉知与滞留, 59; and self-identity 自身觉知与自身同一性, 133-134, 182; and self-transcendence 自身觉知与自身超越, 133; sleep and 睡眠与自身觉知, 213-214; structure of 自身觉知的结构, 41, 44, 47, 161; temporality of 自身觉知的时间性, 38, 41, 59-60, 65-93, 204; thematic 主题(性)的自身觉知, 32, 58, 103, 118, 126, 145, 214; and the unconscious 自身觉知与无意识, 207-219; unity of 自身觉知的统一性, 38; 亦见 consciousness 意识; introspection 内省; reflection 反思; reflection theory of self-awareness 自身觉知的反思理论; self-manifestation 自身显示; self-reference 自身指称/指涉

Self-comprehension 自身理解, 53, 177, 211, 215; self-manifestation and 自身显示与自身理解, 186-199; 亦见 self-manifestation 自身显示

Selfhood 自身性, xii, xiii, 149; constitution of 自身性的构成, xiii, 178; minimal 极简的自身性, xiv; phenomenal consciousness and 现象意识与自身性, xiii; 亦见 consciousness 意识

Self-identification, criterial 有标准的自身辨识, 7-10, 34, 149, 184

Self-luminosity 自身呈亮, 25, 35, 214-219

Self-manifestation 自身显示, xviii-xxi, 25, 43, 53, 117-118, 154, 173, 196, 204, 209, 214; affective 触发性的自身显示, 92; bodily 身体性的自身显示, 100-106, 205; of consciousness 意识的自身显示, 73-74, 84-89; differentiated infrastructure of 自身显示的分化架构, 138-141; of the flow 意识流的自身显示, 69-77, 82, 90; fundamental level of 自身显示的基础层面, 91; and hetero-manifestation 自身显示与他异显示, 139, 203-204, 209; impressional 感受性/印象性的自身显示, 89-92; originary 原初自身显示, 193; primary 原初自身显示, 90-91, 113, 203, 205; pure 纯粹自身显示, 204; radical 彻底的自身显示, 198; and self-comprehension 自身显示与自身理解, 186-199; and subjectivity 自身显示与主体性, xviii, 44, 53, 86, 90-91, 113-116, 163, 173-174, 198, 215, 219; temporal 时间性的自身显示, 88, 139; 亦见 hetero-manifestation

他异显示; impressionality 感受性/印象性; self-affection 自身触发; self-awareness 自身觉知; self-comprehension 自身理解; subjectivity 主体性

Self-objectification 自身对象化, 8, 42, 78, 80, 106-112, 155, 166

Self-presentation 自身呈现, 26-27, 35, 218; 亦见 self-reference 自身指称/指涉

Self-reference 自身指称/指涉, 5-16, 26, 202, 218; extrinsic 外在的, 16-17; intrinsic 内在的, 16-17, 168; 亦见 indexicality 索引性; self-presentation 自身呈现

Self-temporalization 自身时间化, 117, 125, 173; self-affection as 自身触发作为自身时间化, 139; 亦见 self-affection 自身触发

Self-transparency 自身透明, 45, 131-132, 214-219

Sensation 感觉, 109, 120-123, 131; double 双重感觉, 109, 205; hyletic 质料性感觉, 100, 122-123, 127; passive world of 被动的感觉世界, 123; senseless 无意义的, 125; 亦见 perception 知觉

Shoemaker, Sydney 舒梅克, xiii, 7, 8, 20, 158

Smith, David W. 史密斯, 14, 26, 42

Sokolowski, Robert 索科洛夫斯基, 72

Space 空间: egocentric 自我中心性的空间, 96; experience of 空间经验, 96, 108; Husserl on 胡塞尔论空间, 100, 162; objective 客观空间, 100, 101, 102, 106, 108; perception of moving objects in 对空间中运动物体的知觉, 100

Spitz, René A. 施皮茨, 181

Stern, Daniel N. 斯特恩, xiv, 176, 180, 182-185, 102

Straus, Erwin 斯特劳斯, 128, 176

Strawson, Galen 斯特劳森, xiv, 219

Subjectivity 主体性, xvii, 14-16, 38, 40-43, 52-59, 125, 128, 154, 203-205, 215; absolute 绝对主体性, 85, 91, 117-118, 194, 198-199, 206, 211; and alterity 主体性与他异性, 85, 115, 124-125, 161-185; bodily 身体性的主体性, 106-112, 153, 156, 163; deeper dimension of 主体性的深层维度, 71-72; depth-structure in 主体性的深层结构, 210, 212; embodiment of 主体性的具身性, 94-112; falsification of 对主体性的篡改, 168; functioning 运作的主体性, 73; and indexicality 主体性与索引性, 23-29; interiority of 主体性的内在/内

部, 90, 113–118; intersubjective openness of 主体性对交互主体性的开放, 168–170; and intersubjectivity 主体性与交互主体性, 168; invisibility of 主体性的不可见性, 194–199; pre-reflective 前反思的主体性, 141, 187; pure 纯粹的主体性, 115; self-awareness of 主体性的自身觉知, 43, 133; self-comprehension of 主体性的自身理解, 53; self-constitution of 主体性的自身构成, 202; self-givenness of 主体性的自身给予, 144; self-manifestation and 自身显示与主体性, xviii, 44, 53, 86, 90–91, 113–116, 163, 173–174, 198, 215, 219; self-presence of 主体性的自身呈现, 86, 90; self-revelation of 主体性的自身揭示, 116; self-temporalization of 主体性的自身时间化, 92; thematized 主题化的主体性, 73; transcendental 先验主体性, xxi, 52–53, 85, 169, 188; unconscious 无意识的主体性, 211; worldless 无世界的主体性, 125; 亦见 consciousness 意识; intersubjectivity 交互主体性; self-manifestation 自身显示

T

Temporality 时间性: affective 触发的, 92, 118, 137; and depersonalization 时间性与人格解体, 156–160; diasporatic 散开的时间性, 134; different forms of 时间性的不同形式, 77–84; as a form of intentionality 时间性作为一种形式的意向性, 68; fractured 断裂, 195; and intersubjectivity 时间性与交互主体性, 86; subjectivity of 时间性的主体性, 73, 134; and temporal objects 时间性与时间对象, 65–69; three layers of 时间性的三个层次, 70

Theunissen, Michael 特尼森, 165–166

Tones (声) 音: consciousness of 对声音的意识, 125–126; immanent 内在声音, 69–77; sequences of 声音序列, 66; transcendent 超越的声音, 76; 亦见 consciousness 意识

Truth 真/真理, xxi, 85, 166, 219

Tugendhat, Ernst 图根德哈特, xiii, 44–47, 55, 57, 199

U

Unconsciousness 无意识: of mental states 心灵状态的无意识, 17; problem of 无意识问题, 43; self-awareness and 自身觉知与无意识, 207–219; 亦见 consciousness 意识

W

Wittgenstein, Ludwig 维特根斯坦, 13, 168

Y

Yamagata, Yorihiro 山形頼洋, 91, 139

译 后 记

　　这本书源于丹·扎哈维教授的教职论文。他凭借出色的现象学知识和敏锐的问题意识，系统地重构了胡塞尔的自身意识理论，并且深度介入与分析的心灵哲学对自身意识的语言分析、海德堡学派对反思理论的批评的对话之中。他的工作一方面论证了现象学的传统资源仍然具有丰富的理论生命力，另一方面推动了当前哲学对意识和主体性问题的理解。该书在1999年由美国西北大学出版社出版，随后得到了哲学界的广泛关注，为他赢得了世界性的声誉。此后，扎哈维教授以更加积极的姿态进入到主体性问题的前沿哲学的讨论之中，研究涉及意识、意向性、主体性、时间性、自然化现象学、同感与集体意向性等问题。

　　正如作者自己在书中坦言的，这本书的论题构成了其后二十年间作者的核心关注，在一定程度上，作者的很多工作是沿着该书所设定的论题前进的。由于这本书的重要性，作者在2020年出版了修订本，把书中的一些引文从德语和法语翻译为英语，以便于英语读者的阅读，同时修订了一些文字错误，改进了英语的文字表述。译者有幸承担这本书的汉译工作，希望这本书的汉译本有助于作者的研究以更宽阔的途径进入中国哲学界的讨论。

　　丹·扎哈维教授是享誉世界的现象学家，也是工作在哲学前沿领域的知名学者。译者于 2009 年在扎哈维教授在北京大学做讲座之时,经导师靳希平教授的介绍结识了他。当时,我在北京大学哲学系跟随靳希平老师攻读哲学博士学位,靳老师给我确定了胡塞尔现象学的研究方向,并趁扎哈维教授访问之际帮我牵线搭桥,口头商定让我到丹麦哥本哈根大学跟随他做联合培养博士。

  2010 年,我到哥本哈根大学主体性研究中心做联合培养博士。初到中心,恰逢扎哈维教授给哲学系研究生讲授"自身性问题"的课程。该课程以他的这本书为重要参考,考察相关前沿争论,涉及关于自身的现象学、怀疑论、经验研究、诠释学、叙述理论等。因此,译者得以深入理解这本书的内容,以及相关的理论,并在与他的讨论中了解到他的一些更深入的思考。2019 年,扎哈维教授再度访问北京大学哲学系,译者和北大哲学系的刘哲老师在跟他交谈的时候说到,我们最爱读的仍然是他二十年前的《自身觉知与他异性》一书。他颇有点儿尴尬地笑了笑说,该书马上就会出一个新修订版。于是,言谈之际,我便承担下了这本书的翻译工作。翻译也是快乐的学习过程,尽管自己有拖延症,翻译工作还是顺利完成。

  借着这本书的译后记,我想简单表达两个关于哲学研究的想法——这也是作者本人在书中表露出来的。首先,作为一门专业化的学科,哲学的研究领域和问题需要通过专业的方法才能显现出来。所以,如果有读者发现读不懂这本书,也请仅仅抱怨自己不幸浪费了点时间和金钱,而不要对哲学或现象学本身嗤之以鼻,最好报以不了解之尊重的态度。其次,译者想起离开中心前最后一次跟扎哈维教授谈话,我们聊到不同的哲学进路之间的竞争与合作关系。我问他说:您能够与不同背景的学者对话,综合不同的视角研究哲学问题,确实非常难得,那么您能给我一些相关的建议吗?他说:我之所以能不限于现象学的视角乃是由于我的现象学已经做得很好了,现象学领域的专家也都承认,所以你最好还是先立足于现象学的研究,不过同时也要明白,很多不同的哲学传统和进路都是非常重要的。于是,我后来一直坚持认为,哲学问题通常都是晦涩深奥的,不同的进路或许会做出不同的贡献;有时候,当我们发现从自己的哲学进路遇到困境时,或许听听别的意见会让我们获得启发,甚至形成逼近问题的合力,即便不能相互合作,也应当学会尊重不同哲学家可以走在自己的哲学道路上。

本书的翻译得到了扎哈维教授本人的无私支持,还有靳希平教授、蔡文菁教授、罗志达教授、朱林蕃博士、李忠伟教授、钱立卿教授的鼓励和帮助,在此一并表示感谢!我的翻译也就这样了,恳请读者批评!

赵猛

2023 年 5 月

《现象学原典译丛》已出版书目

胡塞尔系列

现象学的观念
现象学的心理学
内时间意识现象学
被动综合分析
逻辑研究(全两卷)
逻辑学与认识论导论
文章与书评(1890—1910)
哲学作为严格的科学
关于时间意识的贝尔瑙手稿

扎哈维系列

胡塞尔现象学
现象学入门
现象学的心灵
自身觉知与他异性

海德格尔系列

存在与时间
荷尔德林诗的阐释
同一与差异
时间概念史导论
现象学之基本问题
康德《纯粹理性批判》的现象学阐释
论人的自由之本质
形而上学导论
基础概念
时间概念
哲学论稿(从本有而来)
《思索》二至六(黑皮本1931—1938)
亚里士多德哲学的基本概念

* *

来自德国的大师	〔德〕吕迪格尔·萨弗兰斯基 著
现象学运动	〔美〕赫伯特·施皮格伯格 著
道德意识现象学	〔德〕爱德华·封·哈特曼 著
心的现象	〔瑞士〕耿宁 著
人生第一等事(上、下册)	〔瑞士〕耿宁 著
回忆埃德蒙德·胡塞尔	倪梁康 编
现象学与家园学	〔德〕汉斯·莱纳·塞普 著
活的当下	〔德〕克劳斯·黑尔德 著
胡塞尔现象学导论	〔德〕维尔海姆·斯泽莱锡 著
性格学的基本问题	〔德〕亚历山大·普凡德尔 著
人在宇宙中的地位	〔德〕马克斯·舍勒 著
人的可疑问性	〔德〕沃尔夫哈特·亨克曼 著
舍勒的心灵	〔美〕曼弗雷德·弗林斯 著

图书在版编目（CIP）数据

自身觉知与他异性：一项现象学的研究/（丹）丹·扎哈维著；赵猛译. -- 北京：商务印书馆，2025.（中国现象学文库）. --ISBN 978-7-100-18241-6

Ⅰ. B844

中国国家版本馆CIP数据核字第20249C0M29号

权利保留，侵权必究。

中国现象学文库
现象学原典译丛·扎哈维系列
自身觉知与他异性
一项现象学的研究
（修订版）
〔丹麦〕丹·扎哈维 著
赵猛 译

商 务 印 书 馆 出 版
（北京王府井大街36号 邮政编码100710）
商 务 印 书 馆 发 行
北京市艺辉印刷有限公司印刷
ISBN 978 - 7 - 100 - 18241 - 6

2025年3月第1版	开本 880×1230	1/32
2025年3月北京第1次印刷	印张 12⅝	

定价：75.00元